傳奇教練 **丹約翰**的

肌力體能訓練金律

40年淬煉的42則鍛練心法，
教你回歸根本，檢視心志、目標、課表……，
建立簡單又有效的運動生活

丹‧約翰 Dan John ——著　　王清景 ——譯

生活風格 FJ1067

傳奇教練丹約翰的肌力體能訓練金律：

40年淬煉的42則鍛練心法，教你回歸根本，檢視心志、目標、課表……，建立簡單又有效的運動生活
Never Let Go: A Philosophy of Lifting, Living and Learning

作　　　者	丹·約翰（Dan John）
譯　　　者	王清景
主　　　編	謝至平
責 任 編 輯	鄭家暐
行 銷 企 畫	陳彩玉、薛綸

編 輯 總 監	劉麗真
總 　 經 　 理	陳逸瑛
發 　 行 　 人	涂玉雲
出　　　版	臉譜出版
	城邦文化事業股份有限公司
	臺北市中山區民生東路二段141號5樓
	電話：886-2-25007696 傳真：886-2-25001952
發　　　行	英屬蓋曼群島商家庭傳媒股份有限公司城邦分公司
	臺北市中山區民生東路二段141號11樓
	客服專線：02-25007718；25007719
	24小時傳真專線：02-25001990；25001991
	服務時間：週一至週五上午09:30-12:00；下午13:30-17:00
	劃撥帳號：19863813 戶名：書蟲股份有限公司
	讀者服務信箱：service@readingclub.com.tw
	城邦網址：http://www.cite.com.tw
香港發行所	城邦（香港）出版集團有限公司
	香港灣仔駱克道193號東超商業中心1樓
	電話：852-2508623 傳真：852-25789337
	電子信箱：hkcite@biznetvigator.com
新馬發行所	城邦（馬新）出版集團
	Cite（M）Sdn. Bhd.（458372U）
	41, Jalan Radin Anum, Bandar Baru Sri Petaling,
	57000 Kuala Lumpur, Malaysia.
	電話：603-90578822 傳真：603-90576622
	電子信箱：cite@cite.com.my

一版一刷 2020年2月
一版四刷 2022年4月

城邦讀書花園
www.cite.com.tw

ISBN 978-986-235-811-5
定價　NT$ 450
版權所有·翻印必究（Printed in Taiwan）
（本書如有缺頁、破損、倒裝，請寄回更換）

國家圖書館出版品預行編目資料

傳奇教練丹約翰的肌力體能訓練金律：40年淬煉的42則鍛練心法，教你回歸根本，檢視心志、目標、課表……，建立簡單又有效的運動生活 / 丹·約翰(Dan John)著；王清景譯. 一版. 臺北市：臉譜，城邦文化出版；家庭傳媒城邦分公司發行, 2020.02
　面；　公分. --（生活風格；FJ1067）
譯自：Never let go : a philosophy of lifting, living and learning
ISBN 978-986-235-811-5（平裝）

1.運動訓練　2.體能訓練

528.923　　　　　　　　　　108023222

給　所有我在過去、現在和未來遇見的心靈導師

給　蒂芬妮　你是如此相信我的夢想，並與我共同達成

目錄 contents

引言

　　「如果有任何一位科學家無法向八歲的孩子解釋他正在做的事情的話，就代表他是個江湖郎中。」庫爾特‧馮內果（Kurt Vonnegut）曾經這麼說過。對肌力與體能教練和健美作家，他可能也會說類似的話。

　　我的出版商，約翰‧杜‧卡恩（John Du Cane）曾經告訴我，如果在英語世界裡用拉丁文表達，那你就是在作秀，而非真正的溝通。許多肌力與體能方面的作家都有這樣的通病。在書中用「旋轉面」（transverse plane）和「腹橫肌」等專業術語，就像用拉丁文表演歌劇（請原諒我的比喻），那只是在展現自我，而不是真的要讓人理解。

　　但丹‧約翰並不是這樣的人。他對訓練的瞭解非常透徹，所以並不需要刻意展現，加上他還有滿腔的教學熱忱。身為擁有歷史與宗教高等學位的傅爾布萊特學者（Fulbright scholar），他大可用拉丁文來撰寫他的著作，然而，他選擇使用簡潔又鏗鏘有力的盎格魯－撒克遜英文。

　　丹的訓練法則就像他所使用的語言一樣，非常簡單。從某個角度來看是複雜的事物，在另一角度上，可能很簡單。科學上甚至有個專有名詞 —— 複雜的簡單（simplexity），來說明在失序和複雜中顯現的簡單法則。

　　約翰的訓練方法看似容易，但實際上幾乎涵括了所有的訓練原則，並且能快速又有效地讓運動員得到效果。撰寫這篇引言時，我剛訓練完海軍的特種部隊 —— 海豹部隊（SEAL team）完成俄式壺鈴課程（Russian kettlebell course），正在回程的班機上。我們使用不超過53磅的壺鈴，就在五分鐘內讓一群巔峰戰士汗流浹背，同時還能建構他們的髖部柔韌度、脊柱穩定度和呼吸技巧……這都是因為用了丹的「簡單」

訓練課表。

　　約翰可以用「出神入化」的方法讓他的選手得到最多的肌力訓練「益處」。他十六歲的女兒是名田徑選手，可以隨時硬舉（deadlift）300磅，但在訓練時不會使用超過150磅的重量。男性也只要使用35～100磅的重量，再依據丹的招牌高腳杯深蹲（goblet squat）來訓練，就可以在任何時候輕鬆地背蹲舉400磅。

　　這種對於葛雷・庫克（Gray Cook）稱為「耐久度」（durability）的品質追求，恰好說明了丹的訓練哲學。他在五十歲時還可以投擲出生涯最遠的距離，並且時常擊敗身材非常壯碩的選手。丹和他所訓練的選手都愈來愈強壯，卻不會受傷。如果這不能稱之為訓練的智慧，那我真的不知道什麼才是。

　　從這本書的字裡行間就可以看出丹開闊的胸襟。大部分的肌力教練和運動員可以分為兩種。第一種死守著傳統訓練，另一種則是追逐著最新的潮流趨勢。可以預見的是，前者的成功機會有限，後者也將筋疲力盡，丹卻能在持續與創新之間找到甜蜜的平衡點。阿爾弗雷德・諾斯・懷海德（Alfred North Whitehead）指出：「進步的藝術就是在秩序中持續改變，並在改變中維持秩序。」丹的訓練法則就是如此，持續進步卻不忘根本。

　　當談及教導肌力訓練的主題時，可以超越丹的人並不多，大概只有馬蒂・加拉格爾（Marty Gallagher）和阿爾卡季・沃羅比約夫（Arkady Vorobyev）等人可以和他相提並論。從我認識他以來，就從他身上學到許多相關知識，也成為了一位更好的運動員與教練。我強烈地建議你閱讀這本書，並且身體力行來實踐它。

　　　　　　　　　　　　　　帕維爾・塔索林（Pavel Tsatsouline）

　　　　　　　　　　《深入壺鈴的世界》（Enter the Kettlebell!）作者

推薦序

　　丹可以跟最強壯、最優秀的大力士一起比拼擲鐵餅，舉起巨石，拉雪橇車和上膊與挺舉（clean & jerk）大重量。給他一個壺鈴，他會讓它翩翩起舞；給他一個大鐵鎚，他會讓它唱起歌來。只要一隻手，他就可以把鉛球「咻！」的一聲，推到另一個郡。他是位重量級作曲家，也是一位永不放棄的世界紀錄保持者。

　　經年累月不斷訓練、練習、檢討和失敗，他練就出超乎常人的爆發力和令人嘆為觀止的完美技巧。丹所經歷的旅程漫長，且沿途充滿荊棘，那並不是其他的道路可以比擬的。然而，他一步一腳印地完成了這趟旅程。

　　所以呢？難道是這傢伙超級堅持不懈、嚴守紀律、不畏艱難又有超能力嗎？不完全對。但先別急著吞下阿斯匹靈，因為還有另一個令你頭疼的問題在後面等著你。我才剛開始列舉丹的特質而已呢！

　　你可能沒想到，除了剛剛說的那些，他也富有智慧、思慮清晰並充滿創意。同時，他在教學、指導、寫作和演說上亦有相當好的成就。他有歷史與宗教教育學程的碩士學位，並在開羅、海法，當然還有他自己的家鄉 —— 美國的大學學習過。他也在猶他州德雷珀的胡安狄戈天主教高中（Juan Diego Catholic High School）擔任肌力和田徑總教練。

　　他這麼專注於教育，還會有時間訓練嗎？這就像一個熱衷訓練的人永遠能找到時間學習一樣，他將這兩件事完美地融合在一起。「渴望知識與理解，而且毫不吝嗇分享。」是我對丹的評價。對一件事情光是知道還不夠，能有所應用或許好一點，但教導他人讓他成就完美。

　　他就是一位如此慷慨大方的人，對讀者、求知若渴的學生和殷切期

盼學習的人來說，他的文章在字裡行間透露了經驗與事實的積累。丹並不是拿著既定的規則教你如何遵循指示操作，而是繪製了一張藍圖，然後邀請、鼓勵與啟發你成為藍圖中的一分子。

對於如何舉起和移動重量，他做了許多物理學與力學上的研究，並且清楚知道如何讓人成為一臺更有效率、更持久和充滿力量的機器。他將所學的知識應用在自己身上，也觀察同事的運動表現，並與競爭者分享，最後將微調後得到的反饋用於下一次。丹反覆地將知識、事實、理論和創新拆解分析與重新組合，直到融入自己的思維中。

而我呢？與其學習新知，我寧願去聽海。我其實是個懶散的傢伙，但我喜歡彎下腰來腳踏實地來實踐 —— 舉重、生活、學習和成長。丹將會透過優美的詞句引領你到這些地方，並且讓你知道許多事實的真相。此外，雖然綜合性的方法論通常缺乏哲學思想與動機，但丹的文字將它們精采而嚴謹地織進了力量裡。

你們是何等幸運！因為你將成為更強大、更強壯、速度更快，而且更有幽默感的人。

我尚未提到深深愛著他的太太，蒂芬妮（Tiffini）和兩個女兒，凱莉（Kelly）和琳賽（Lindsay）。他們一家人彼此完美協調，就像身體的每塊肌肉必須互相配合，才能將非常重的物體擲出一樣。

讓我們好好享受這趟旅程吧！

戴夫・德雷珀（Dave Draper）

《鋼鐵男女》（*Brother Iron, Sister Steel*）作者

譯者序

當你走進健身房時，常常會看到一個經典的深蹲動作——高腳杯深蹲。也就是雙手將啞鈴或壺鈴持在胸前，軀幹自然地從兩條腿中間蹲下去，雙手肘將膝蓋往外推開，身體保持正直，是的，就是這麼簡單！這是許多人在重新學習深蹲時的入門訓練動作。為什麼說是「重新」呢？因為當前的生活型態讓我們幾乎都忘了「怎麼蹲」，然而「蹲」是人體最基礎也最重要的模式，想想在沒有坐式馬桶之前，我們每天最重要的不就是「蹲」嗎？否則要怎麼順利的……？

這讓我想起有一次我帶兩個兒子去百貨公司買東西時，大兒子突然告訴我他肚子疼，於是連小兒子也有樣學樣地說想上廁所。當時我在心裡不斷祈禱要有兩間廁所，否則我就完蛋了。到了廁所後，老天保佑，果真有兩間廁所而且都空著，但一間是坐式，另一間是蹲式，兄弟倆這時異口同聲地說他們不會用蹲式馬桶，……的確，家裡確實沒有這樣的環境可以讓他們練習。

這個經典的高腳杯深蹲就是本書作者丹·約翰發明的！他在美國從事肌力與體能訓練已經累積超過四十年的經驗。

無論你認為是發明或發現都可以，但丹是如何想到的呢？據說是有一次他在練習盪壺，組間休息時沒有將壺鈴放在地板上，而是捧在胸前——就像手托著高腳杯——但因為這個動作有點累，所以就順勢蹲下去了，他的腦袋於是瞬間閃過一個想法：這不就是介於馬鈴薯袋蹲（potato sack squat）與澤奇蹲（Zercher squat）之間最好的深蹲教學方式嗎？

深蹲就是這麼簡單，丹常說：讓你的身體教你如何訓練，也就是多

傾聽自己身體的聲音。很多時候是因為我們的大腦與身體沒有產生連結，所以讓我們忘了怎麼做出這個動作！請記得，不是深蹲傷了你的膝蓋，而是你所做的動作造成的！

我的孩子還在上幼兒園時，走路會內八，當時老師與內人都建議帶去醫院檢查，但我輕輕地安慰內人別緊張，只要慢慢提醒孩子，讓他的大腦「有意識地」控制身體就行了。果不其然，經過三年有意識的提醒後，孩子的內八自然就矯正歸位了。

「簡單，但不容易。」（Simple, but not easy.）是多年前我在美國第一次聽丹・約翰演講所留下的深刻印象。這也讓我深深著迷於他的訓練思維直到現在，他不斷強調訓練上沒有祕密，重點是在於你願意下苦心，以及不輕忽看似很簡單的事。在這個任何事都講求快速的年代，很多事情乍看很簡單，所以常覺得自己應該很快就可以學得會，但當仔細探究時，才發現魔鬼藏在細節裡，況且所有五花八門的變形也都是從基本的原理和原則衍生而來。《原則》一書的作者曾經說過：「達文西的藝術品雖然昂貴，但他的『原則』不但免費，而且更有價值。」

許多偉大的球員都會將大把時間花在看似簡單的基礎動作上，持續反覆練習，他們為什麼願意這樣做呢？因為他們都知道，要將基本動作練好不是件容易的事，而且願意這樣做的人也不多，所以成功的道路上不會太擁擠。科比（Kobe Bryant）在《曼巴精神》中提到，要成為一個偉大的籃球員，必須擁有頂尖的體能，但很多人只會在嘴上談著各種花稍的訓練方式，但他卻選擇發狠地訓練！

丹因此將這樣的訓練概念歸納為：優雅（elegance）。這也讓我想起了某廣告：Elegance is an attitude！丹簡單地指出為什麼要將時間花在基礎功上？因為當你看著世界頂尖運動員所呈現出的運動表現是如此行雲流水，就知道何謂優雅的動作了。而這一切不就是奠基在基本功上面

嗎？畢竟你聽過一夜致富，但應該沒聽過一夜就可以練好絕世武功吧！

　　目前在任何產業都充滿了「專業術語」，但這些術語是讓你更加瞭解他們，還是深化難以跨越的鴻溝呢？丹很清楚地把我們原本都知道的事情再提醒一次，他沒有華麗的詞彙和最新的「功能性」訓練工具與方法來增進「運動表現」，而只是讓我們再次回到最「基礎」的訓練上。就像他一直掛在嘴邊的：他並不是在訓練肌肉，而是身體應該有的基礎動作模式。或許這些我們都已經知道了，但知易行難卻是一直揮之不去的夢魘。就像你在本書的第一篇就會讀到有關「自由意志」的重要性，看完之後應該就清楚的知道為什麼丹一直強調訓練上沒有所謂的祕密了。

　　我很榮幸在去年時獲得城邦臉譜出版社的邀請，擔任丹《Never Let Go》這本書的翻譯。說實話，我當下的心情真的很恐慌，因為雖然看過丹的許多著作，但我知道要翻譯他的書並不是件容易的事 —— 翻譯這件事本身很簡單，但要翻到信達雅就不容易了 —— 畢竟字裡行間充滿了他的人生智慧，整本書就像寓言故事，能啟發我們的想法。如今我要將其精髓或意涵完美詮釋給大家閱讀，確實是個充滿挑戰的任務。但後來，我因著這本書的書名「Never Let Go」，而勇敢地接受了這項挑戰。

　　這本書是丹將多年來寫在網路論壇上的文章綜整而成，每篇文章都深深地蘊含著他對不同主題的看法，並且運用許多故事來啟發你的想法，並讓你思考原來可以這樣做。當中包括三篇他最引起爭議的文章——用 Tabata 方式來訓練前蹲舉、一天只練一項和李維諾夫訓練法——但當你在網路一次看一篇與現在是一整本書給你的感覺是完全不同的。這感覺就像吃到飽，每個都會讓你迫不及待的想要嘗試看看，但請記得丹所說：每個飲食法、訓練課表或工具都有效，但並不是同時將他們都

加在一起，而這個部分就是我很喜歡丹所說的「平衡」。他說在人生中可以分為四個象限，而這之間必須保持平衡，分別是「工作、休息、玩樂與祈禱（這部分也可以是個人獨處的時間）」，大家可以思考一下，若是偏向某一邊是否會付出不同的代價呢？

丹帶給我在訓練上最大的幫助就是課表設計，或許你會覺得這沒什麼，畢竟網路上隨便搜尋就是一堆課表，但丹在《Intervention》與《Can you go》這兩本書中提醒了我，不要忘了你的理想是什麼？這真的是暮鼓晨鐘，因為當我們埋頭苦練並掙扎著到底哪個訓練動作較好時，常常會忘了目標？畢竟「需要」與「想要」是兩件截然不同的事，就像我們都知道星期一是國際胸推日，走進健身房中不分男女老少大家都搶著臥推，但請問這是否為你需要的呢？你的目標為何？你是否陷入盲從的狀態而忘記當初走進重訓室的目標？丹只會簡單地跟你說，課表規畫的目標就是讓你隨時「準備好」（Ready）！這樣其他事就會跟著來了。另外在《Now What》當中，他也明確地指出身為教練最好能瞭解經濟學的一些概念，例如成本效益比（cost and benefit ratio），很多時候當你能夠深蹲兩百公斤對你的運動表現很好，這時一定會想說那麼蹲兩百五十公斤會更好，但此時就要提醒自己所獲得之運動表現是否會大於受傷風險。

以目標來說，我們都想要看起來很「fit」，體適能產業也稱為「fitness」，但是丹常會問你「Fit for What？」，他認為「fit」就是能夠完成一件任務（Fit for task.），但這卻與健康完全不同，因為健康是你身體所有器官都能夠順利無礙的整合在一起，讓你有個美好的一天。這當中差別為何呢？舉例來說，所有的運動比賽幾乎都是單邊，你不會要職業棒球投手先用右手投一球，然後左手再投一球吧，畢竟比賽就是只有比一邊而已，可是他可以犧牲手臂健康來換得餘生幸福快樂的日子。

所以這不就是我們在訓練之前，要先問問自己，到底要的是什麼呢？別忘了平衡是件很重要的事！

雖然丹的訓練器材就只有寥寥幾樣，沒有現今所有目眩神迷的工具，他卻可以像米其林大廚一樣，用最基本的食材，讓你品嚐到食物的美味。或許丹的訓練課表沒有所謂的科學化證明，但這都是他用在自身與訓練運動員身上多年所累積出來的實務經驗。我曾於今年至聖地牙哥參與 Plan Strong 這個專門講授用最精準數字計算出肌力訓練的課程，講師 Fabio 分享了一個概念，很多科學化研究都是在實際訓練上先發現很有效，但卻不知道為何有效，所以科學家才用科學方法來驗證這個訓練概念！但請不要誤會丹是個土法煉鋼的傢伙，從他的著作或演講當中，你會深深地佩服他所閱讀的書籍與學習業界最新的概念之多。就像他常說的，你所想的到之問題或答案在這世界上都有人替你想過了，你要做的只是站在巨人的肩膀上繼續努力往前。

保持「生活簡單、作息規律」，不要被外在太多事物干擾，浪費太多時間，這是我在美國聽他演說時所得到最簡單與受益最大的事。丹舉例為什麼他一年可以寫三本書，因為他只有一套衣服啊。這句話真是醍醐灌頂，我常會發現自己低頭滑手機，一不小心二十分鐘就過了，但事後回想，我投資了生命中寶貴的二十分鐘，但好像也沒有得到什麼，若這每次的二十分鐘累積起來，一年下來我可能已經浪費了好幾十天，就不要說一生中，我到底浪費了多少時間，想起來真是可怕。

最後，我想用丹最常引用的奧運摔角冠軍丹·蓋博（Dan Gable）的話來結尾：「如果某件事很重要，就請每天做，反之，如果不重要，就千萬不要做。」你也知道，這句話很難反駁……但我們還是做不到！我們常會為自己找藉口說沒有時間，但老天爺給每個人最公平的就

是時間，無論是皇親貴族或販夫走卒，我們一天都是二十四小時，因此我們不是沒有時間做某件事，而是這件事對你來說不重要，這就是「優先順序」的重要性。

祝福大家能夠擁有更快樂的訓練與人生！

王清景

前言

在我十二歲時，我的運動生涯徘徊在十字路口。雖然我現在知道大部分的青少年會有許多煩惱，但當時的我跟大家不一樣，因為我連花在運動生涯上的時間都不夠了。的確有許多其他有趣的事情可以煩惱，例如青春痘、女朋友、車子、戰爭和金錢等，不過我當時並不知道。那時的我活在自己的小世界裡，只知道自己太瘦弱了。

大概是當時再往前推一年前，我的阿姨佛羅倫斯（Florence）仙逝了。她留給我和我的兄弟們一些錢，我們就用這些錢買了希爾斯（Sears）槓鈴組和包膠的槓片。和許多一九六〇年代後期的人一樣，我們訓練槓鈴的方法就和在奧運會上看到的比賽類似：將槓鈴高舉過頭。我們跟兄弟或朋友一起訓練的方式很簡單，就是用這個動作為基礎，依據自己的能力舉起適當重量，看誰能撐得最久。

然而，我被遠遠地拋在後面。因為我年紀最小，而有許多大哥哥都是高中生或大學生。雖然我當時並不確定相關的知識會不會有用，但我心中的答案很明確：我必須到圖書館蒐集相關知識。

在我受教育的前幾年，我開始愛上訓練和念書，並且持續在書中尋找答案和啟發。但當我面向我家鄉圖書館中的書牆時，我發現運動相關的書籍非常少，更不用說舉重訓練方面的書了。那裡只有體操方面的館藏，雖然那對在單槓上做出相關訓練動作有幫助，卻對我想要將50磅重的槓鈴高舉過頭不太有用。

我沿著圖書館走道往下繼續尋找，找到了一些和美式足球有關的書。我還記得是文斯・隆巴迪（Vince Lombardi）的《持續訓練》（*Run to Daylight*）。我非常享受書中精采動作的圖片，但我真的夠強壯到能

加入高中美式足球校隊嗎？

　　然後，我遇見了一本改變我人生的書：埃利奧特・阿西諾夫（Eliot Asinof）所寫的《七天訓練就為了星期天的比賽》（Seven Days to Sunday）。我很幸運能一翻開它就讀到一位叫做肯・阿弗瑞（Ken Avery）的線衛（linebacker）的故事。肯的個子雖然非常嬌小，但憑著過人的努力和不斷尋找相關訓練法則的答案，終於擠入最高殿堂——國家美式足球聯盟（National Football League）。現在的我還留著這本書，它也因為被我讀了無數次而有些脫落，但書中仍夾著一張小東西：肯的球員卡。當年我們只花了五分錢就買到了，而且還有一片口香糖。

　　終於，我找到了關於肌力訓練、飲食、運動和奧林匹克競技運動等的書籍，而增加了我在舉重之外的相關知識。當時《力量與健康》（Strength and Health）雜誌已經發行，於是我開始在社區藥局購買這些雜誌。我從中習得原來有些姿勢問題會讓我無法舉得更重，並且發現自己忽略基礎飲食將會阻礙將來的進步。雖然其中有些訊息是假的，但大部分的內容都是根據數十年的運動與營養相關研究而來。

　　我開始常常到社區圖書館報到，就像我的許多朋友常去約會一樣——是的，我就是那個怪胎。某天下午，我在圖書館找書，發現一位館員推薦閱讀特倫斯・韓伯瑞・懷特（T. H. White）所寫的《石中劍》（The Sword in the Stone）。我六歲時就很喜歡這部迪士尼電影，因此非常想要把這本書借回家閱讀。當我沉浸在書中時，我能感受到華特——這是懷特給年輕亞瑟王所取的名字——要教我的事，就像梅林（Merlyn）想要教他的一樣多。

　　在鷹和隼這個章節裡，我學到最重要的一件事：永不放棄（Never Let Go）。這句短短的話震懾了我。它在我雙親離開人世時，引導我度過最困難的時刻，也成為我的座右銘。我將永不放棄。

我從未停止閱讀，從未停止傾聽，也從未停止學習。

幾年前，有份電子報請我替我們社群中的一位年輕人寫幾句話，後來他們告訴我：「你寫得很好。」不久後，傑克‧施羅德（Jack Schroeder）提醒我應該考慮「寫點東西」，例如地方報紙的專欄。他給了我一些明智的建議：人們喜歡聽故事，而且通常是關於「人」的故事。

隨著網路興起，我開始在舉重論壇上回答一些基本的問題。很快地，我發現自己的回覆被許多人引用。不久，有人邀請我舉辦基礎舉重的小型工作坊。而克里斯‧舒加特（Chris Shugart）—— 目前是《健美肌肉雜誌》（*Testosterone Muscle Magazine*）的編輯兼專欄作家，並且也是《快速飲食法 3.0》（*Velocity Diet 3.0*）的作者 —— 邀請我為該雜誌撰寫一些文章，看看是否能夠出版。結果證明，可以。在寫了第一篇文章之後，我又幫他們寫了許多文章。我很感謝 T‧ C‧勞馬（T. C. Louma）答應我將這些文章重新彙整成書。

我曾經對讀寫能力、體制內外的教育以及清洗鼻腔的必要性提供自己的觀點。有時候，當我再次檢視自己所寫的文章和給出的建議時，我會退一步開始深思，「為什麼大家要來問我事情呢？我根本就沒講什麼啊。」後來的工作坊中有人提到，我提出最基本的概念其實是最有道理的。因為多年來我始終相信下列幾點：

1. 我們的身體是一個整體。
2. 肌力訓練有三種：

　　將重量高舉過頭。

　　將重量從地上舉起。

　　提著重量，並計算距離或時間。

3. 所有訓練都是相輔相成的。

當你開始閱讀本書時，你將會發現我都是根據上述三點讓你變得更健康、更強壯。如同我在工作上鼓勵他人時說的一樣，「答案」可能就在眼前。就像聖杯騎士帕西法爾（Parsifal）汲汲營營追尋的事物，通常是眾裡尋他千百度，暮然回首，那人卻在燈火闌珊處。我曾經遍尋全世界最好的教練，到頭來才發現原來跟我在車庫內一起訓練的就是最好的教練。

這也是我寫這本書的原因，它涵蓋了我從車庫、舉重臺、鐵餅投擲場、健身房、工作坊，到我寫這篇前言的此刻。許多曾引領我的心靈導師都已經成為永恆，因此我擔心這些簡單的方法——這些無價之寶——也會很快消失不見。把我當作是個說書人就好！我將把這本書，還有這些答案獻給他們。

當然也獻給你們，我最忠實的讀者：好好享受這些故事吧！

丹・約翰

第 **1** 則

自由意志與自由重訓

　　我不知道說過幾百萬次了：訓練沒有祕訣。我向來對此深信不疑，直到我碰上了肌力訓練與體適能史上最偉大的瞬間。我終於發現了訓練的祕密。

　　我對「祕訣」和「噱頭」嗤之以鼻。你應該知道我在說什麼：

- 跟著這些明星遵行同樣的飲食法就可以在一夕之間瘦下五公斤！
- 瞬間讓你的手臂變壯！
- 靠念力就可以得到財富與美女！

　　這些東西我真的都買過，還決定一次同時使用。它們全都有效！我因此一夕之間破產了。真慘。

　　但我這裡說的是真正的祕訣，它能解答那些或許大多數人都正被困擾著的瘋狂問題。有趣的是，我是認真的。

　　在你身上有個東西是很珍貴的，必須好好珍惜。這個東西將決定你能否達成體適能、肌力和身體組成的目標。在我深入談論之前，讓我們先來看看一些例子吧。

　　跨年夜當晚，一位醉漢搖搖晃晃地向你走來，不小心將一杯梅洛紅酒灑在地毯和你的手上。「你知道嗎？」他喃喃地說：「從明天開始，我要戒酒，開始執行阿特金斯（Atkins）飲食法，並且跟我以前一樣，每天鍛鍊。我還要戒菸，所以這可能是你最後一次看到我抽菸了。」

我們都知道結果會如何。因為我們大部分的人（麻煩也請你承認）都會在新年許下新希望，結果卻通常不盡人意：

「我會減少碳水化合物攝取。」

「我會在每次訓練時先練腿。」

「我不會再看網路上的成人影片了。」

有趣的是，這些新希望通常都是很棒的點子。坦白說，將每月薪水存下10%，減少碳水化合物、甜食或任何東西的攝取，多運動，甚至是待人和善，都非常值得去做。

另一個例子：我之前因為工作的關係，在監獄處理過許多事務。但那裡並不像電影或電視裡演的那樣，至少我的經驗是如此。當然，每個監獄都有黑暗的一面，不過我看到的大部分都跟我拜訪新澤西州和佛羅里達州時下榻的旅館沒有不同。

我曾經在沒有任何隔離或警衛的情況下，與一個非常棒的囚犯談了很久。我後來才知道，他一個晚上殺了六個人……，甚至還看著最後一個受害者痛苦掙扎地死去。然而，他看起來就像個好人。

當人們說到囚犯時，常常會提到他們因為做了許多訓練而看起來很強壯。你或許會想：「那是為了讓他們有紀律。」而事實也真的是如此。我最近一直想著這些事，直到所有的思緒最後終於連結起來，一瞬間……我想通了。

想通什麼？想通我們想要達成目標的祕訣。別覺得可笑，也別輕視它，當然更不要低估我現在要說的：成功的祕訣就是自由意志（free will）。

自由意志？當然，你想叫它什麼都可以：自律、習慣、自由選擇權，或是我個人最喜歡說的，唯一的選擇。聽著，我並不是要跟你討論宗教，但有個很好的故事可以來說明這個概念。順帶一提，我可以證明

這故事所言不假。

　　有位非常虔誠的人住在沖積平原上。有一年，這個地方遭遇一場大洪水，他站在自家的門廊上，看見水淹了過來。有位鄰居開著汽艇，並對他說：「跳上來吧，朋友，我可以帶你到安全的地方！」

　　「不，謝了。」他回答：「我在上面的主會來救我。」過了不久，這位虔誠的人已經坐在他家的屋頂上，這時有位警長划著一艘小船過來。「我來救你了，跳上來吧！」這位警長這麼說。

　　「不，謝了。我在上面的主會來救我。」他回答。隨著水愈來愈高，一架救難直升機飛到他家上空，隨即拋下繩梯，希望他能爬上來逃離洪水。

　　「不，謝了。我在上面的主會來救我。」

　　最後，他淹死了。

　　當他排著隊等待進入天堂時，主剛好經過他身邊。虔誠的人問道：「你為什麼不救我呢？」主回答：「我已經派出了汽艇、小船和直升機，你還想要什麼呢？」

　　這個故事是真的，而且就發生在我眼前。

　　所以重點是什麼？我們都知道要讓自己離開電腦，走到健身房，然後花時間做所有不喜歡的訓練，必須態度堅決、自立自強，或是費盡所有你在青少年時期已經聽過的陳詞濫調才能說服你自己。

　　或者，你也可以繼續閱讀這篇文章，吃一些對健康有害的洋芋片（而且因為它們是從夏威夷來的，滋味肯定不錯，所以可以多吃一點），然後再偷偷去瀏覽有清涼女大學生照片的網站，或是任何你想看的東西。

　　所有激勵人心的演說者，從拿破崙、厄爾・南丁格爾（Earl

Nightingale）到安東尼・羅賓斯（Anthony Robbins），都會花許多時間和精力在自律上。我大學時期的教練，拉爾夫・莫恩（Ralph Maughan），曾對他的選手說：**讓自己成為好習慣的奴隸吧！**

你知道的，對第一級別、成績平均積點（GPA）至少3.0的田徑選手們而言，這是個很好的建議，很值得討論。但當然，這些人與大多數我們平常所面對的人是有些不同的。

所以，為什麼監獄裡囚犯的身體都比你好？那是因為我們只有一點點的自由意志。我是怎麼知道的呢？其實是已經有人研究過了，我只是借用而已。讓我稍微拐個彎，看我能否解釋清楚。

我每天都要刮鬍子。我最近從刮鬍膏換成刮鬍膠，但我還是準備換回刮鬍膏。為什麼呢？是這樣的，當你用刮鬍膏時，在瓶子從快要見底到完全空瓶之前，大概還有一星期，你可以用力擠出一些泡沫。當你第一次被用力擠出的泡沫噴到眼睛時，心裡會想，「我應該要去買新的刮鬍膏了」。在那個星期，你大概還有三～四次的機會被刮鬍泡泡噴到臉，提醒你要去買新的刮鬍膏。

但如果用刮鬍膠，當你站在蓮蓬頭下面，然後按下……，突然間，你發現刮鬍膠沒了。昨天臉上還是滿滿的凝膠，今天你卻必須用肥皂泡沫來刮鬍子。你的朋友會整天討論著你那乾燥又血跡斑斑的臉，你的同事還會以為你是不是又在酒吧和別人發生衝突，就像你上次跟他們說的一樣。

看到了吧，自由意志就像刮鬍膠。看起來似乎還有一整罐，但是說沒有就沒有了。研究人員曾經做過一個有趣的實驗：每個研究對象都被要求做一系列不可能成功的困難挑戰，然後科學家們會計算他們放棄的時間。這些挑戰就像魔術方塊一樣，幾乎無法完成。

當下一組研究對象進來時，科學家給每個人餅乾。如果這些人說：「不了，謝謝，我正在節食。」或有類似的反應，放棄挑戰的時間會比那些說「給我一些該死的餅乾」的人還要早上許多。

為什麼呢？親愛的朋友，基本上，你只有一罐自由意志。如果你把它用在拒絕餅乾上，就沒有剩餘的可以用來挑戰不可能的任務、戒菸，或完成那些在有滿桌可口菜餚的佳節中許下的願望。很抱歉，因為你只有一罐自由意志。

這也是為什麼我在監獄的朋友，他們身材會比你們好。當清晨鬧鐘響起，你會直接就起床嗎？為什麼？如果你是學生，你可以遲到嗎？也許可以。所以，要不要離開溫暖的床將會用掉你的一些自由意志。

你可以不去上班嗎？當然，但是你知道下場是什麼，例如搞丟重要的資料，或是讓監獄裡的精神病患有機會越獄，各種鳥事會降臨在你的工作上。

你有孩子嗎？失去自由意志的速度，就和孩子讓你理智斷線的速度一樣迅雷不及掩耳。因為在你送他們到學校之前，他們就會耗盡你所有的能量。相信我，因為我也沒有任何選擇！

誰能決定你要吃什麼或在哪裡吃呢？只有你。這時候就考驗你做決定的能力了。

當你不斷地選擇，能夠讓你上健身房的剩餘自由意志就會慢慢消失。當我開始寫〈每天四分鐘讓你快速瘦身〉那篇文章時（你將在本書的後面讀到），有許多人問我：「如果這個方法真的這麼好，你為什麼不每天做呢？」我總是給出一樣的答案：你先試試看，再回來跟我說。

我為什麼不能每天做呢？我將自己逼到極限，先是一整天接送孩子周旋於學校、唱詩班和去打排球之間，狗狗還不小心吐在廁所，參加聚會的女士想要知道我是否可以提早到幫她鋪皺紋紙，並在我將卡車送去

換新輪胎後及在我割草之前，老闆還不停催我交報告……，我很高興自己能躲在健身房裡。

我們大部分的人都知道這些訓練方式。我們到了健身房，然後躲起來。我稱它為手臂日！而我們在監獄內的兄弟呢？他有權選擇就寢的時間嗎？沒有。起床的時間呢？也沒有。每天吃三餐？無從選擇。餐點？不只無法選擇要吃什麼，並且通常也不需要自己準備。靜心時間？拜託，我根本不知道那是什麼。

日復一日，年復一年，那些被我視為理所當然的選擇權，在監獄生活中並不存在。那麼他們能夠掌控什麼呢？只有身體鍛鍊。整罐的自由意志 —— 在他們裡面積累了數天、數週或數月，有的甚至數年 —— 可以拿來訓練。訓練他自己。

如果你許下了十個新年新希望，那我坦白跟你說，實現的機率是：零。如果你只許下一個新希望呢？也許還有機會。那的確有可能實現，只要有正確的激勵就可以了。

為什麼我可以這麼有自信地說你會失敗呢？我的觀點是：你的自由意志就只有那麼一罐，然而我們大部分的人在將它用來解決尼古丁、碳水化合物的誘惑，或是排隊三分鐘等待使用跑步機以前，就已經浪費掉許多自我決定、恆毅力或自由選擇了。

聽著，吃下那邪惡的餅乾很容易。我知道，因為我也經歷過。拜託，我可是丹耶！我當然知道那種碳水化合物對我不好，但我還是會吃，就讓我一個人躲在角落輕輕啜泣吧。

那麼如何多儲存一些自由意志，好專注在訓練或飲食控制上呢？讓我們誠實點，來看克里斯·舒加特的快速飲食法（Velocity Diet）。只要看就好，然後想像一下自己可以執行一個月。只要想像就好，因為我曾經試過。當時我的腦海中馬上出現了四百種因為某些原因而無法隨身攜

帶蛋白質飲料（即使混著亞麻籽）的情況。

　　下列有三個建議可以讓你有更多的自由意志。

第一個

　　訓練營。我是認真的。每年我都會花四個星期在訓練營裡。有人會叫我起床，幫我準備餐點，也有人會逼我訓練，當然還有人會告訴我何時就寢。我在那幾週會很認真地訓練。

　　我如何將訓練營的作息重新置入我的日常生活中呢？我的腦海中閃過一些想法。首先，如果營養這麼重要，而且又是我的弱點的話，我是否可以請他人代勞我的飲食計畫呢？我需要每週花一天來準備所有的食物，並將它們分袋裝好放入冰箱嗎？我可以請人來做這些事嗎？我需要買一堆冷凍調理食品嗎？或者，我是否應該只在櫥櫃上擺真正有益的食物，並且只在適合的地方吃呢？

　　老實說，這些建議沒有不好。不是很好，但也沒有不好。在訓練領域中，我們都知道個人教練的價值就是有人監督你在時間內完成訓練。我這麼說並沒有要對個人教練有任何不敬的意思，我只是指出個人教練其中一個最有價值的地方，就是有人來幫助你管理自由意志。你高中那個有點瘋狂、吹著哨子的教練的價值就是如此啊！

第二個

　　我的一位學員埃德娜（Edna）是一位年輕的女士，她最近做了一件讓我很驚訝的事：她戒了菸，減了重，不再參加那麼多派對，也重新下定決心朝她的人生目標邁進了。在我寫這篇文章時，她已經很久沒有抽菸、瘦了很多，並且與一位非常帥的男子墜入愛河。

　　她有什麼祕訣嗎？在她背後有一大群人支持她的情況下，每次只做

一件事。什麼意思呢？也就是說，她告訴所有人她的目標為何。重點是——所有人。朋友、同事、派對上遇到的人，和即使是在購物中心要買一臺微波爐的人都會聽到相同的話。

「嗨，我正在戒菸，所以如果我說要抽菸，請幫幫忙，不要讓我抽，因為我正在戒菸，也不要再抽了，所以不要讓我抽菸。」嘿，不要再讓她抽菸了。戒菸，是的；抽菸，不要。

接下來，埃德娜加入了慧優體（Weight Watchers）公司的會員。她參與聚會，也談論相關事情。她和慧優體的其他會員交談，也讓所有人知道她加入了慧優體公司的會員。

我告訴你，你可以讓一大群人放棄他們的自由意志來幫助你儲存自由意志。要怎麼做呢？告訴他們，請他們，並拜託他們幫助你。你的家人都知道你的目標嗎？同事們呢？教授們呢？郵差呢？勇敢地從那裡開始吧！

我年輕的時候，曾參加過充滿酒精與各式各樣從哥倫比亞來的東西的派對，卻沒有人把那些東西跟我分享。為什麼？因為我笨到讓所有人知道我正在追求一件事，而酒精與毒品只會對這件事造成反效果。

當然，我說自己「笨」是開玩笑的，我其實對自己當時的決定感到非常自豪。

第三個

我不喜歡這個方法，但它很有效，那就是：放慢生活節奏。我總是告訴我女兒，要維持一段良好的關係，妳該放手而不是緊迫盯人。我想說的是，也許你做得太多了。

這讓我覺得相當有罪惡感，因為我喜歡同時做很多事情。事實上，很難得能有一年秋天的週末，我不需要在高地運動會（Highland

Game）、奪旗式美式足球聯盟（flag football league）和奧林匹克舉重錦標賽（Olympic lifting meet）之間掙扎。每個都要參加，就必須犧牲某些東西，通常那就會是我在這些賽事上的技巧水準。

減少吧。我最近在一場派對中遇到一個人，他告訴我他忙到沒時間訓練。但六分鐘後，他問了我一堆我從來沒看過的電視節目，還有一些是我從來沒聽過的。天啊，這傢伙竟然還有時間看《喬伊》（Joey）。

減少看電視的習慣，就有時間可以訓練了。不要認為把一堆沒營養的節目錄下來，就可以因為沒有廣告而看得快一點。我小時候從來沒有看過哥倫比亞廣播網（CBS），我們住的地方根本沒辦法接收到任何一個頻道，但我也沒有因此遺漏任何事。而現在，即使我們有超過一萬個頻道，還是一直想著其他頻道的節目會更好。

減少吧。整個週末都泡在酒池裡，讓你上班時還在宿醉嗎？少喝一點吧。也把訓練量減少一點吧。為什麼大家都要做大腿內收／外展機呢？真的需要嗎，為什麼呢？

你看吧，朋友。又一次，我提供一些基本的想法，但問題其實沒有那麼簡單。請節省使用你那一小罐的自律、自由意志或……，隨你喜歡怎麼叫它都可以。

你有三個方法可以讓自己做出更好的抉擇：

一、**積極主動**，並找到某人或某種方法來減少這些該死的選擇和決定……，特別是在營養和訓練上。

二、**讓大家一起來幫助你。**有愈多的個人教練、心靈導師、大師、尤達（Yodas）和甘道夫（Gandalfs）對你的人生就會愈有幫助。告訴你所有認識的人你的目標是什麼，你就會知道堅持下去有多麼簡單。或許某位公車上的一位女士就會阻止你繼續大

口地吃馬芬蛋糕。

三、刪減不必要的事務。當然斷捨離更好。我並不是要你離群索
　居，但我真心建議你把電視關掉。

嘿，就像《聖戰奇兵》（*Indiana Jones and the Last Crusade*）裡的聖
杯騎士所說的：「聰明地抉擇。」

而且，不要經常做決定。

第2則

五次原則

　　我記得當時我躺在上斜臥推板上。那是個舊式的上斜臥推板，形狀狹長、筆直，顏色是紅色，底部還有腳墊，所以每推一下，我從腳跟到肩膀的姿勢都是固定的。

　　通常我把它當成椅子來用，就跟我使用健身房其他器材的方法一樣，但這次不同，我用我身上還能動的部分緊靠著上面所有能靠的地方。後來，我躺在上面很久，擔心著自己無法騎機車回家。如果我的腳在我那臺Honda 200重機上抽筋，那可不是鬧著玩的。

　　我到底怎麼了？一九七九年六月，在我喝了不少巴伐利亞黑啤酒後，我跟別人打賭。事後看來，這是個非常愚蠢的賭注……，好吧，其實事前看起來也是。我接受了深蹲300磅六十一下的挑戰。

　　來吧，快問我為什麼。

　　一九七八年的夏天，我們參加了健身房的太平洋槓鈴俱樂部（The Pacifica Barbell Club），那裡舉辦了許多小型比賽，而我們之所以會每場比賽都參加，只是因為想體驗活動的感覺。俱樂部依照比賽項目又被分成各種不同的小俱樂部。名單上的名字會先從原始標記開始，想要晉級就必須打敗上一層的紀錄。

　　我從來沒有參加過仰臥起坐小俱樂部，因為那裡的名單上只有兩個名字，而第二個紀錄是一千四百下。

　　最後，我決定參加自身體重重量的深蹲俱樂部。我的體重是218磅，但我選擇負重225磅（那不是我的體重，但大家都知道，用比較大

的槓片是自尊心作祟）深蹲五十下。從二十下之後的每一下，我都覺得那是我所能負的最大重量。這個挑戰最討厭的部分就是，你總是可以再多做一下。這必須全神貫注，因為從第三十下到第四十下，每一次都要喘息很久，加上很多鼓舞才能繼續下去。當然，你都可以完成四十下了，為何不挑戰五十下呢？

當我背著槓鈴繼續朝五十下挑戰時，我看到腳下的地板積了一灘汗水，其實還滿有趣的。而且，我知道這個時候不能把槓鈴放下，必須專注，於是我看著自己腳下的汗水愈積愈多，最後竟然還可以讓鄰居小孩來玩踩水遊戲。

這是今日許多人都不想碰到的場景：流的汗水多到可以讓小朋友在裡面游泳，盡情玩耍！

話說回來，當時我在酒吧裡三杯黃湯下肚後，有人問起，「嘿，如果你認真訓練，會有什麼結果？」我愚蠢地回道：「嗯，對我來說，225磅太輕了，必須要增加重量。」

我還用了牛頓定律來解釋。

我們繼續喝，賭注也愈來愈大，直到我接受用300磅的重量深蹲六十一下。當然，我有幾週的時間可以訓練。

這很明顯是個錯誤。我應該在酒醉後就馬上挑戰。

而現在，我得重新開始，躺在上斜臥推板。我那天的訓練包含：

- 315磅重量，深蹲三十下。
- 休息。
- 275磅重量，深蹲三十下。
- 休息。
- 225磅重量，深蹲三十下。

● 躺在上斜臥推板上大休息。

這讓我知道自己目前的實力為何。當我坐在那個其實是拿來訓練上胸的器材時，我開始思考：「我已經在這裡待了兩個小時，但只有做這三組。我該如何突破呢？」

但就像你看到的，我沒辦法突破。就算我的大腿在短短幾週內就快要把褲子撐爆，還整整瘦了一圈，但我真的無法再繼續這樣的訓練。

這是個值得深思的問題，也將是每個想要在訓練上挑戰極限的人必須思考的因素。我該如何才能重複一次這樣的訓練呢？

說實話，你根本辦不到。

就像完美的時刻、完美的吻，或是完美的約會（你可以去看比爾‧墨瑞〔Bill Murray〕主演的《今天暫時停止》〔Groundhog Day〕），完美的訓練很難重複。而什麼又是完美呢？這其實因人而異，但對大部分的我們來說，大概就是當槓鈴上的重量、次數、組數和運動強度整合在一起的訓練，能讓你接下來一個月都無法訓練，或是當你發現時才驚覺已經過了很久了的程度。

無法訓練？這很容易做到，試試在最大反覆重量上再加30磅、硬舉一臺車，或做一些會讓你在一年後還記得的瘋狂挑戰。

有個朋友曾經告訴我，他到一間世界知名的健身房訓練時，有個知名的健美選手邀請他一起訓練。我的朋友答應了，而且一組一組完美地做下去，但隔天早上他竟然沒辦法下床。

就是這樣。

那麼從我那愚蠢的挑戰中可以學到什麼呢？首先，這兒有些一般的見解。關於訓練，我有個小小的公式，我稱之為「五次原則」。

五次的訓練中，我通常會有一次的訓練非常棒，它能讓我覺得自

已幾個星期後就會成為奧林匹克冠軍，甚至能包辦奧林匹亞健美先生（Mr. Olympia）。而接下來，我會有一次的訓練非常糟糕，但是我會堅持下去，因為我相信生命會有奇蹟。最後，另外三次的訓練就像例行公事：我走進重訓室，開始訓練，然後離開。大部分的人都有過這樣的經驗。

按照比例，每一百次訓練當中，我將會有二十次很棒的訓練；而在那二十次當中，會有幾次是非常美好的；而每一千次訓練，將會碰到一次訓練是值得我寫成一篇文章，或者跟我的哥兒們吹噓；而如果我夠幸運的話，每十年我將有一次「那樣」的訓練經驗。

很不幸地，總是有許多人認為他們的訓練量不夠，因為他們沒有每次都訓練到吐。但反過來想想，世界紀錄保持者並不會在訓練時昏倒，否則《時人雜誌》（People Magazine）的記者們也不會想要拍他們。老實說，我真的不瞭解為什麼每次訓練都要是生命中最棒的一次。

這給了我兩個啟發。在你生命中，有什麼事是能一次比一次更好的呢？飲食？睡眠？工作？就算是性生活也有高低潮吧。那麼，你為什麼會認為訓練的增長是線性的呢？

請記住：如果你能仰臥推舉100磅，然後每個月增加10磅，三年後你就可以推舉460磅，然後再過幾個月你就可以達到500磅了。但有多少人可以在三年內練到仰臥推舉500磅？我說的是在重訓室，不是在網路上吹牛的喔。

所以換句話說，在大部分的時候，給你自己的身心靈一點喘息的空間吧。我們應該談論「最差的訓練」，然後大方分享這些一般人很難承認，卻會發生在每個人身上的事。

例如：

今天的訓練課表

花五分鐘看訓練日誌

坐在椅子上，花七分鐘看《17雜誌》(*Seventeen Magazine*)

模仿沙灘上那位提著托特包的女孩所做的訓練動作

按摩六分鐘，因為剛剛訓練時受傷了

花八分鐘偷瞄在跑步機上看著《歐普拉秀》跑步的辣妹

做一下引體向上和隨便舉幾下啞鈴

泡熱水澡和做桑拿

事實上，我的訓練有時也做得很糟。

偶爾，我們會聽到有人引用亞瑟・瓊斯（Arthur Jones）[1]所說的話，訓練就是要愈辛苦愈好。但你將會發現，提出這類型訓練方式的人很少可以堅持超過二～六週。為什麼呢？因為實際狀況就是如此。而且不管是現在還是未來，我們都需要適當的訓練量。

我發現自己可以維持高強度的課表三週，同時也發現第四週最好降低強度或者乾脆休息，否則我就會受傷。我並沒有要告訴你一大堆低強度的訓練，我的重點在於訓練的實際性。

1. 我們都可以非常認真訓練，但也都必須有計畫地放慢腳步。這不需要計算得非常準確，只要認真訓練幾週，然後放輕鬆一週就好。這也難怪許多經典的訓練計畫都是一週三天，並隨著強、中、輕的強度來分配。
2. 重新定義你的訓練中「輕鬆」的意思。我喜歡用輕鬆日的時候嘗

1　編按：世界知名美國健身器材諾德士（Nautilus）創辦人。

試新動作或發明一些新想法。在抓舉之後接著拉雪橇訓練的概念，就是我從某次輕鬆日開始的，然後我將會把這個課表挪到高強度日來用。

3. 享受一下慵懶的時光。我會不斷提醒自己，輕鬆日也是訓練的一部分，如此一來，美好的時光就會常與你同在。

4. 最後，不要因為一次完美的訓練，把它誤以為是常態，而毀了整年的訓練計畫。好好享受那天的訓練，但保持一點謙遜。

喔，至於那300磅深蹲六十一下的挑戰呢？很好，我失敗了，但至少我試過了。也許只是因為那天是輕鬆日吧！

第 3 則

快速飲食法體驗

　　幾年前，我又發福了。最特別的是，我以前也曾經發福過。我怎麼會從健碩的體形又回到臃腫的狀態呢？我第一次減肥的經驗相當成功啊！這是到底是怎麼一回事？

　　幾年前，在我任教的天主教高中的男廁裡，發現牆壁上有一幅塗鴉：約翰先生是個胖○蛋。我可以接受○蛋的這部分，畢竟學生們通常都會這樣叫老師，但被稱做「胖」，這我就要好好關心一下了。

　　我青少年時期其實還滿瘦的，女同學們甚至還會偷偷笑我骨瘦嶙峋（加上臉上的青春痘和其他青少年也都會遭遇的惡夢，我的青少年時期跟大家一樣青春洋溢）。但二十幾年的重量訓練，讓我達到生涯高峰。我的體重到達273磅，並且輕易地超過一般的大猩猩，但當然無法和非常大的大猩猩比擬。

　　我看著朋友結婚二十週年紀念餐會照片裡的自己，發現竟然有三層下巴。當我把目光往下移，我發現自己的「腹部肌肉」竟然團結在一起。我腰圍四十二吋，雖然有一雙粗壯的腿、厚實的背部和強壯的斜方肌，但男廁牆壁上的塗鴉寫的是事實：我很胖。經過三十幾年的重訓，我已經強壯到足以舉起相當大的重量，卻無法輕盈閃過餐桌間的椅子。

　　為了解決這樣的情況，我太太蒂芬妮和我開始遵循艾靈頓・達登（Ellington Darden）[1]的指導。我們展開超慢速訓練（super slow training），

1　編按：美國知名運動研究者、作家。

早餐只吃「快速苗條」（Slim Fast）的減肥代餐，喝很多水，吃碳水化合物占比60%的飲食和微波食品。在經過艱辛的兩週後，我們卻只減下一點點重量。讓我告訴你，這兩個禮拜實在非常痛苦，整天都處於飢餓狀態，而且脾氣容易暴躁。研究證實這會有效果，但為什麼幾週後好不容易減下的體重又回來了呢？

蒂芬妮開始跟朋友們抱怨她的困擾，甚至有個醫生還攪和進來給了意見。她所有的朋友，包含那位醫生，都建議高蛋白飲食法。但我所有讀到或聽到的，都說不要用這個方法。

高蛋白飲食法最常見的問題就是會造成結石，提高血脂，和最關鍵的，我們減掉的會都是水分。

正當我研究時，蒂芬妮做了正確的選擇：她沒有聽從我的建議。她說，如果連飢餓飲食法都沒有效，我們還有什麼好怕的呢？因此我們決定試試這個瘋狂的方法。我們改變方向，減少碳水化合物的攝取，並吃下很多肉。

在蒂芬妮和我決定開始吃得像穴居人[2]時，生活開始變得很簡單。幾乎一夕之間，我們都需要新的衣櫃。我一年內買了四次新的皮帶。蒂芬妮則買了兩次衣櫃，先買了十二吋的，但很快地，她發現可以換成六吋的。不過當然，減下的那些都是水分，至少人們是這樣不斷跟我們說的。

很諷刺的是，我以前的飲食法就類似這樣。一九七〇年代時，我用高蛋白飲食法讓我變得更大隻、更強壯。當我讀猶他州立大學四年級時，我的體重是九十八公斤，體脂率只有8%，並且可以投擲鐵餅超過五十七公尺。

2　編按：指高蛋白、高纖維的飲食方式。

　　後來，我獲得了一些在奧林匹克訓練中心的人給我的相關建議。他們說我需要碳水化合物，而且是很多的碳水化合物。他們指出這是針對美國長跑選手所做的研究。但我當時應該想一下這是否符合邏輯：美國長跑選手最後一次贏得世界冠軍或大師賽是什麼時候？如果花點時間看一下高中男子選手的跑步紀錄，就會發現有些紀錄甚至比教練還老，這難道不會影響我的想法嗎？那時的我真是笨得可以，所以接受了那一些讓我變得像個瘦弱和過度訓練的次級選手的建議。我花了很多年遵行高碳水化合物飲食，後來才深刻體會到這個建議的邪惡之處。

　　回到高蛋白飲食後，最難適應的，除了必須買新衣服和習慣那個瘦削的下巴之外，就是「吃」這件事情變得很輕鬆。只要幾分鐘就能準備好餐點。但事實上，我們常常忘了吃飯，因為從上一餐還飽到下一餐。不久，我們將事情更簡化：只吃肉、蔬菜和莓果。也就是說，我們儲存的食物只有魚、蛋、禽類、肉類、沙拉、蔬菜和新鮮水果。我們避免吃保久食品是基於下面這個觀點：如果它可以在你的架上保存超過數年，也將堆積在你的臀部和肚子那麼久。

　　所以，到底發生了什麼事？我怎麼讓自己復胖的呢？接下來所說的都是的藉口，但坦白說，這就是人生。首先，我想九一一事件對我的影響很大。蒂芬妮那時候在曼哈頓，目睹了第二架飛機直接撞入雙子星大樓。我們花了超過一星期仍無法讓她回家，而且我還要試著安撫兩個完全知情的孩子。從那時候開始，我就喝了多點酒，但那也不是什麼大事，我只是沒有注意到自己的體重開始增加了。全國錦標賽將近的時候，我的體重已經增加了幾公斤，還差點無法進入一百零五公斤的超重量級。而在下個週末的洲際錦標賽，我的手腕斷了。在兩次手術和多次的復健後，我的左手慢慢恢復，但我拒絕服用止痛藥。為什麼呢？因為我討厭吃藥，而且我有蘇格蘭威士忌。

　　過了幾年，在二〇〇四年時，我決定參加奧運選拔賽的鐵餅項目。最後雖然未符合資格，但以四十七歲來說，已經是擲出最遠距離了。當你能夠擲得很遠時，還有誰會在乎你有多重呢？

　　歲月的流逝加上還要處理生活中所有繁瑣事務，當我再次往下看時，我發現我的肚子已經垂在腰帶上了。在《卡拉馬助夫兄弟們》（Brothers Karamozov）這本書中，一位女士跟牧師說：「我失去了信仰。」牧師問：「是如何失去的呢？」她回答：「一點一滴失去的。」這也是體重增加的原因：**你是一點一滴胖起來的。**

　　這讓我瞭解到一件有趣的事。我知道自己不能用輕鬆的課表來減脂。我不知道自己是怎麼知道的，但這次是該來點瘋狂的了。我的朋友克里斯曾設計了一套二十八天減脂計畫，在我第一次看到時，我覺得那很愚蠢。而在我後來更仔細讀了之後，我發現那真是愚蠢至極。後來，我在華盛頓特區聽了他的演說，讓我更根深柢固地覺得這個計畫真是瘋了。

　　以下是這個飲食法的簡介：首先，你得決定你一天需要多少卡路里，然後用至少五份的纖維添加高蛋白奶昔來攝取這些熱量，並且每四小時喝一次。吃些魚油膠囊。一週一次固體餐食。

　　就這樣。你每天早上要散步，然後每週重訓三次。食物不是問題：因為你根本沒有吃！

　　我決定試一下。讓我這麼說吧：快速飲食法把我所有能蒐集到的自由意志都用完了。但，還真的有效。事實上，它真的非常有效，甚至嚇到我的醫生了。我的體重在第一天是一百一十二公斤，但學校的體重計或許有點不準。到了第二十九天時，用相同體重計測量，我的體重是一百零一公斤。我的腰圍在第一天是四十二吋，到了第三十天，已經減到了三十七吋。

我減下的十一公斤磅和五吋腰圍並不全是水分。這個飲食法開始前一週和結束後一週的血液報告說明我的身體發生了改變。

開始前：

總膽固醇：255

三酸甘油酯：182

高密度脂蛋白：41.2

低密度脂蛋白：177.6

結束後：

總膽固醇：171

三酸甘油酯：103

高密度脂蛋白：46.9

低密度脂蛋白：103

看了這些數據後，布魯內蒂（Brunetti）醫生說：「我從來沒有遇過這種情形！你做了什麼？」這是事實，這是科學，它讓我的身體更好：高密度脂蛋白上升，壞的數據下降。

後來我與克里斯聊起這件事，他問我為什麼要開始這個飲食法。我告訴他：「這個叫克里斯的傢伙一直說我很胖！擦乾眼淚後，我決定改變自己的人生，並也許更愛自己一點。」

事實上，我已經連續兩季表現不佳。我抱怨都是因為換工作、孩子和自己太笨的緣故。但最後，我才發現在年度身體檢查時，自己的體重竟然增加了這麼多。而且，天啊，我每張照片裡竟然都有一個大胖子！

這很嚴重，是吧？但我並沒有改變，因為身為一位力量型運動員，

我並不需要非常在意身材。可是我的運動表現已經下降，而且開始會受點小傷。

快速飲食法的重點並不在於我的體重、體脂或什麼東西會減少。我著重的是紀律，因為它可以激發我其他的目標。

聽清楚了：如果你可以確實執行快速飲食法，或戒斷美酒佳餚長達二十八天，你就可以完成所有的夢想。

一切就這麼自然而然地發生了。我在一次投擲訓練中弄傷了左膝，坐在那裡看著傷口，並仔細思考如何針對普萊森頓（Pleasanton）比賽來訓練時，就在那瞬間，我靈光一現：快速飲食法。我沒有在開玩笑，但我不太記得為什麼那會是如此正確的決定。想成為僧侶的那一部分的我非常喜歡這個主意；而另一部分的我，那個熱衷派對的我，斷然地拒絕。但這次是僧侶贏了。

克里斯說這個飲食法能夠這麼成功的其中一個理由，就是能讓人完全掌控自己一部分的人生。這是老生常談，但因為它有效，所以是個好方法！在青少年的各種飲食失調狀況中，可以看見一件有趣的事：因為飲食是他們生命中能夠自己掌控的部分。也許，只是也許，我們在某種程度上都有點掌控欲。

做為身兼數職的父母，我有時會發現某些簡單的事情，例如整理庭院，就能讓我感到放鬆、寧靜或祥和。

首先，我必須克服的最大障礙就是拒絕飲食法以外的食物。人們會問我：「丹，你要一些超級蔬果粉（Greens Plus）、茅屋起士（cottage cheese）或便宜的蘇格蘭威士忌嗎？」我會回答：「不，克里斯說要跟著飲食法確實執行！」

我甚至連選擇的機會都沒有！這個計畫已經幫你把食物選項準備好，我只要遵照指示就可以了。這個方法對我很有效。

現在，就讓我們來概述一下這個飲食法。一切都從早上的鬧鐘響起開始。

「鈴……，鈴……！」

你一定是在開玩笑。

這就是從第一天到第二十天的場景。鬧鐘準時在早上五點半響起。我一如常態地起床上廁所。吃兩顆可以產生增熱效應的Hot-Rox Extreme[3]膠囊，然後喝些水，接著繫上狗鍊出門散步。

順帶一提，在我結束飲食法後，狗兒看起來也更神清氣爽了。所以我這麼做其實是為了牠。

散步回來後，我會喝些咖啡，試著閱讀地方報（但那真的很糟），通常還會唸點書，然後喝下第一份高蛋白奶昔。下列是個很好的配方：一匙Metabolic Drive[4]的巧克力蛋白粉、一匙Metabolic Drive的香蕉蛋白粉和亞麻籽餐。就高蛋白奶昔來說，可以算……還不錯。

要到學校教課的時候很方便。我會在早上課間吃第二份高蛋白奶昔，然後午餐時，我會吃些纖維片、綜合維他命和兩顆Hot-Rox來補充營養。

每天下班之前，我會再吃一份高蛋白奶昔，然後回家和訓練，接著吃下我的高蛋白奶昔晚餐。它是由一匙高蛋白粉和天然花生醬調成的。晚上我還會再吃一份Flameout[5]牌的魚油。睡覺前也會吃鋅鎂力（ZMA）。

我完全按照克里斯的計畫來做。

3　譯註：美國食品（無中文對照）。

4　譯註：美國食品（無中文對照）。

5　譯註：美國食品（無中文對照）。

　　這裡有個重要關鍵：不要加入餅乾、馬芬、火雞肉、狗罐頭或任何東西。你得規規矩矩地按飲食法來做！「快速飲食法對我來說沒效。因為我每天吃五餐加上六份高蛋白奶昔，然後我一磅也沒減！」但朋友們，這不是快速飲食法啊。

　　一開始，我對訓練很恐懼，我擔心做任何事。我雖然計畫了全身性運動訓練，例如硬舉、深蹲、推舉、引體向上和休息，每組三下共十組，以及六～八個單關節運動訓練。但是，我好像都在等待有海嘯朝我撲來。因為只要它來，就不能不吃食物和碳水化合物了吧？

　　但從來沒有發生海嘯！大約兩週之後，我開始增加強度，開始奧林匹克舉重複合式或壺鈴訓練。

　　例如：

　　　爆發式抓舉（power snatch），五下
　　　過頭蹲舉（overhead squat），五下
　　　背蹲舉（back squat），五下
　　　頸後推舉（behind-the-neck press），五下
　　　早安式（good morning），五下
　　　划船（row），五下

　　我會都使用輕的重量來訓練，然後按照這個順序來做。全部做完算一組。

　　我嘗試完成六組，但我通常能輕易地說服自己只要做三～五組。我很容易說服自己做輕鬆的事。

　　我發現自己並不適合深蹲，於是我停止使用戴夫·德雷珀（Dave

Draper）的深蹲槓（top squat device）[6]，改用加重鏈條（chain）來重新蝕刻深蹲底部姿勢。兩次訓練後，我問自己：「如果我能做數組十下深蹲，那為什麼不做呢？」如果我有能回答這個問題的大腦，我早就表現得更好了。

我練了許多單手推舉（one-arm press），並在槓鈴軍事推舉（military press）加上鏈條，並將鍊條末端放在矮箱上，也發明了用鏈條鍛鍊彎舉（curl），這是個很好的動作 —— 用鍊條訓練一點也不輕鬆。

我每次鍛鍊都會加入引體向上訓練，也因為體重減輕，所以讓我往上拉愈來愈輕鬆。我也重新開始衝刺訓練，大約八趟左右，每趟都會把速度與強度帶上。我認為這樣的訓練加上複合式對執行快速飲食法的人很棒，但我只有從第二週開始。

我也開始認真地鍛鍊農夫走路（farmer walker）。我已經喪失一般體能準備期（general physical preparedness），這也讓我在比賽時付出了代價。我們重新學習，但我很討厭重新學習同樣的事物。

我開始有計畫地執行，但讓事情保持一點彈性，因為我無法在一次訓練中不來點新嘗試。

我發現自己的奧林匹克舉重又回到順暢的感覺，這是什麼意思呢？我說不上來，但我就是知道！啊，而且我在猶他州大賽時打破了該州的抓舉紀錄。我的力量很大。

我可以快跑、慢走和微笑，心情也很不錯。我並沒有全部依賴洗腦自己「我很好」這樣的心態來度過整個這個飲食法期間。我不只看起來比較好，連關節也感覺很棒。現在，我還是有些疼痛的問題，幾十年的

---

6 譯註：戴夫・德雷珀因為肩膀受傷，手無法往後放置於槓鈴上，因此研發出此器材。

投擲訓練導致了一些小傷害，但整體來說，我感覺很不錯。

我最喜歡的一件事就是：感覺自己的運動能力愈來愈好。我想我自己知道多出的體重是種負擔，但我並不知道有多嚴重。最明顯的是，我的右腳踝沒有那麼痛了 —— 這腳踝在鐵餅項目中是旋轉的基點。這是件大事。你無法想像當你在訓練時不再感到疼痛是件多麼重要的事。

但你也知道，事情不會那麼完美。坦白說，有天晚上睡覺前，我超級想要吃烤雞，那種渴望就像男人渴望女人一樣。我參考了我兄弟蓋瑞的建議，想著「明天我就要放棄這個飲食法」。然而，隔天早上我醒來，散步，喝下高蛋白奶昔，感覺非常好。

這是最重要的事。你必須時時刻刻與你自己抗爭。這不成問題。每位運動員都經歷過：再多衝一次山頭，再多一天，再多一點。我就是靠著這個信念，但對我來說，是再多十年。

戒酒這件事也很有趣。剛開始，我認為這會很難，但事實上還滿簡單的。我發現自己必須認知某些事：大部分的時候，我喝酒是因為口渴。因為我從來沒發現自己到了晚上會有多渴。

我整天教學與大聲嘶吼，但我以前並沒有注意到自己的水分攝取。每到晚上，我發現自己會想都沒想就往嘴裡倒三種不同的飲料：水、啤酒與紅酒。這還滿嚴重的，但當我開始攝取適當的水分後，酗酒問題幾乎立刻解決了。很好笑吧，但是，若不是這二十八天的堅持，結局將會是場悲劇。

這裡還有一個教訓：不要在體重上自我欺騙了。我是個體重一百公斤的傢伙，除非我增加的每磅體重能夠讓我舉得更重與投擲得更遠，否則那並不是身體真正需要的體重。

執行這個飲食法之前，我一直認為自己吃得不夠。這聽起來可能有些奇怪，但我發現定量的蛋白質與纖維讓我感覺更好。我充滿了能量，

我的關節感覺很好。我愈來愈強壯了！

　　每天只喝六份高蛋白奶昔最困難的地方在於應付各方的提問。當有女士問我類似這樣的問題時，我很難回答：喔，丹，你是不是正在執行這種飲食法？是的。「喔，這聽起很適合我耶！我有很強大的自律。」

　　是吧。你看，我並沒有很強的自律。真的，我沒有。讓我完成這樣的飲食法是因為我做出睿智的抉擇：我透過 T-Nation 論壇讓許多人來監督我，因此如果我失敗的話，將會是個很大的挫折。換句話說，也就是大家都知道我輸了，人們會開始質疑我的意志力、勇氣和氣魄。我的賭注很大！看看我所有收到的電子郵件、討論和電話。我甚至把吃塊餅乾的代價看得比什麼都還重要！

　　如果你想嘗試這個飲食法，讓我給你一些建議：主動出擊。第一天時：整理好所有的袋子。將所有藥丸、纖維膠囊和必需品，整理好放入夾鏈袋中。一個購物袋放在臥室，裝進早上起床後要吃的膠囊；第二個袋子則裝工作和週末要吃的分量；第三個晚上使用。一旦你開始執行，就不要想太多。

　　帶一臺攪拌機和高蛋白粉搖搖杯到上班的地方。買兩袋亞麻籽粉，一袋放在家裡，一袋放在公司或學校，或任何你想放的地方。你那個月還需要一罐花生醬，一次需要一匙。別忘了買品質好一點的。

　　也別忘了花點錢在飲用水上。自來水不錯，但晚上時來杯好水，再加上一些萊姆或薄荷，會給你些許放鬆。我知道這聽起來有點奇怪，但第二天你就知道了。

　　最後，別忘了還是要跟家人在吃飯時聚聚。你要幫忙做菜！雖然這世界的確需要一些烈士來喚起大眾的同情意識，但不是現在。輕鬆交談、享受、放鬆、娛樂，並且試著用不同角度看這個世界：你的飲食你自己掌控。

當你準備結束這趟美妙的旅程時，讓我給你一點點建議：聰明購物。我採購時會根據艾爾文・科斯葛羅夫（Alwyn Cosgrove）[7]和約翰・貝拉爾迪（John Berardi）的建議。在結束這項飲食法的隔天，我帶到學校的有：

一盒長鰭鮪

三磅的綜合沙拉

兩磅的甜豆

三磅的綠花椰菜

一罐鷹嘴豆泥

一串萊姆，讓我加在水裡

一罐冰茶

這樣一來，午餐或點心時，我就沒有不好的選擇了。我也在每天早上吃兩顆蛋和七十大卡的四季豆。快速飲食法為我上了最好的一課：只要在二十八天內不吃全食物（whole food），蔬菜嚐起來就會像糖果一樣。

最後，總結我所學到的：減肥是一場全面的戰爭。給它二十八天 —— 只要二十八天。竭盡所能地完成。這並不是生活型態的選擇，這是一場戰役。減重，然後回歸適度（moderation）的生活。

本書後面還會有另一堂課要給你：是關於適度這件事。《聖經》啟示錄說得好：你既如溫水，也不冷也不熱，所以我必須從我口中把你吐出去。

適度是娘娘腔做的事。

7　編按：《女力！從零開始重量訓練》共同作者。

第 **4** 則

故事的全貌

「現在，讓我們來瞭解故事的全貌。」保羅・哈維（Paul Harvey）用這句話成就了自己的演藝事業。我想大部分的讀者都聽過這句話，而且可能也像我一樣，已經準備好要聽故事最精采的部分了。

當北京奧運結束時，有許多人來找我討論：「你認為牙買加短跑好手有沒有使用禁藥？」我大笑了幾分鐘，然後調整好呼吸說道：「我同意可能會有一兩個幸運的選手躲過藥檢，並且，也只是有可能，一位短跑選手剛好躲過了。」

但我也知道，很快地，我們將知道故事的全貌。它有可能是最新的訓練方法，或是很特別的事情，只是我們現在還不知道。答案八成比我們所想的還要明確。

我最喜歡的一本書 ── 約翰・傑羅姆（John Jerome）所寫的《時間的甜蜜點》（*The Sweet Spot in Time*），作者對東德游泳代表隊在一九七六年奧運會的表現，提出一個非常棒，也很善良的觀點：

「觀察者堅信東德代表隊如果有重大的突破，不是在基礎科學，也不是在訓練的生理學上，而是他們發展出能設計精準訓練課表的電腦程式。」

「這個方法對東德的女子選手來說似乎有效，因為至少她們在一九七六年蒙特婁奧運會前後稱霸了游泳項目一段時間。很有趣的是，東德男子選手並沒有這樣的好表現。」

這……我很遺憾……，但有可能還有其他因素。電腦或許有幫上一點忙，但用訓練男子選手的方式來訓練女子選手才是關鍵。

這就是故事的全貌，而且當我在肌力、體適能和健康產業愈久，就聽到愈多類似的故事。

多年前，我與迪克・史密斯（Dick Smith）有過一次非常愉快的訪談，他是功能性等長收縮訓練（functional isometric contraction）的專家，這種訓練方式就是對一個靜止不動的物體進行推與拉的訓練來增肌減脂，在一九六〇年代早期相當風行。

這大約是五十年前，因此被大部分的人遺忘了，但我讀到許多有關美式足球隊訓練的文章，號稱每天只要幾分鐘的推與拉訓練就可在「一夕之間」變得很厲害。身為教練，我可以跟你保證，任何課表只要宣稱能在短時間內讓你快速增強一定會受到注目，而且不會被遺忘。

但後來，泰瑞・托德（Terry Todd）和約翰・費爾（John Fair）等作家將這扇神祕之門打開了。原來同化類固醇才是故事的全貌。

這些粉紅色的類固醇小藥丸被吹捧成有幫助運動員消化蛋白質的功效。在一九六〇與七〇年代，許多作家，包括文斯・吉倫特（Vince Gironda）都強調，消化是想練就健美大肌肉的方法中被遺忘的那部分。於是，木瓜萃取物、HCL藥丸和許多含有重金屬味道的東西都被拿來賣，宣稱有可以取代藥物的功效。

總而言之，並不是等長訓練讓你一夕之間變強，而是類固醇的功勞。但是，故事還沒完。有下列三點：

第一點：功能性等長收縮訓練

幾年前，我在舉重項目上膊（clean）中站立時遇到問題，所以打電

話給迪克。他建議我怎麼做呢？回到舉重架！首先迪克強調我應該拿掉舉重架底部的插銷，就像不需要門框或安全手臂圈等多餘的裝置一樣。他強調在舉重架要使用最大重量來訓練。

最佳的訓練重量就是你可以從架上拿起並握住的最大重量。我接受了迪克的建議，發現我們人體可以從舉重架上舉起很大的重量。

他也很清楚在舉重架容易過度訓練的人，會常常沒有意識到自己的狀態。我發現真的是這樣。一九九一年時，我仿製比爾・馬奇（Bill March）一系列的訓練課表，也就是等長訓練最原始的實驗之一。

我變得非常強壯……但也拉傷了右斜方肌。我的好友保羅・諾斯威（Paul Northway）說：「你沒有熱身就直接從舉重架上膊315磅。」這個訓練課表讓我變得非常強壯卻也嚴重過度訓練，然而我在訓練日誌寫下「這課表真有效！」。

後來，當我再度與迪克談過後，我開始定點前蹲舉（dead-stop front squat）訓練來克服我在前蹲舉時的困難點（sticking point）。因為前蹲舉是訓練腿部力量很重要的一環，所以我買了一個經濟實惠的鋸木架，那是我做過最好的投資。我大可以買個兩千美金的舉重架，但這鋸木架只要七十美金。我讓它可以自由調整高度，以找到適合我的困難點高度。

我把槓片滿上，然後從定點，也就是從底部位置開始練習前蹲舉。這效果非常好！

短短幾週內，我的問題解決了。下列是我的心得。

- 最多就六下！我現在應該認為要更少；熱身之後，也許最多做二或三下最大努力（total-effert）。迪克不會同意這點，但我不只調整鋸木架底部，還改為立即站起，所以重量應該會感覺比較輕。

- 對於熱身，我喜歡用預測最大負荷50%的重量來執行兩組，每組五下。舉例來說，如果最大負荷是330磅，那麼就是使用165磅來執行。我嘗試一開始就訓練定點前蹲舉（完全沒熱身），沒想到竟然可以，但接下來幾天，我的髖部與腰大肌就讓我痛不欲生。當然，我年紀大了。年輕人或許不需要熱身。

- 我認同有些人說一週訓練一天即可，但如果你只有訓練一個動作的話，可以訓練三天。你可以把它當成一種實驗，它對你的弱點將會非常有幫助。

我每週訓練三天並持續了大約兩週，然後我開始痛恨重訓（又來了），這讓我停滯不前。我想，對我來說……最多就兩天。

故事的全貌就是，是的，等長訓練有效。在舉重架做功能性等長收縮訓練將會是克服任何抗地心引力重訓動作困難點的解方。從地板上硬舉絕對可以說是定點（dead-stop），但你可以先將槓鈴放在舉重架上，然後試試在膝部以上的高度時可以拉起多大重量。

第二點：腹部訓練的必要性

如果你想炫耀腹部，或是核心，或隨便你想叫它什麼，請直接使用快速飲食法，然後二十八天後打電話給我。

總有一天，你會為想要鍛鍊出六塊肌所做的一萬下捲腹訓練付出代價。因為它會造成你的下背痛。腹部訓練對你來說一點效果都沒有，只要去問問有經驗的肌力教練就能知道。

現在我來說說這個故事的全貌。我曾經與丹恩‧米勒（Dane Miller）討論過，他曾經與阿納托利‧邦達爾丘克（Anatoli Bondarchuk）博士共同訓練過。邦迪（Bondy）是肌力訓練的傳奇，而米勒完全顛覆

了我對腹部訓練的想法。用數學公式來想一下你的訓練課表。

$$A+B+C=D$$

D是你的目標。這個目標可以是運動表現或是淨體重。

A是上肢訓練，例如仰臥推舉。

B是全身性訓練，例如硬舉。

C是腹部訓練。

　　當我不論是增加B的重量或數量時，我會發現D進步了。因此，減少B非常不好。不論你的目標是什麼，你必須持續訓練硬舉或深蹲，或任何全身性訓練。一般來說，增加A會對D有些幫助，但比較難看出成效。

　　於是我們會想到C。增加腹部訓練對我們的目標似乎不會有幫助。我曾經看過有人用四十五度的健腹輪並放上不可思議的重量來訓練。這除了讓你在中年前就得要進行背部手術外，意義何在？

　　那為什麼要訓練腹部呢？根據米勒說法，當你減少C時，A和B就會直通地獄般地下降，而且我們知道，當這兩項下降時，影響D的速度會快到你不知所措。換句話說，腹部支撐你的訓練目標就像支撐你的內臟器官一樣！你必須訓練腹部，來支持整個訓練系統。

　　這就是腹部訓練的故事全貌。訓練腹部對你的六塊肌一點幫助也沒有，卻可以支持你想要展現六塊肌的所有努力。

第三點：減脂跟訓練強度有關

　　不誇張，我收過一萬封以上的信件來詢問有關高強度間歇訓練或

Tabata的燃脂奇蹟。

不久之前，我寫了一篇關於用Tabata方式訓練的文章。我建議用95磅（或保守一點用65磅）的槓鈴來做前蹲舉二十秒，並要求至少在八～十四下之間。然後休息十秒，但不要把《戰爭與和平》拿起來看，接著訓練繼續二十秒。持續這個循環，訓練二十秒，休息十秒，總共四分鐘。

從那以後，我接獲許多讀者來信，他們用Tabata方式訓練仰臥起坐，卻沒有得到我說的效果。但我的朋友啊……千萬不要拿仰臥起坐和前蹲舉相提並論。

這就像拿你家附近的街頭美式足球比賽跟國家美式足球聯盟相比。你的腹部的確會感到有點痠痛，但這跟認認真真地Tabata完全是兩碼子事。

高強度間歇訓練（HIIT）也是一樣的概念。有個人在跑步機上加入所謂的高強度訓練……三十秒全力衝刺，然後緩步走五分鐘（我實在不懂為什麼會有人寫信問我舉重和擲鐵餅之外的事）。

所以我決定要好好瞭解什麼是高強度間歇訓練。我找到最好的資料就是湯姆·費伊（Tom Fahey）博士所寫的：HIIT就是高強度間歇訓練方式，它是個建構心肺耐力的方法，省時、高效、低訓練量又高強度。湯姆是我的老朋友，同時也是位很棒的鐵餅選手，他很精準簡潔地敘述了高強度間歇訓練原則，但我需要更多資訊。

在高地運動會募款活動上，我們曾經嘗試雙手各持105磅農夫走路來募款。為了使活動進行順利，在每位選手嘗試幾次之後，我都必須走三十秒來重新將這兩個各105磅的重量放回起點。

聽好，你是想要在跑步機上衝刺三十秒還是手持超級重的啞鈴走三十秒呢？你只能選一個。你的高強度間歇訓練可以是拖一個非常重的雪

槓或手持兩個超級重的啞鈴，然後你將進入燃脂模式。

　　這個觀念是循序漸進的，但在你意識到這點之前，你將會聽到故事的全貌。

　　這裡有三項要點提醒：

- 要解決問題，可以考慮在你的困難點簡單試一下功能性等長收縮訓練。不要一直嘗試，只要幾下就好。
- 腹部訓練不會讓你有六塊肌。然而，它將會是你整個訓練中最好的配角。
- 與其讓你自己在跑步機上出糗，使用槓鈴或啞鈴來訓練Tabata前蹲舉或HIIT農夫走路會比較好。

　　這就是故事的全貌。

第 5 則

一天只練一項的課表

青少年時，我看的書從漫畫換成了男性雜誌。除了看休・海夫納（Hugh Hefner）的雜誌之外，我也開始涉獵健身雜誌。當時比較著名的有《肌力與健康》、最老牌（也總是很古怪）的《鐵人》（*Ironman*）和許多純談健美的地方小刊。

過去十年間，興起了全新的健身風格，當然也反映在男性雜誌上。通常一段文字會搭配三個手持電鋸，和一個近乎一絲不掛的女人。這些被稱為輕訓練（strength lite），如果你認同那是「訓練」的話。

我必須承認這些雜誌是搭飛機時的最佳閱讀小品。隨便翻開一頁，就會有三十個生活小撇步，從如何快速解決灑出的液體到照顧寵物的方法，無所不包。

最近有篇關於男士休閒穿搭的文章引起我很大的興趣，並不是因為作者是女性所以引起我的興趣，而是其他的事：

上衣：245美金。

長褲：無褶休閒褲，210美金。

皮帶：105美金。

襪子：29美金。

鞋子：285美金。

你確定這是休閒服？我都是買一袋六雙的那種襪子，而我的西裝跟

這位女士建議的那件襯衫同樣價錢，還有，我不確定自己是否買過皮帶，因為那不是買褲子的時候上面就會有的嗎？

再往後翻了幾頁，我看到當月的訓練課表。先把深蹲、划船和推舉給忘了。這篇文章談論的都是反握彈力球旋轉（rubber ball axe twist）加上匈牙利交叉跳躍（Hungarian cross leap）。我實在是搞不清楚這些動作要怎麼在真實世界執行，但這篇文章把它們編得就像是個訓練課程。

我不認為我有辦法靠寫訓練課表維生。為什麼呢？因為我用過最好的訓練系統，就是我唯一能建議的訓練課表。那麼問題在哪？嗯，這個訓練課表的問題就是它真的很難，我絕對不會騙你。

這課表真的很難，但也很簡單。而且，健身雜誌絕對不會建議這個課表，因為一般讀者肯定不會嘗試。你願意試看看嗎？我們馬上就會知道了。

我稱這個課表為「一天只練一項」。它以久遠以前的奧林匹克舉重為基礎，並且刪除了現代訓練誇大不實的部分。它簡單到幾乎被忽略了。這個課表縮減了在健身房訓練的時間，但增加了恢復的時間，不過即使如此，它也有可能讓你無法上班。

首先，我們來探討一下，為什麼試過這個課表的人都討厭它。我稍後會詳加說明，但一天只練一項的課表有幾個細節和大方向需要注意。大部分人第一次嘗試後最大問題是覺得它很難捉摸：你不需要花太多時間在健身房……因為你「無法」這麼做。

另外，他們也碰上其他相關的問題：因為你只練一項，所以不能練完深蹲後，接著到腿伸屈機上，然後告訴自己這都是腿部訓練。如果你是練深蹲，那就只練深蹲。如果你練引體向上，那麼你就好好地練四十五分鐘。

只練引體向上，或許在你開車前往健身房的途中聽起來會是個好主

意，但我跟你保證，五組之後，你就會想要換個訓練動作來舒緩一下身心靈。不過在一天只練一項課表中，你就是無法得到這種舒緩。

最大的困難點就是這個方法不容寬貸。如果你選擇深蹲，那天就只有深蹲。你在課表中找不到地方可以閃躲。你無法在某天因為練了四十一種不同的動作，或是不練某項你痛恨的動作，卻做了很多腹部訓練後說服自己那天的訓練狀況很好。

規則就是這麼簡單：每天選一項訓練動作，然後整個課表就只有這項。很明顯地，最大的好處就是簡單：你不需要帶一張密密麻麻寫著所有訓練動作、坐姿位置、身體體線、動作節奏和順序的課表。整個訓練就只練一項。這聽起來很簡單，對吧？小心不要被騙囉。

在選擇訓練項目之前，讓我們先來瞭解次數與組數的規則。當要嘗試每天只練一項的課表的時候，有個建議或許會對你有幫助，那就是當你在檢視每週或每月的課表時，比起傳統課表，你的檢視角度可以更全面。其中一個概念是你可以逐週將次數和組數調整成一半，來減少每週的課表。

第一週：七組，五下

這對任何舉重動作來說都很困難，當你選擇像深蹲、仰臥推舉、硬舉、推舉、抓舉或上膊這類訓練，真的會讓你筋疲力盡。經過幾次試誤後，我發現一個簡單的重量選擇方法，可以讓你得到很好的效果：

第一組：225磅，五下

第二組：245磅，五下

第三組：265磅，五下

第四組：275磅，五下

這組之後會感到疲倦，也許無法再進行下一組

第五組：235磅，五下

強度降低所以身體得到休息

第六組：255磅，五下

很有挑戰性的一組……但還沒有到達極致

第七組：275或285磅，五下

這就依據你的體能和有沒有幫補員（spotter）而定

　　還有一個方法對仰臥推舉（如果你有一個很好的幫補員）和深蹲（和更厲害的幫補員）訓練效果更有幫助，就是用你的最大重量。你自己執行槓鈴往下的動作，但請幫補員協助你往上舉起重量，以確保動作執行順暢。在完成五下之後，將槓鈴放回架上。如果是深蹲的話，請接著執行八～十下的快速跳躍。若是仰臥推舉的話，則是八～十下的爆發式伏地挺身。

　　這是我所建議過最容易導致很多天無法上班或上課的訓練。在七組，每組五下最大重量深蹲之後接著快速跳躍，將會燃燒你腿部所有的肌肉纖維。我有些選手在隔天早上是沒辦法下床的。

　　目前為止，我知道僅有兩位選手在隔天還有辦法去上班或上課。但是，就像我跟大家說的，有一天你會感謝我。只是不是今天。

第二週：六組，三下

　　總共十八下，這週訓練量基本上就是第一週的一半（三十五下和十八下）。按照第一週課表的架構執行，但試著將重量再往上加一點。在經過第一週訓練量的洗禮之後，第二週課表似乎比較輕鬆……嗯，只是看起來而已。

第三週：五下、三下、兩下

這也許是我最喜歡的次數和組數。基本上，我們認為兩下才是一次反覆最大重量。就像我從許多教練身上學到的，所有選手都會誇大他們的一次反覆最大重量，但我們很難在兩下最大重量上糊弄。你可以相信的就是，只要能夠做兩下，那麼做一下應該沒有問題。

相信我，選手與教練都會在最大重量上灌水。你可以到美國任何一所大學美式足球的球員更衣室詢問相關數字。最近有位大學足球員宣稱可以上膊540磅，但美國的紀錄才517磅而已。

第四週：休息！

從紙上看，前三週好像很輕鬆。所以在看到這週課表時，許多人都會嗤之以鼻。「休息一週！這不是真英雄！」，但你先試過一次之後再來找我。如果休息一週有錯，我敢打賭你絕對沒有放大重量。

訓練動作必須與你的目標相符。當然也要符合你的生活。如果你喜歡週末到酒吧小酌或跳舞的話，那麼週四或週五就不要深蹲，因為基本上你的腳會不聽使喚。多用點腦袋，這也是我週末還可以跳舞的原因。

對健力選手或使用健美式訓練方法的人，每天只練一項的課表應該非常適合他們。每週課表範例如下：

星期一：仰臥推舉或上斜推舉

星期二：划船或衍伸性動作

星期三：深蹲

星期四：休息

星期五：軍事推舉

星期六：彎舉、硬舉，或任何動作

我已經聽到有些人會問：那腹部訓練呢？前鋸肌訓練呢？相信我，四十五分鐘的軍事推舉絕對會鍛鍊到腹部肌群和達到任何深夜購物頻道賣的健身器材所宣稱的效果。

一天只練一項真的很難。當然，這是大部分人所試過最有效的課表，但它真的太難了。而且並不會讓人覺得有趣，除了對那些在你深蹲隔天可以笑你走路姿勢的好兄弟之外。你甚至可能無法完成整個月的課表。我相信你應該無法完成？是啊，我想也是。

有興趣試一下嗎？先想想下列事項：

- 大重量，短訓練時間。因為很難長時間訓練大重量。如果你不相信，可以參加強人比賽（Strongman contest）或高地運動會，你就知道那是什麼狀況。
- 如果整個月的訓練課表看起來太瘋狂，可以偶爾選一天來練。這絕對不是一般的訓練課表，但真的滿有趣的。
- 一天只練一項也許會帶給很多人新的訓練思維：**主要訓練是核心，輔助訓練是協助**！過去十年，許多訓練員都忘記這個基礎的事實。
- 一個禮拜只練一次深蹲最糟的事，就是你的大腿可能會撐破那條價值兩百一十美金的帥氣無褶休閒褲。

我已經先提醒你了。

第 **6** 則

Tabata 模式 —— 四分鐘燃脂

幾年前，有間公司推出一臺訓練器材，號稱一天只要四分鐘就保證你可以得到想要的結果。但問題是它要價一萬兩千美金！哇，我的車都沒那麼貴。我不知道自己有沒有花過這麼多錢在任何事情上，包括我的進修學費。

我今天要來幫你省下這一大把鈔票，因為我會教你如何不用那麼貴的器材就得到同樣的效果。這個最高機密的訓練方法也許比你所有的訓練加起來還要有效，而且還可以讓你省下二十三小時又五十六分鐘的時間來做其他事。

但你還是要付出代價。想想筋疲力盡、嘔吐與汗流成河的樣子吧。

Tabata（田畑）是日本的研究學者，他發現一個有趣的訓練方法，可以同時增加無氧與有氧的能力。這個訓練方法很奇怪，因為它似乎同時符合不同的訓練原則：它對自行車、競速滑冰、舉重選手或想快速燃脂的人來說，都是個很好的訓練方法。

它非常簡單，卻也非常困難。許多選手試過一次之後，承認它的確很有效，但都發誓不會再做第二次。到底要怎麼練呢？其實也沒什麼：只要選擇一項訓練動作，然後按照下列的方式來做：

（1）在二十秒之內，盡你所能做愈多次愈好。

（2）然後休息十秒。

（3）接著再重複七個循環。

就這樣！你在四分鐘內完成訓練！噢對了，這時你的臉應該已經黏在地板上起不來了。

這八組當中，你都要盡可能地完成愈多下愈好，每組都有十秒鐘的休息……真是簡單又有效！Tabata模式最好的兩個動作就是前蹲舉和推進器（thruster），稍後我會詳加敘述。

最好能有人幫你記錄每組做了幾下，因為你在昏倒後將會不記得剛剛到底做了幾下。我會用最低次數的那組做為比較每次訓練的衡量基準。如果重量太大的話，次數可能會是兩下，但如果重量太輕，次數有可能會到十五下甚至更多。

在我們談論到訓練動作之前，先花點時間搞清楚我們要做什麼。這和每組八下，做八組不一樣，雖然每二十秒做八下的目標可能不錯。但其實，是要在二十秒內盡你所能完成愈多下愈好，然後休息十秒。

對了，順帶一提，這十秒不是讓你將槓鈴放回架上，喝點水，跟漂亮女生聊幾句，看看時間，然後才回到槓鈴，塗點止滑粉，調整舉重腰帶，順便跟朋友聊一下，最後才開始下一組。十秒就是十秒！**不要自己騙自己！**

你選擇的訓練動作必須是使用多個肌群。我建議前蹲舉。你或許會反駁，為什麼不是背蹲舉？因為背蹲舉很難將槓鈴快速放回架上，但前蹲舉可以立刻讓你開始十秒的休息。

而軍事推舉，你無法在最後一分鐘使用足夠的肌群撐過去。當你的肩膀快燒起來時，大概只能再做一～兩下。我也有試過硬舉，但大部分的人都有點擔心用Tabata模式會受傷。

前蹲舉或許是Tabata模式最好的舉重動作。話說回來，如果你不知道如何正確地前蹲舉，Tabata模式或許會比許多教練更能教你正確訓

練。在四分鐘內很容易就可以做到六十四～七十下，這比任何兩小時的投影片簡報更能教導你的神經系統。

槓鈴會置在你身體的前方，但記得手指放鬆，手肘提高，架在鎖骨上。身體保持正直往下蹲。這在第三、四分鐘時會比較容易，因為你已經開始習慣這個動作模式。當你站起來時，膝蓋不需要鎖死；事實上，連想都不必想。只要站起來和蹲下就好。

那麼槓鈴需要多重呢？這麼說好了：有一個能前蹲舉重達465磅的人，在Tabata模式下，只用了95磅就吐了。一般來說，我都請大家用輕一點的重量，例如在第一次用65～95磅就好。當然有些人可以用到155磅，而且在最後一組還有八下，但他們是少數中的少數。

另外一個Tabata模式很好的訓練動作就是推進器。這是個很好的訓練動作，卻很少在健身房裡看到。拿起兩個啞鈴或壺鈴，並置於肩膀高度。往下深蹲，然後讓啞鈴維持在肩膀高度或壺鈴保持架式姿勢。當你站起來時，將啞鈴／壺鈴推舉過頭。你可以選擇站起來之後再推舉，或使用站起來的衝力來輔助。我發現自己在第四分鐘時，這兩個方法都會用到。

坦白說，我實在不曉得如何形容推進器帶給你在心跳和呼吸上的衝擊。重量選輕一點！雙手各持35磅的啞鈴／壺鈴就很累人了。在前兩分鐘時，先不要太過自負或輕忽。

在這愉快的四分鐘內，最好是能夠盯著掛鐘上的秒針。每二十秒就停下，將槓鈴放回架上（假設你是用前蹲舉訓練），休息十秒，舉起槓鈴，然後繼續訓練。看著掛鐘應該可以幫助你更專注。

還有請記得：在這個訓練之後，不要給自己安排太多事情。因為此時你的肺就像蒸汽火車頭。你還是可以規畫任何喜歡的事，但如果沒辦法做時，請不要太驚訝。我會讓家裡的狗去追禿鷹，而自己在人行道上

休息。

　　這個訓練最困難的地方，就是在四分鐘內維持專注力。最好不要讓槓鈴或啞鈴離開你的手。當你前蹲舉將槓鈴放回架上後，留在原地，在槓鈴後方約1～2吋，並且注視著掛鐘上的秒針。

　　如果你是用推進器訓練，將啞鈴／壺鈴放在板凳上，並且盯著秒針以準備繼續訓練。把器材放在隨手可得之處的這個小技巧會讓這十秒鐘感覺不是太久，但至少你不需要移動太大的範圍再拿起它們。

　　我每個月會用Tabata模式的前蹲舉或推進器來訓練兩次。我相信一定會有人說，「如果真的這麼好，為什麼不每天練呢？」請你先試試看，然後隔天再來告訴我。

　　為什麼你應該要用這個方法訓練呢？因為Tabata模式也許是我所知道最好的燃脂方法。過程只有四分鐘，我卻可以一直流汗加上氣喘吁吁。更棒的是，它比世上任何一位教練都更懂得如何教導身體正確的深蹲姿勢。

　　還有一件事：Tabata能讓你因為需要忘卻身體的疼痛而學會專注，進而達到燃脂或運動表現的目標。而且還可以幫你省下一萬兩千美金。

第 7 則

飲食法的歷史

幾年前，我受邀對一群高中生演講。我拒絕，後來又再度被邀請，然後我再次說不。到了第三次時，基於內在的良心，所以我同意了。但一看到主題，我就立刻後悔了：適度。

我馬上覺得自己上當了。因為沒有人想對一群青少年又談論「向毒品說不」或酒駕可能造成的傷害，所以我需要不一樣的切入點，既可以得到同樣效果，卻又不會讓整間教室的青少年眼神呆滯得像今天早上吃的甜甜圈。

很幸運地，我的朋友凱西（Kathy）跟我分享她最近三天的飲食法。它叫做「七－七－七飲食法」。她第一天只吃七顆蛋。順帶一提，那是她整天所吃的食物。第二天時，她吃了七個橘子，第三天，她只吃了七根香蕉。根據凱西的說法，第四天起床時，她覺得自己應該瘦了七磅。

我實在沒有勇氣告訴她，任何一段期間的挨餓都會讓體重減輕，但在第四天時，她不只肌肉會減少，而且體重應該會增加14磅。凱西的神奇飲食法（你應該也會好奇她為什麼要這樣做）給了「適度」這個主題很好的啟發。在我的研究過程中，我發現一些減脂／重的事實可以禁得起時代的考驗。以下是我的發現。

當你在逛雜貨店時，會發現昨天被視為瘋狂的飲食法，可能成為今天的主流。但很奇怪的是，有些古老的飲食法不只用來對抗肥胖，還被用來禁止不道德的事。即使到了今天，你還是可以在雜貨店的架子上看

到這些飲食法的影子。

在一八三〇年代，希爾維斯特・格雷厄姆（Sylvester Graham）牧師深信飽暖思淫慾。任何一種性病都是罪孽。他認為男人應該保持童貞到三十歲，婚後每個月也只能有一次魚水之歡。自慰也一概禁止，因為這樣的行為會導致身心靈生病。

為了消除營養和情慾上的飢渴，格雷厄姆設計了一種素食飲食法，其中包括一種他發明的餅乾，也就是後來家喻戶曉的全麥餅乾（Graham Cracker）。

在格雷厄姆後的幾十年內，另一個知名的營養學家和全職殯儀人員威廉・班廷（William Banting），藉著吃瘦肉、烤土司、蛋和蔬菜瘦了 50 磅。在他的著作《一封寫給公眾關於肥胖的信》（*Letter on Corpulence*）成為暢銷書後沒多久，「banting」在美國成為了節食的同義詞。

與此同時，詹姆士・索爾斯伯利（James Salisbury）醫生提倡一種食用絞肉漢堡排和熱水的高蛋白飲食法。他主張不要吃澱粉，因為它在消化過程會變成有毒物質。這個飲食法是每天食用三次絞肉，並搭配一點點蔬菜、水果和澱粉類食物。直至今日，你還是可以在大部分的家庭餐館吃到索爾斯伯利肉排（Salisbury steak）。

二十世紀以前的健康愛好者，大部分都熱衷於灌腸劑，例如約翰・哈維・家樂（John Harvey Kellogg）醫生。是的，就是他發明了穀物脆片，而且你家穀物脆片的盒子上應該都有他的名字。家樂發明了玉米片和穀物棒的早期版本，以減少性慾與抑制自慰。

他同時也建議小男孩應該進行割禮，而且不能施打麻醉劑，因為這樣他們的陰莖就會永遠記住疼痛的感覺。女人應該在陰蒂上塗抹苯酚，以避免產生他所謂的異常興奮。是的，家樂是個真正的贏家。

在一九九四年時，由安東尼・霍普金斯（Anthony Hopkins）主演的

《窈窕男女》（*The Road to Wellsville*）中，他藉由飾演一位好醫生來諷刺家樂的素食主義和結腸排毒法。

霍普金斯同時也在《沉默的羔羊》（*The Silence of the Lambs*）中扮演一位食人魔醫生漢尼拔（Hannibal）。但我們這裡暫且不談漢尼拔醫生的飲食法。

全麥餅乾、索爾斯伯利肉排和家樂的飲食法，都曾經是美國最好的營養方針。此外，我們也在理解體重與減脂時，發現了一個有趣的關係：金錢所扮演的角色。

我個人最喜歡的減重廣告是鴻運香菸（Lucky Strike Cigarettes）在一九二〇年代的廣告，當時香菸被塑造成減脂的工具：**吃甜食不如來根鴻運**。肺癌似乎是個有效的減重方法，雖然我並不建議。

確實，當你翻開女性雜誌的最後一頁，特別是在一九五〇年代，會有許多頗有見地的減重方法，包括面霜、乳液，當然還有最風行的條蟲卵藥丸[1]，但我仍然認為這是民間偏方。

下列為三個基礎飲食法的分類。

- **食物分開法或合併飲食法**：這些方法已經存在很久了，就和人們爭論猶太飲食戒律是不是神奇減重法的問題一樣。基本上，這個方法討論的是分開吃或合併吃某些食物，對身體的好壞影響。
- **「多一點」飲食法**：當你看到某種飲食法有「高」這個字眼，就應該是屬於這個類型。這類飲食法通常會鼓勵多吃某種巨量營養

---

1 譯註：這種飲食法將充滿條蟲卵的藥丸吞下後，讓卵在體內孵化，長為成蟲，幫助我們消化過多的卡路里，於是人們就可以大吃大喝。
  雖然理論上說得通，但因為不能確定條蟲會在哪裡孵化，也不知道條蟲是否會把身體必需的營養吃掉，而且其還可能導致痢疾等許多疾病。

素：碳水化合物、蛋白質或脂肪。它通常會出現在提倡減少某種
營養素攝取的時期之後。例如，高脂飲食會在低脂飲食風潮之後
出現。

● **「少一點」飲食法**：你通常會看到「低」這個字，但我將許多飢
餓飲食法也歸類於此。

食物分開法或合併飲食法對我來說有一定的吸引力。事實上，並不
是每天晚上喝一手啤酒讓我變胖，而是喝啤酒時配的花生。所以是這些
下酒菜造就了我的啤酒肚，而不是卡路里。呼，這真是讓我鬆了一口
氣！現在我只要喝啤酒就好了。

以古典制約理論聞名的帕夫洛夫（Ivan Pavlov）曾提出一個理論，
指出同時吃高蛋白質與高碳水化合物食物是造成消化系統大問題的主
因。脊骨神經醫師菲爾・馬佛東（Phil Maffetone）用這個概念出了
一系列的書，包括我最喜歡的《每個人都是運動員》（*Everybody is an
Athlete*）。基本上，吃一片鮭魚是沒問題的，但加上麵條就會對身體造
成影響。所以幾小時之後再吃那碗加了番茄醬的麵條是可以的，只是別
加牛排就好。嗯。

蘇珊・桑瑪斯（Suzanne Somers）曾經因為情境喜劇《三人行》
（*Three' s Company*）而成為明星，後來她又成為家喻戶曉的飲食法專
家。她出版了一系列的書，都跟合併飲食法的概念有直接關係。主張水
果必須與主食分開吃是許多合併飲食法的根基。

除了帕夫洛夫，在桑瑪斯之前已有許多合併飲食法的先驅。在一九
二〇年代，威廉・霍華德・海伊醫生（William Howard Hay）認為血液
酸鹼值是健康的關鍵，其中一項影響因素就是不要在一餐裡同時吃下澱
粉、水果或蛋白質。

人們也要每天灌腸和細嚼慢嚥，這是在二十世紀早期非常著名的弗萊徹飲食法（Fletcherizing）。霍勒斯・弗萊徹（Horace Fletcher）提出一個論點，就是食物在吞下肚之前，要在嘴中咀嚼到成液狀。這到我高中時期仍然被認為是正確的消化方式。

茱蒂・馬澤爾（Judy Mazel）也許是在桑瑪斯以前推行合併飲食法最有名的人。她的飲食法強調需多攝取水果，隨著她出版《比佛利山莊飲食法》（Beverly Hills Diet）這本書，這個方法在一九八〇代蔚為風潮。我還記得當女士們吃下一口又一口的義大利麵時，若再吃下一定分量的芒果、木瓜或鳳梨等，就可以確保體重不會增加。

下面這個飲食法突顯了八〇年代飲食法的主流：名稱的重要性。《劍橋飲食法》（Cambridge Diet）並不是從劍橋來的，但它是一名在那裡工作的博士所撰寫的著作，並使用多層次傳銷來販售蛋白質飲品。比佛利山莊或邁阿密南灘（South Beach）飲食法似乎會比奧札克高原飲食法（Ozark Mountain Valley Diet）還好賣。很有趣吧。

大約同一時間，丹・杜克（Dan Duchaine）和毛羅・迪帕斯夸萊（Mauro DiPasquale）醫生同時開始撰寫長期的食物綜合法。如果配合循環中某日的特定訓練，你可以有五天吃高脂、高蛋白零碳水化合物的飲食。然後接著兩天的高碳水化合物。原始飲食法（Original Diet）、BodyOpus和合成代謝飲食法（Anabolic Diet），在過去這些年成為了力量與爆發力選手間非常流行的飲食方式。

近幾年，例如約翰・貝拉爾迪博士等人，開始鼓勵在一餐當中不要同時吃太多碳水化合物和脂肪。

以上這些飲食計畫的優點是，沒有任何巨量營養素被當作是邪惡的。你可以吃蛋白質、碳水化合物和脂肪，只要注意時間點或搭配的食物就好。這些飲食法的成功祕訣，或許就在於節食者被迫要「計畫飲

食」這個簡單的概念。

很多人發現，過去數十年中，「多」或「高」的飲食法書籍，都是強調某種英雄巨量營養素要對抗另一種邪惡的巨量營養素。脂肪很不好，所以要多吃點碳水化合物喔！別急，不久後就會變成，碳水化合物很不好，要多吃點脂肪喔！

歷史上也有一些單一食物被拱為瘦身的祕密武器，喬治・切恩（George Cheyne）醫生在十七世紀晚期告訴他的追隨者，只要多喝點牛奶就可以達到想要的目標。

雖然鮑伯・霍夫曼（Bob Hoffman）在《肌力與健康》雜誌撰寫鼓勵高蛋白飲食已有數十年，但第一個高巨量營養素飲食法要一直到一九六〇年代早期才算真正出現。在赫爾曼・德勒（Herman Taller）的《卡路里無關緊要》（*Calories Don't Count*）一書中，他鼓勵高脂、高蛋白質、低碳水化合物的飲食法。很快地，許多類似的書籍上市，包括斯蒂爾曼（Stillman）的《醫師的快速減肥飲食》（*The Doctor's Quick Weight Loss Diet*），它是以肉類與起士為主的飲食法。而十年後，羅伯特・阿特金斯（Robert Atkins）醫生的第一本書《飲食革命》（*Diet Revolution*）也是以這個方法為主。

自從一九九〇年代中期開始，低碳、高蛋白飲食法成為市場主流。事實上，你可以說我們過去幾年在邪惡巨量營養素上經歷了很大的轉變，萬惡的根源從脂肪變成碳水化合物。巴瑞・席爾（Barry Sears）所著的《帶狀飲食》（*The Zone*），讓人們瞭解以40%醣類、30%蛋白質、30%脂肪為比例的飲食，並讓許多人不再視蛋白質和脂肪為萬惡營養素。

《打敗糖罐子》（*Sugar Busters*）、《蛋白質的威力》（*Protein*

Power）、《碳水化合物成癮者的飲食計畫》（*The Carbohydrate Addict's Diet*）和許多原始人飲食法，都成為今天的飲食主流。你只要在餐廳說：「我是阿特金斯飲食法。」服務生就會知道什麼可以給你，什麼又不可以。

顯然現在對研究人員來說，兩週的阿特金斯飲食法似乎可以讓體重有明顯的改變。在飲食中增加脂肪攝取，也可以提醒人們酒足飯飽後的滿足感是什麼感覺。再次強調，這些飲食法會有效也許是因為節食者有計畫可以依循，或至少是因為每餐可選的食物非常有限所造成的。

「少、低或零」的飲食法幾乎可以直接追溯到一九一〇年。那時候卡路里的概念已經出現，也因此讓古斯塔夫·蓋特那（Gustave Gaertner）發明了食物刻度法（food scale）。他對減重的名言就是：「沒有度量，沒有療效。」幾年後，露路·翰特·彼得斯（Lulu Hunt Peters）博士提供她自己終身的飲食計畫：一開始先斷食，食物需要細嚼慢嚥，然後終生每天的卡路里攝取都限制在一千兩百大卡以下。

當然，一千兩百大卡很快就被認為太高了。其他的飲食法開始建議只能攝取六百大卡，例如很著名的好萊塢飲食法（Hollywood Diet）就建議連續十八天，每天只能攝取五百八十五大卡。這個飲食法的主食 —— 葡萄柚、蛋、柳橙和梅爾巴吐司（melba toast）[2] —— 因此成為了代表性食物，直至今日。如果你問老奶奶飲食建議，或許她給的建議也是如此。

接下來，有些醫生開始建議一天只能攝取四百大卡來減重。在一九五〇年代，有關飲食法的各種食譜如雨後春筍般地出現，直到現在還充斥在書店的架上。

2　譯註：一種烤得很脆的薄麵包片。

一九七〇年代晚期，內森‧普里特金（Nathan Pritikin）認為脂肪是導致肥胖的主因，因此撰寫普里特金飲食法，提倡非常低脂的飲食方針。大約十年後，迪恩‧奧尼希（Dean Ornish）博士將這個概念融入他的著作《愈吃愈瘦》（*Eat More, Weigh Less*）當中，強調低脂的素食飲食法，可以減少體重和改善血液狀況。

許多想減重的人仍然深信「脂肪導致肥胖」，這也導致許多飲食法追隨者最後以失敗收場。在碳水化合物隨處可得的環境中，常常可以見到只有當洋芋片沒有了，才停下來的嘴。

在一九六〇與七〇年代間，有幾個液狀蛋白質飲食法推行的產品令人目瞪口呆，例如液態牛皮。赫曼‧塔諾（Herman Tarnower）醫生一日七百大卡的史卡斯戴爾減肥法（Scarsdale Diet）也同樣驚人。

這些飲食法的優點，在於當你嚴格遵守它們時，似乎可以鍛鍊出如超人般的瘋狂心志。很不幸地，特別是非常低脂的飲食法，血液報告並沒有改善太多。反而是許多吃肉與起士的阿特金斯飲食者發現他們的血液報告比老兔子飲食法（Old Rabbit Diet）的執行者還要好。這或許告訴我們：應該吃兔子肉，而不是學兔子怎麼吃。

我們從這些飲食法當中可以學到什麼呢？首先，當你仔細研究這些書籍或文章中的飲食法，你就會發現它們仍在討論減少體重，而不是減少脂肪。只想著減重其實一點意義也沒有。一場割草機的意外受傷當然會造成體重減輕，但這是我們想要的嗎？然後，若你再多讀一些這類型的文章或書籍，將會發現自己已經能預言下一波的飲食法風潮。

我從這麼多的飲食法中得到最重要的建議就是：食物的選擇。重點是，你是否每天都準備好做出正確的食物選擇了？

在多年前的一場工作坊中，我被要求要寫下那幾天吃了哪些食物，並列出那些食物的名稱清單。不是分量、卡路里、蛋白質或諸如此類，

而是當時所吃的食物清單。答案很簡單：大部分的人每週只有吃十到二十種食物。不相信嗎？那你也來記錄看看吧。

不過，如果你的食物清單是長這樣：

蛋	鮭魚
鮪魚	麥片
藍莓	杏仁
雞肉	蘋果
葡萄柚	茅屋起士
蔬菜	

……那你應該可以不需要讀這段文章了。

這裡有些簡單的想法：

絕對不要在飢餓的狀態下購物或外食。沒錯，在外食前先吃點東西不只可以省錢，還可以讓你做出更明智的食物選擇。在你要購買食物之前先吃點東西，你就不會買下讓你長出雙下巴的食物。

一定要有購物清單。我有一份放在工作地點、一份貼在冰箱上，還有許多備份在抽屜裡。花幾分鐘確認你是否真的有你以為有的東西呢？然後嚴格按照清單購物吧！

計畫要吃的食物可以多買一點。如果你計畫一天要吃四顆蛋，卻只買一打，那麼你的新計畫在三天內就會結束，這會讓你吃一些計畫以外的食物。

以水果當點心是個不錯的主意。試著吃下一碗公的蘋果，但這真的很難做到。我發現杏仁和蘋果是理想的點心。盡量保持足夠的存量，這樣就不容易被速食誘惑。

　　最後，認真地選擇好食物。曾經有位女士問我，有沒有哪種飲食法可以讓她盡情地吃任何想要的食物。我回答，有，但首先她必須吃下兩磅鮭魚、三杯麥片、一杯藍莓、兩碗綜合蔬菜和一盒茅屋起士。並告訴她，在吃下這些食物之後，就可以吃任何想吃的東西。

　　總之，專注選擇好的食物，剩下的就會水到渠成。偶爾想想，我們可是花了兩百年才想通這個道理的啊！

第 **8** 則

十個歷久彌新的建議

多年前，我給運動員下列這些小技巧：

1. 練習全身性的動作，減少單一肌肉的訓練。
2. 持續在槓鈴加上重量，並在訓練時爆發式地舉起槓鈴。
3. 最佳的合成代謝物質是水。
4. 你有吃早餐嗎？如果沒有，不要問我任何有關營養的問題。
5. 如果你抽菸或是沒繫安全帶，請不要告訴我爆發式的舉重動作很危險。
6. 增加重量，增加強度。
7. 簡單就是美。少即是多。
8. 你必須將槓鈴高舉過頭。
9. 將槓鈴置於地面，然後用不同方法舉起來。
10. 瞭解並投入熱情於自己專項運動的基礎。

到現在，我依然遵循這個清單。然而在與運動員一起訓練幾年後，又給了我一些新的啟發。下列十項中，前三項是提醒，中間三項是得來不易的經驗，最後四項則是生活、愛與舉重上的小技巧，但不見得是按照這個順序。

叮嚀

1. 小心任何不合乎邏輯的事。

　　來，大家都試一下：用你的眼睛來呼吸。

　　「很抱歉，丹，你是說用我的眼睛呼吸嗎？」

　　是的，我是這麼說。現在，想像你自己是一個子宮裡的胎兒。

　　「什麼？！？」

　　就是這樣。

　　我的第一個建議，就是小心任何不合乎邏輯的事。如果你在一家保健食品商店裡，店長開始向你推銷一瓶要價九十九美金的東西，說它有著「軸心動力」，因此可以逆轉某種退化，請你慢慢往後退開吧。我對保健食品商店推出的新商品，唯一感興趣的就是上鎖玻璃櫃裡的東西，因為如果某件東西必須上鎖，那它的價值肯定比我一週賺的錢還要多。

　　用你的眼睛呼吸還有許多延伸的版本。沒有什麼比某個人只上了社區課程就變成瑜伽達人，然後開始到處宣揚瑜伽是消除大肚腩最好方法這件事更糟的了。只要深呼吸就可以剷除肥油。聽起來不錯，但這合乎邏輯嗎？你肚子上厚厚的一層肥油，只要深呼吸，空氣就會把脂肪帶走？

　　如果有人告訴你，慢慢舉起重量會讓你的速度變快，或是只要在肚子上每幾秒電擊一下就可以產生六塊肌的話，記得用眼睛呼吸。這樣你的頭腦應該就會比較清醒了。

2. 小心空口說白話的傢伙。

　　幾年前，我問我兄弟傑瑞，他到底是怎麼變得這麼有錢的（傑瑞真的很有錢）。他告訴我一個很簡單的故事。他以前曾經到地方大學修習

「如何成為成功的商人」這門課。開學第一週時，有位學生在房地產課上問教授是否持有房產。這位教授怎麼回答？他一間也沒有。

傑瑞當天就辦理休學，並且馬上從事房地產事業。他說，「如果這傢伙的學生是我的競爭對手，我馬上就可以成為百萬富翁。」傑瑞證明了他是對的。

當然一個人在營養或訓練上並不需要像個專家似的，但他至少要看起來像是訓練過的樣子吧！

坦白說，我發現自己從各行各業的人士身上學習到最多。我從芭蕾舞者、武術家和僧侶那裡獲得對我訓練很有效的建議。重點在於：如果有人是僅依據突如其來的想法或沒有根據的意見，就告訴你必須完全改變訓練方式，那麼請他自己先試試看。當心某些人給的建議，因為有時候連他自己都沒有付諸實行。

3. 小心適得其反。

這裡有個適得其反的例子：

「如果跳過一個小箱子對我的垂直跳躍能力有幫助，那麼跳過一棟建築物就可以幫助我更多。」

每當我想到這個，就會讓我想起我叔叔曾在三十九層樓意外墜落仍然倖存。但很不幸地，那棟建築物有四十層。懂了嗎？他只能在三十九層樓的高度存活下來，是最後一層害死他的。當然，我叔叔是個樂觀主義者。當他掉到第二十六層樓時，有位女士探出窗問他：「你好嗎？」我叔叔回答：「到目前為止還不錯！」

好了，抱歉，玩笑開夠了。但上面這小小的提醒或許是大部分人訓練課表中最常忽略的部分。

「如果兩組的彎舉可以讓我的二頭肌變大，那我會做二十組，讓我

的二頭肌腫脹到夜店打烊。」

　　但你知道腫脹感不會持續那麼久，還有，你在夜店待到那麼晚是要做什麼？

　　基本上，這裡我要談的是適得其反。你獵殺了一頭鹿，然後再補二十發子彈，只是為了確認它死了沒有。這是許多運動上常見的錯誤。

　　「一天吃六十克的纖維可以減肥，所以我要攝取一百六十克。」

　　「保加利亞人一天訓練六次，那我要訓練十二次！」

　　「阿諾在休季時增到一百零八公斤，那我就要是他的兩倍，兩百一十六公斤！」

　　你曾經看過，也曾經做過。我們都一樣。但，是時候該停止了。

4. 每件事都有效。

　　任何事都能維持兩週的效果，但沒有一件事在六週後還會有效。我很喜歡讀那些保證「兩週內可以擁有鐵達尼號般的三頭肌」這類型的書。當然，鐵達尼號已經沉了 —— 難道你不知道嗎？

　　事情需要改變。你當然不需要放棄所有的事情，但就像帕維爾．塔索林（Pavel Tsatsouline）所說的，你必須做出改變，用不同的方式來完成相同的事情。在你改變課表的兩週後，你一定可以學到訓練裡最不常用到的概念：仔細入微。不要使用大錘，改以輕觸。變換你的握法、角度，增加或減少一點休息時間，改變訓練動作的順序。改變吧，一點點就好。

　　你的訓練計畫的確有可能需要全面改造。這時你要如何知道呢？繼續往下讀第五個叮嚀。

5. 建立基礎的肌力。

　　一般來說，在健康與體能良好的情況下，你應該能夠硬舉兩倍自身體重和仰臥推舉自身體重。我沒有說你應該要能軍事推舉自身體重，雖然那是我一直堅持的。

　　為什麼這麼說呢？硬舉兩倍自身體重代表身體後側動力鏈已經足夠強壯，可以開始增加其他部分的某些訓練了。推舉自身體重只算還可接受，我多希望自己還能再多說點什麼，但最多就是這樣了。如果你無法仰臥推舉自身體重，在你做到之前，不要問我其他事情。

　　如果你還沒有到這個層級，那麼你必須達到。除非你擁有這些基本能力，否則再好的營養補給品和訓練課表都無法幫助你達成那些困難挑戰。我曾經訓練過某些人，當他們達到這些基礎肌力指標時，瞬間就成功了。

　　你必須擁有基礎的肌力來支撐更高階的訓練。如果你還沒有的話，趕快擁有吧！

6. 把「都是父母的錯」這句話留在心裡。

　　每天下午脫口秀主持人在那裡胡謅的事終於成真了。是的，責怪你的父母吧。

　　你被自己的基因限制了。我有個朋友是猶他爵士隊的球員，身高兩百二十四公分。他太太的身高是一百八十八公分。他們有三個小孩。你想想看：他們的小孩在籃球場上是不是比你更有競爭優勢。是的，因為他們將會比你高！

　　你該問基因的問題應該是：老天爺到底隨機給了我什麼？如果你一直只是做仰臥推舉或彎舉，你不會得到答案。你也許是自從湯姆・普拉茨（Tom Platz）和科里納・埃弗森（Cory Everson）以來最美的腿王，但如果你沒有離開蝴蝶機夾胸（pec deck）的話，你永遠不會知道真相。

我總是非常好奇自己是否能夠成為獨木舟、擊劍或手球的奧運冠軍。如果我沒有接觸到這些現在這些的話，我有可能天生就會嗎？再強調一次，我可以責怪爸媽沒有讓我接觸到全世界所有的運動項目，否則我就可以成為世界歷史上最好的擲乾牛糞冠軍。

現在，向宇宙揮拳，然後在你的萬神殿中責怪所有的事吧。好好地怪罪別人，還有別忘了怪你的三年級老師。

結束了嗎？很好。現在，回去努力工作吧，並且把這些事全部忘掉，因為這一點意義都沒有。是的，我說一點意義都沒有。你現在可以停止抱怨自己的父母，然後繼續訓練了。

7. 站在巨人的肩膀上。

你知道嗎？任何你努力嘗試要做的事情，都已經有人做過了。

我很幸運能夠跟全美最好的鐵餅選手交流，從一九五〇、六〇，到七〇年代。我與福瑞特・戈迪安（Fortune Gordien）坐在看臺上，他告訴我：「當你在投擲練習中遇到瓶頸時，可以改用小巧的步伐或省略預備動作。」這真是至理名言，我到現在還在使用這些方法，並稱它們為「小巧訓練法」。

若想要瘦下來，藉由閱讀克拉倫斯・巴斯（Clarence Bass）[1]和文斯・吉倫特（Vince Gironda）的書就可以達到。想要在青少年時期就展開訓練，並持續到成年嗎？那你可以讀阿諾（Arnold）的書。網路上充滿著從一八九〇年代到現在所有關於大力士的書籍和相關資訊。當然，你必須過濾這些訊息，但不需要多此一舉再想新的訓練。

我通常盡量避免叨叨不休，但多此一舉是大部分訓練員常犯的最大

1　編按：美國健身專家、作家。

錯誤。向偉人學習吧！

8. 多在其他地方／戶外訓練。

當今大部分的訓練員欠缺什麼？他們需要多多到其他地方／戶外訓練。

大家都知道我有時會比較誇張，但這次是真的：如果你持續待在同個健身房的舒適空間中，將無法發揮最大的潛能。為什麼？首先，除了舒適健身房裡的人以外，你不會再遇到其他人了。

如果你持續待在相同的地方，或許就沒有機會脫離不斷仰臥推舉、彎舉、仰臥推舉、彎舉、仰臥推舉、彎舉的窠臼。最近，我看到一位年輕的女士連續做了二十一下直立引體向上，我立刻決定自己也應該加入這項訓練。

當我說到外面訓練時，同時也是指到戶外訓練！離開你的跑步機，到公園跑步吧。用猴架（monkey bar）取代滑輪下拉（lat pulldown）吧。把你的槓鈴帶到戶外訓練吧。在戶外野餐，然後在硬舉的組間還可以吃點東西。提著負重的啞鈴走段路，呼吸一下新鮮空氣，並關掉你的DVD、CNN、iPod和CD吧。

單啞鈴的鍛練非常適合在戶外進行。帶上一個啞鈴或壺鈴，放在心愛的車子裡，然後開到一個景色怡人的地方就可以開始訓練。用你所有可以想得到的方法舉起重量，並請在身體狀況允許的範圍內完成愈多下愈好。

我大部分都在戶外訓練。當然，下雨容易讓鐵生鏽，但我曾經在暴風雪和烈日下訓練。我把毛巾包在槓／啞鈴上，這樣我握槓時就不會被燙到，這相當值得。此外，如果在你練上膊與挺舉的時候就可以曬成古銅色，為什麼還需要日曬機呢？

9. 找點樂子吧！

我曾經主持過一個強調均衡的工作坊。在課程中，我列舉出四項：工作、休息、玩樂和祈禱（祈禱也可以替換成「獨處的時間」。我對於許多大學運動員沒有獨處時間感到很驚訝。他們身邊總是圍繞著許多室友、隊友和知己）。當你的工作占得愈多，其他三項的比例也會因此縮小。

歡樂已經從肌力訓練的世界中消失了。我並不是指當朋友在深蹲700磅時，你在一旁揶揄的那種歡樂，而是指訓練過程中的樂趣。我在有許多愚蠢比賽的健身房中長大，例如在最斜的斜板上完成最多下仰臥起坐，或背著最大重量跳上某個東西。（順帶一提，請用啞鈴。相信我。）這些比賽既沒有獎牌、獎盃，也沒有頒獎典禮，就只是好玩而已。

你需要努力訓練。這我同意。但我們幾乎都忘了樂趣這件事，例如在戶外訓練，或舉辦一些愚蠢的比賽，我們也忘了舉起重量的喜悅。這跟當別人在舉起重量時開玩笑是截然不同的（這種玩笑從青少年時期一直開到老死都有可能），我說的是真正享受訓練的時光。這很容易檢驗：如果你做一件事感覺只有五分鐘，但實際上已經過了一小時了，那應該真的很有趣。

當你懷疑時，想一下我媽媽的話：到外頭去玩吧！

10. 拿出你的熱情！

「熱情」（passion）這個字的意思跟你所想的不盡相同，它其實有遭受折磨的含意。這或許不是我們現在使用的意思，但這是字根代表的意義，至少字典裡是這樣寫的。讓我們定義它為：**熱情就是接受愛的折磨。**

我認為偉大的事物都需要汗水灌溉。我常聽到：「你看，我多麼認真。我流了滿頭大汗。」是的，但你做桑拿時也會汗水淋漓。付出熱情並不輕鬆。

你必須經歷苦難。在美式足球中教導年輕人最重要的一件事，就是搞清楚痛苦和受傷的分別。受傷代表出局：可能是你今天、這週或整個球季結束了。而痛苦代表你必須超越疼痛帶來的折磨。贏家學習與痛苦共處。在人生的道路上，你會遭遇許多痛苦。當你搞砸一筆交易或犯下滔天大錯時，老闆並不會在意你內心裡的那個小孩。

熱情就是超越一切限制來追尋你的夢想和目標，而你的目標將會要你付出所有的代價：生理、心理、金錢和你所有的資源。

我曾經被問到，如何讓一個老選手（就像我）產生熱情。我寫道：

- 參與許多比賽。
- 比賽後與你的對手們一起出去玩。
- 閱讀並留心所有跟你的專項運動有關的事物。
- 多旅行。多遊玩。多學習。
- 投資金錢在你的專項運動上。
- 還有上面建議的第四點！

簡單吧，是不是？

第9則

重訓者的系統化教育

　　我每次撰寫文章或主持工作坊時，都會發生這樣的事。有人會問我：「所以，丹，你認為這個訓練我需要一週做五次還是一天做兩次呢？」「這個訓練」可以是任何事 —— 不論是單手重訓、Tabata前蹲舉，還是奧林匹克舉重 —— 我總是收到這些進退兩難的回饋。

　　我瞭解這些難處。身為兩位青少年的父親，我人生大部分都在經歷兩難的局面。直到最近，我才知道這個問題的正反兩面。類似上述這樣的回饋一直困擾著我，但因為我自從一九六七年就開始訓練，所以可以分辨哪些有效，哪些沒效。而且也許更重要的是，我知道如何按部就班地增加某些元素（一項動作、一個訓練原則或一種補給品）到我的訓練當中。

　　但有些人不知道如何做。如果你也是其中一人，讓我給你一些提示：你得先瞭解我們是如何學習的。

　　想像一下，問一個五歲的孩子，這個房間需要多少平方碼的咖啡色絨毛地毯。

　　情況一：這個五歲小孩還在學如何數數「一、二、三、四、五……，呃？」

　　情況二：這位小科學家不只不知道「碼」（yard）是什麼，他還認為「呎」（foot）[1]是用來踢球的。

1　譯註：在英文中，foot有兩個意思，一個是腳，另一個為長度單位呎。

情況三：簡單，就是長乘以寬。但這個小孩會問「什麼是『乘』呢？」

學習數學時，我們會遵循著階段來走，此稱系統化教育。數學的根基是建構在先學習數字的順序（當我在訓練高次數深蹲時，這對我來並不適用。因為我累的時候會用五的倍數來計算）。接下來，我們會學習將兩個數字加總起來。例如，我的手臂有 30＋3 共 33 吋寬。

學習加法後，我們接著學減法，然後是乘法。最後，我們學習呎和碼，所以才可以解決地毯的問題：先用寬乘以長，結果才發現咖啡色絨毛地毯已賣完。沒關係，還有檸檬綠色在特價。

看到了吧，系統化教育是學習任何事物的最佳方法。但這跟健身房中的重訓有什麼關係呢？

在便利商店的架子上隨手拿起一本健美雜誌。然後打開尋找浩瀚銀河系先生（Mr. Great Galaxy）的訓練課表和補給品計畫。我知道你也覺得這類課表很OOXX，但讓我們先繼續看下去吧。

小比利因為想讓他十四歲的女同學們刮目相看，買下這本雜誌，把它帶回家，然後將哥哥放在床下的重訓器材拿出來，開始嘗試浩瀚銀河系先生的訓練課表。幾年後，他把每個可以想到的彎舉都練過，還練了無數次的法式推舉（skull crusher）[2]，導致他智商大減。（給比利的提醒：這些動作不適合用彈振式方法來訓練。）

後來，他加入了當地的健身中心，發現每週可以仰臥推舉五天，也發現了一個確鑿的事實，深蹲會傷害膝蓋。但這當然很有爭議。在此同時，比利也加入了網路論壇，裡面有人體生物力學的專家，但也充斥著

2　譯註：又譯頭顱顱破碎者，是訓練三頭肌的動作，因為若手不小心滑掉，就會打破頭，因此有此別稱。

初學者提出的沒營養問題，和對老人家練奧舉的無理訕笑。

　　然後，比利參加了工作坊研習，或者，更糟的情況，閱讀了我的文章。你看，比利沒有系統化的教育。他從來沒有正確地學習深蹲、硬舉，更不要說學習運動的基礎了。他沒有吃早餐，因為他正在執行戰士飲食法（Warrior Diet）[3]，卻每天喝下五大杯可樂，因為他聽說這是讓肌酸產生作用的最好方法。他還認為仰臥推舉要達到自身體重的唯一方法就是打禁藥。

　　在工作坊中，他聽到像麥克・伯格納（Mike Burgener）這樣的人談論奧林匹克舉重。麥克將整個動作拆解成幾個關鍵點，並在與會者用PVC管練習動作時，不斷解釋說明。下一位演說者也許會是克里斯多福・索默爾（Christopher Sommer）教練，說明著他讓他的年輕菁英體操選手在每次訓練前都做一小時的熱身。每個動作都非常棒，並且可以融入任何一位選手的訓練課表中。

　　也許這個工作坊會邀請我去發表演說，然後我高談闊論著抱大巨石衝刺，翻滾大圓木和將鏈條、石頭、粗槓、壺鈴及等長收縮組成一張訓練課表的喜悅。年輕的比利在工作坊結束後，抬頭望著天花板。他沒有那麼多時間可以每天訓練兩小時的奧舉，又像奧林匹克體操選手、高地運動員和鄰居間的狂熱分子那樣訓練，並且還要繼續訓練以參加浩瀚銀河系先生的比賽。

　　你看，比利沒有能力分辨該做什麼與何時做。他「知道」很多，但沒有辦法篩檢。比利想的沒有錯：他沒有時間執行工作坊學到的所有資訊，他更不應該嘗試。那麼，他該做什麼呢？

　　系統化教育的問題在於，需要花費很長的時間。現在，你能讀得懂

3　譯註：間歇性斷食法的一種。

這些文字，代表著「過程」是有所價值的，但除非你有一位很棒的小學體育老師，有機會參與許多種運動，高中時期有個菁英級的訓練課表，大學時還有位全世界最棒的教練，否則在一般的健身房，你很難獲得這些資訊。

針對成人學習者，特別是那些用我的文章當成是舉重終身學習課程（順帶一提，應該給你大學的學分）的人，我在此給你另一個方法。

系統化教育的基礎在於，瞭解簡單的模式。你可以將基礎模式想像成階梯，但就像那句老話：當你爬到階梯頂端時要小心，因為你有可能這時才發現自己爬錯了建築物。在系統化教育中，我們用樹做為象徵。如果你不知道樹長什麼樣子，請搬離城市。

你就像棵樹。種子就是你遺傳得來的基因。有些人可能是橡樹，其他人是雪松，而少數的人則是盆栽（對於這些少數人我感到很遺憾）。土壤就像你成長的環境。如果你在摔角風氣盛行的地方長大，那麼你可能會成為一名摔角選手。

我不想一直提這件事，但樹的年輪代表你有幾年經驗。就像大部分的人一樣，我有比較細的樹幹，也有比較粗的樹幹。年年也有順遂或波折。這個模式的關鍵在於：你之所以持續成長是因為之前的年輪！

讓我直接切入主題：你參加了一個工作坊，然後聽到一個很棒的新補給品。你會怎麼做？這就是系統化教育的核心。當你在土壤中加了一些東西，必須藉由生長出來的果實來瞭解是否有效。那問題是什麼？當你參加一個工作坊，在結束後想要加入五十項新的東西到你的訓練當中，但這麼一來，你就無法得知哪個有效，哪個沒效。

當小比利閱讀某篇文章或參加某個工作坊後，突然比過去幾年還要熱血沸騰。他一小時吃下二十顆魚油膠囊，扛著槓，用過頭蹲姿勢從箱上深跳下來，像加拿大奧運選手一樣衝刺，開始用吊環訓練，吃下大量

的巧克力風味蛋白粉，以及每小時吸六口無糖洋車前子。會發生什麼事呢？

如果你有一棵樹，然後在土壤中加入十種成分，其中九種對土壤很好，但第十種有毒，你該如何分辨哪個有毒呢？我的朋友，這就是問題所在。當我學習這些很棒的新事物和概念時，我可以如何分辨哪個對我有益，哪個會害死我呢？你需要有系統地執行！

這也是我看待新訓練概念的方法。首先，我會馬上用兩個訓練方法的其中一個來測試。我一直以來都有兩個基礎的訓練模式，因此我在幾週內就可以瞭解這個訓練在負荷和恢復之間的感覺。

我使用的第一個標準訓練是「蛻變課表」（Transformation Progress）。不要在乎他的名字。基本上，它就是一週三天的重量訓練課表，一天是拉系列動作模式、一天是推系列動作模式和一天的腿部訓練。每天我只選擇兩種訓練動作，並且保持組間休息時間為一分鐘。

一般來說，我喜歡每組八下，但只要是合理的次數與組數組合都會有效。沒有重量訓練的日子，我會選一天做一點斜坡衝刺（hill sprint）訓練（非常少量），另一天我會做點有趣的事，例如健行、騎腳踏車或團隊運動。這是一個很容易掌控的課表，而且我知道自己的關節能夠負荷。當我執行這個課表時，我會充滿能量，而且看起來都還不錯。我的另一個標準訓練課表是一天只練一項。我甚至會將課表更簡化，區分為推系列日、拉系列日、深蹲日和全身訓練日，也就是抓舉、上膊和挺舉。

藉由涵括所有面向，且強度在輕至中等級的訓練課表，我非常清楚自己已經準備好來做實驗。實驗？是的，現在我加入在工作坊中學到的超級新方法。如果兩週後，我的膝蓋痛到無法踩油門，那這個方法就無效。如果三週後，再次有年輕模特兒主動對我投懷送抱（是再次喔），

那麼表示這個方法有效，我就會繼續保持。

你也知道這聽起來多麼合理，多麼簡單，卻很少人這麼做。如果你學到五件新事物，那麼可能要花幾個月來測試，才能知道它們對你的訓練課表是否有效。要身體力行來瞭解一件事，而不是端看廣告上炫目的炒作。

讓我們來回顧一下。

第一件事

讓自己維持基礎的訓練週期，除了可以讓你精力充沛，還可以讓你維持良好體態。每個人對良好體態的定義或許不盡相同，但我喜歡用基礎的重訓能力或投擲距離來衡量，或是上臂與腰圍的比例。我手臂與腰的終極目標是1：2。也就是我的手臂要到二十七吋。

第二件事

一次增加一個新的重訓動作、衍伸性動作或概念到你的訓練課表中。我一年前買了一組鏈條，但第一個月，我只有在訓練前蹲舉時用它們。到了下個月，我發現這些鏈條是很棒的加速訓練工具，所以我把它們加入硬舉訓練當中。我現在訓練深蹲、硬舉和推舉時，都會使用它們，但我如果一次加入太多東西的話，可能就無法得知它對訓練的益處。

下一個概念是：有些事的效期只有一小段時間。我常用「箭筒」（quiver）這個詞來形容所有的重訓動作、運動和常規訓練，因為我在整個訓練年度之間可以像抽箭般任意取用它們。舉例來說，粗槓硬舉真的很有價值，但你不會想要一直用它來訓練，因為即使你的握力愈來愈強，你也沒有真正將身體後側動力鏈推向極限。

第三件事

有些很棒的概念有時候會有效，但不是一直都有用。事實上，我留著所有的訓練工具日誌，並且當我瞬間感到有些微變化時，就會拿出來重讀一次。

在營養方面，這個公式又更困難一點。但我會用兩個原則來提醒自己：如果立即見效，那應該是非法的。如果快速見效，那應該是禁藥。再次強調，我建議應該設計一套標準的飲食計畫。不過，當有許多人的建議都比我的好，所以廣泛地閱讀相關飲食法吧。但對於標準飲食，我有幾點堅持：

- 我喜歡運動員在跟我訓練之前吃過三餐：早餐、午餐和點心。這對當前的青少年幾乎是立即見效。
- 每餐都要有足夠的蛋白質。我喜歡很簡單的測量方式，就是一個拳頭大小。
- 水應該是最基本的飲料。

一旦你持續做這些事，就可以試著加入一些神奇的食物。我在幾年前開始加入魚油膠囊，結果立刻成為這種便宜又神奇補給品的傳道者。但再次回想一下，系統化思考。

在飲食上改變，或許不會讓你注意到有任何變化，所以我比較在意血液報告（我每年會做一到兩次大範圍但不會太貴的血液分析）、皮膚健康（粉刺少、容光煥發、吹彈可破）和有時候很難察覺的情緒改變。你可以問問朋友關於你的脾氣。如果他們都面帶微笑，但卻往出口方向逃，那應該不是什麼好徵兆。

　　你應該藉由親身體驗來瞭解什麼對你有效。這當然不是完美的方法，但你可以找個自己可以信賴幾週的基礎訓練課表，和可以讓你生活一個月或更久的基礎飲食法。然後，再加入一些神奇的東西，但一次只能加一項，再看看會發生什麼事。

　　當然，在那之後，你就可以問我用400磅的重量來訓練上膊與挺舉，能否增加二頭肌的尺寸了。

第 **10** 則

5×5的衍伸式訓練方法

　　生命中最好的課堂，都是在問起「延伸問題」（follow-up question）的時候開始的。當你在大學舞會上遇到一位年輕的漂亮淑女，你也許會問：「請問妳有男朋友嗎？」

　　當然，她會回答有。畢竟，她長得很漂亮。你憑什麼認為自己是第一個發現她這麼漂亮的人呢？（好好想想吧。）

　　她說已經有男朋友了，那你現在該怎麼辦？許多大一新鮮人會馬上回答：「應該要再來瓶啤酒。」然後轉身離開。你錯了。你應該要做的，是接著問延伸問題：妳男朋友有在這裡嗎？

　　幹得好。如果她說「他回家了」，你就得到能進一步一親芳澤的機會。無論她是不是真的有男朋友，重點是你有機會更親近她，請她喝杯飲料，然後再試圖更接近她一點。如果她回答「是的，我男朋友正站在你後面，用手掌劈大石」，我能給你的最好建議就是說：「怎麼這麼剛好！我的男朋友也在這，啊他在那裡！」然後趕快逃跑。

　　延伸問題可能是奇怪的小事，但它不只可以讓你在大學舞會上對她有更清楚的瞭解，在重訓、運動和身體組成的世界裡，延伸問題也一樣有效。

　　最近，有位年輕人寫信問了我許多問題，都是關於我之前所寫的文章。他對我認為重訓最重要的一部分——5×5的訓練概念——給困惑了。

　　但是他接著問我延伸問題：你是如何執行的呢？感謝他的延伸問

題，讓我意識到自己原來知道許多5×5訓練的延伸性訓練方法，而且它們都有效。他的問題讓我想到一個簡單的訓練方法（5×5訓練法簡單到人人都會）可以持續微調，然後把你推到巔峰狀態。

好的，那是什麼呢？它非常簡單：選擇一項訓練動作，然後做五組。每一組做五下。組間要有休息時間。在完成五組之後，訓練結束。現在，還有什麼疑問嗎？

這個年輕人的延伸問題勾起我多年的重訓旅程記憶，並讓我想起某些基礎的事物，例如5×5，竟然會變得這麼複雜……嗯，就像試著跟人解釋為什麼你在舞會上把那位男生稱做是你的男朋友吧！

我很確定，當我說「五下×五組訓練」時，你知道我在說什麼。好吧，也許你不知道。我曾經嘗試仰臥推舉最大重量到400磅。在健身房有位老兄建議我，應該用我最佳反覆次數的五下，來練習五下×五組，這樣就可以將最大的重量往上推進。當時，我可以用365磅來做五下仰臥推舉。因此，這個訓練就是：

365磅 × 五下……休息

365磅 × 五下……休息

365磅 × 五下……休息

365磅 × 五下……休息

365磅 × 五下…準備送醫

除此之外，當我要做365磅 × 五下之前，還需要充足的熱身。我喜歡用階梯式來熱身（我唯一會持續熱身的就是仰臥推舉），所以我還會做：

135磅 × 大約五下

225磅 × 三下

275磅 × 一或兩下

315磅 × 一或兩下

　　現在，我們總共做了九組了。或許有人會說我在熱身時應該重複做五次，但坦白講，這樣訓練時間會很長，而且我也懷疑這樣的訓練是否可以持續下去。這種訓練實在無法維持每週三天，然後持續好幾年。所以還有其他較好的5×5訓練法。讓我們來看看這五個吧。

延伸一：約翰‧鮑威爾訓練法

　　我的好友約翰‧鮑威爾（John Powell），是前世界鐵餅紀錄保持人。他根據傳統的5×5訓練法衍伸出全年度規畫：每年他都設定一個5×5的重量目標。是的，我們都知道要這樣做，但他的方法很獨特。如果他選擇以365磅為目標，他每週會測試自己仰臥推舉的能力。

365磅 × 四下

365磅 × 三下

365磅 × 一下

365磅 × 一下

365磅 × 一下

　　然後他會計算總次數，以這個例子來說是十下。隨著每週每月的進步，次數就可以增加到十來下，然後是二十來下。在這麼大的重量之下，需要花上好多個月才能達到完整的五下 × 五組。

這個訓練法的優點或許不是這麼明顯，但它可以讓我們使用大重量，然後緩慢、穩定地建構訓練量。不要執著第四組的次數要比第三組多，或是擔心需要花好幾個月的時間才能達到第五組。我們這裡的焦點是大方向。

延伸二：多數人都這麼做

是的，我知道真實的情況。多數人的五下×五組都是四組的熱身和一組的訓練，就像這樣：

135磅 × 五下
145磅 × 五下
155磅 × 五下
165磅 × 五下
365磅 × 五下

然後他們就會跟朋友吹噓自己用365磅做了五下×五組。他們不會說其實只有一組是365磅，但他們知道朋友會相信……如果沒有人繼續問延伸問題的話。

這個訓練很有價值。雖然前四組的重量選擇還有許多空間，但通常大家都會說：「最後一組就是最好的一組。」所以無論你結束訓練時的重量為何，那或多或少都會讓你的肌肉產生記憶。我知道對有些人來說這可能像是邪教巫術，但我知道有些人真的非常相信身體只會記住最後一組動作。嘿，這可能是真的。

延伸三：波動式

　　無論何時，當我看到體育賽事出現波浪舞時，就會想起Y.M.C.A這首歌，因為每個人都會一起站起來，大聲歌唱並跟著音樂擺動。但我拒絕跟著音樂擺動。

　　我這裡並不是要談論波浪舞。這裡要說的是，可以連續幾組持續增加重量，然後一至兩組減輕重量，接下來的幾組再將重量往上加。下列是熱身之後的訓練範例：

315磅 × 五下
345磅 × 五下
365磅 × 五下
335磅 × 五下
355磅／365磅／370磅 × 五下

　　請注意我們在第四組時降低了重量，然後再用大重量結束。這個訓練方法的優點是，我們可以用大重量執行很多下，但也有一些組數很輕，感覺槓片都快飛起來了。如果沒有這樣的感覺，也許你需要另一個衍伸性訓練方法。

延伸四：第二種波動式

　　也許你需要幾組較輕的訓練，但不要忘了還是以大重量為目標。若這裡有個完整的訓練日誌，對你的幫助會比較大。你認為自己在五組的訓練當中，哪組的表現會是最好的呢？如果你覺得是第三組的話，試試看這個：

345磅／355磅／365磅 × 五下

315磅 × 五下

365磅 × 五下

335磅 × 五下

345磅／355磅／365磅 × 五下

在這個狀況下，你有兩組較輕可以稍微休息。很少有人可以在第五組時達到最大重量，但如果你可以的話，請用衍伸三來訓練。如果你的峰值是在第二組的話，試試看這個：

335磅 × 五下

365磅 × 五下

315磅 × 五下

335磅 × 五下

345磅／355磅／365磅 × 五下

第三組和第四組是準備讓你可以完成訓練，因為較輕鬆的幾組可以讓你用大重量來結束訓練。

延伸五：退階訓練

這個訓練適合只有在第一組表現得最好的人。其他人或許也喜歡這個訓練法，因為在一開始就完成了最困難的組數，然後接下來組數的重量就慢慢往下降。可以類似這樣簡單地安排：

365磅 × 五下

335磅 × 五下

315磅 × 五下

295磅 × 五下

275磅 × 五下

當你無法找到幫補員時，這個方法非常適合你。不只是在家裡練習，有些時候在健身房也不容易找到有經驗的幫補員。我絕對不相信在有氧踏板課程或不能使用止滑粉的地方的幫補員，也不相信有半數以上穿著緊身褲男性會員的健身房。

無論你選擇哪個衍伸性訓練法（坦白說，還有很多種），我建議你遵循下列幾點原則。

第一

這點最重要：無論你選擇哪個訓練法，組間的休息時間請維持相同。我建議可以選擇一分鐘、三分鐘或五分鐘，但請堅持下去。進步雖然很重要，但你在組間休息這個變項必須非常誠實。

第二

很少有人會想要整個課表都用五下 × 五組來訓練。你當然可以這麼做：深蹲、硬舉、仰臥推舉、划船、軍事推舉和彎舉。但重點在於，你必須要用相當大的重量，加上相當大的訓練量。不過，如果你是用健身球（swiss ball）來做劈柴（hand-chop）、旋轉身體（cross-body）和L型上舉（L-raise）這幾個動作，那就完全不同了。

第三

　　拿出一臺計算機，先將重量乘以次數，然後再將五組相加。這是用來衡量進步非常好的方法。無論哪一種訓練方式，只要數字增加就代表你變壯了。

　　真心希望我有給你一些關於五下×五組的新概念。如果你還有任何問題的話，我非常樂意為你解答。

　　只是不要問我是否有男朋友，無聊。

第 11 則

三位心靈導師給我的忠告

我談過許多關於訓練的事，但被問到的問題基本上都一樣，所以我的答案也不會有太大的改變。

「做什麼會有效？」他們這麼問我。

「每件事，但它們的效期約是二～六週。」我回答。

接著衍伸問題出現了。「那當事情開始出差錯時，你會怎麼做？」

這才是真正的問題所在。

過去四十幾年來，為了學習肌力訓練，我用頭撞牆無數次，用頭撞牆真的很痛，因此我不建議大家這麼做。我也建議你們不要像我一樣，從運動上學到最寶貴的一課，就是讓受傷告訴我必須放緩腳步。

當我回頭檢視自己從一九七一年保存到現在的訓練日誌時，我發現自己職涯中獲得最寶貴的經驗，都是在與心靈導師們簡短的對話中得到的。我的那一小群歐比王（Obi-Wan Kenobis）[1] 都曾經把我拉到一旁聊了幾分鐘，將他們的訓練心法傳授給我，讓我看看是否也適合我。

現在，就讓我來跟你分享我曾在一個月內遇到三位體壇神人，並且獲得許多寶貴資訊來建構事業的驚奇之旅……。

一九七七年的那幾個神奇月份，對我的影響一直延續到三十年後的今天。我遇到了三個人 —— 三個非常有名的人 —— 與他們談話之後，形塑了我對訓練與人生的見解直到今日。

1　編按：星際大戰角色，為主角路克的導師。

　　那三個星期當中，我跟可說是世界上最知名的籃球員、鐵餅世界紀錄保持者和健美先生談話。從我的角度來說，我跟他們算是不期而遇，但很幸運地，我因為太笨了，不知道要問什麼，所以他們三人都給了我那些我根本問不出來的問題的答案。

　　五月下旬，大學的田徑賽期準備結束，我被邀請參加Mount SAC Relays，這是當時全美最大型，或許也是世界最大的田徑比賽。那時候，我只是級別裡的孤單大一新鮮人，根據我父親的說法，當他們介紹到我的時候，我感覺自己就像站在洞裡。我擲出自己第一個熱身投擲，卻遠遠飛到了場外。

　　當我準備走到場外時，發現一件很奇怪的事：幫我把鐵餅撿起來的人好像看起來愈來愈大，愈來愈大。當我們靠近時，我發現這並不是幻覺，這傢伙真的很高大。他就跟威爾特・張伯倫（Wilt Chamberlain）一樣高……可能他**就是**威爾特・張伯倫！沒想到NBA的傳奇人物竟然是個田徑迷。

　　威爾特輕輕鬆鬆地把鐵餅拿給我，然後說：「投得好，非常棒。」那瞬間，我覺得基因真是運動員成功的關鍵要素。威爾特實在又高又壯，把陽光都遮住了。

　　當我準備要走回去練習第二次熱身投擲時，聽到一個聲音，「加油，兒子」。我轉頭一看，發現父親就在場外。後來，我得知是威爾特邀請我父親跟他到場外聊聊。接下來的幾小時，我父親和威爾特就站在場邊觀賞鐵餅比賽，並聊了許多田徑比賽。（這件事很重要。在宴會上，醫生並不會想聽到你的病情，會計師也不想聽到有關稅法的事，因此，當然威爾特也不想在田徑賽中談論有關中鋒的事。）

　　總而言之，當你看到我熱身時的樣子時，或許我是最糟的投擲者。我父親伸出手向我恭喜。威爾特則對著我微笑，並將手放在我的肩膀

上。「沒錯，」他說，「練習只是練習，熱身也只是熱身，你還得真正參加比賽。」他發現我在熱身時表現得很糟，比賽時卻做得很好。

威爾特的建議值得成為你生命中所有努力的考量因素。我們都有一兩位朋友，在高中或大學時的校園生活過得非常好，在真實世界卻一團糟。在社區健身房中，我們都知道有某種人，就姑且稱他們為緊身衣男吧，總是穿戴著最炫的 iPod、頭巾、助握帶（wrist strap）、舉重腰帶、護膝，但卻坐在腿部內收機（leg adductor machine）上面。

這些人都是熱身的常勝軍，卻往往輸掉比賽。思考一下吧。

一週後，我回到南加州準備參加州際比賽。以新鮮人來說，我表現得很好……但也只限於在新鮮人中。比賽結束後，我回到看臺上與父母親坐在一起。我父親靠過來，並對我說：「嘿，這傢伙還滿瞭解鐵餅的。」然後就介紹我認識弗村‧戈爾迪安（Fortune Gordine），他是前世界鐵餅紀錄保持者，並贏得多面奧運獎牌。是的，老爹，我想他的確很懂。

弗村給了我一些建議。「一定會有狀態不對的時候，這時可以藉由小巧的步伐來簡化你的移動方式，或當你投擲時減少反向旋轉。但不管怎樣，關鍵在於：當狀態不對時，把一切簡化。」

大家不要擔心，我並不是要討論投擲鐵餅的技巧。這裡的重點是：**當狀態不對時，把一切簡化。**

然而，我們大部分的人都反其道而行。當我們不小心增加了一點點脂肪時，反而會更加執行高強度心肺訓練，極端控制飲食，和在重訓室中將重量加到最大。幾週後，身體就會極度憂鬱、飢餓，並減少許多肌肉。這時，我們就會開始疑惑到底是哪邊出錯了。這都是因為我們沒有簡化。

當有人問我心肺訓練（或跑步時，因為我們習慣認為跑步就是心肺

訓練）。我總是提醒他們《全方位進步的關鍵》（*The Complete Keys to Progress*）的作者約翰・麥卡勒姆（John McCallum），非常鼓勵人們跑步。這是真的。麥卡勒姆告訴他的讀者試著先跑四分之一哩，然後如果可以的話，在未來幾個月慢慢地進步到一哩。

幾個月內達成……一哩。朋友們，這並不多。簡化。

把不必要的刪除。

當賽季結束時，我馬上展開訓練，但很明顯地，我需要休息，我需要陽光和沙灘。

我的朋友霍華德要到聖塔莫尼卡（Santa Monica）出差，所以我就坐他的車，順便到肌肉海灘（Muscle Beach）。所有你想得到和健身有關的都在那裡：金牌健身中心創始店（Gold's Gym）、世界健身中心創始店（World Gym）、法蘭柯（Franco Columbu）[2]、路（Lou Ferrigno）[3]等，海灘上都是上空女郎，還有許多瘋狂健身迷排隊等著進場訓練。我付了十塊美金（那可是一九七七年耶！）購買了一日通行證，然後進入金牌健身中心訓練。

健身中心後方，有個很棒的舉重臺和槓鈴，因此我可以用爆發式上膊來訓練。那是我人生做過最好的選擇之一。羅比・羅賓森（Robby Robinson）——黑王子（The Black Prince）[4]，走過來稱讚我的動作說：「很高興能看到有年輕人知道如何真正訓練。」羅比，跟所有偉大的選

2　譯註：前世界健美冠軍。

3　譯註：美國演員、私人教練及退休的專業健身運動員。作為一名健身運動員，弗里基諾贏得了國際健美總會美國先生，及連續兩屆國際健美總會宇宙先生。他也出現在健美紀錄片《鐵金剛》中。身為一名演員，弗里基諾則因為在CBS的電視連續劇《無敵浩克》中扮演同劇名角色，及一個由動畫與計算機所製作的角色綠巨人而聲名大噪。

4　譯註：羅賓森在健美界的綽號，也是他2011年出版的自傳書名。

手一樣，知道奧舉和健力訓練的重要性。

　　因為一天要十美金，所以我決定多訓練幾次。當我完成第一次訓練，要走到海邊時，一位滿頭大汗的巨漢從對面方向跑來，與我擦身而過。然後，我聽到，「嘿，嘿。」我轉過頭看，是羅比。

　　「你就是那個做上膊的傢伙。」他說。

　　「是的。」我回答。我的意思是，你還能跟健美史上最棒的健美選手多說什麼呢？

　　我們一邊走，一邊聊著訓練的話題，大約有一哩遠。沒有任何高深的科學理論，只有非常老派的談著「這個有效，這個沒效」，但我非常驚訝有許多概念我到現在還在使用。羅比深信最好的訓練就是回歸基礎。基本上，他最好的訓練就是兩個循環或超級組：

仰臥推舉
引體向上

　　他可以這樣一組一組持續地做，他說他可以感受到整個上半身都充血了。而針對下半身：

前蹲舉
直腿硬舉

　　同樣地，一組又一組地訓練，直到大腿腫脹。針對減脂，他僅建議一件事。海灘上有段階梯，也許有兩百階吧。他告訴我直接衝刺到底。

　　「試一下。試過幾週後，就可以多練幾次。」

　　那天之後，我第一件最想做的事就是找個山丘或階梯來訓練。我跟

著羅比繼續走，然後回到金牌健身中心。我開始訓練前蹲舉，他則繼續往北朝著海邊走去，從那之後，我再也沒有見過他。

有許多建議持續形塑著我人生中每天的訓練：

- 首要之事，在比賽中呈現的才算數。熱身很好，但它的意義很小。所有的練習都要依據比賽需求來設計。順帶一提，這件事知易行難。
- 當出現麻煩時，簡化。刪除不必要與多餘事務。簡化。
- 簡單並不代表容易。你要瞭解其中的差別。

我很幸運，當我遇到這三位時，並沒有想到任何問題，否則我將無法得到正確答案。

第 12 則

熟男的智慧

　　從高中畢業到三十五歲，有件很有趣的事發生了：你的人生變成了兩倍。

　　不知不覺，你因為年滿十八歲而可以投票，二十一歲所以可以飲酒，到了二十五歲，你也可以租車了。在這段日子裡，出去玩對你有著極度不同的意義。當你還是小學生時，暑假就像永遠不會結束一樣，但你現在兩週的假期（好吧，也許只有一週），一天最多只要檢查兩次電子郵件就好了。

　　無可避免地，我們的肩膀在這些年當中會增加許多負擔。我最近訓練的一位年輕女性，目前二十九歲，正考慮是否要再次結婚，這將是她的第四段婚姻，她到目前為止有三個小孩，每段婚姻都各有一個。朋友啊，這就是負擔。

　　當然，除了這種負擔，我們也會有其他的負擔。當你開車回到高中校園時，試著再跑跑看你以前為了趕在鐘響前到教室的那段階梯。你有沒有發現自己快喘不過氣了？負擔！而且這種負擔通常會出現在你的腰圍上。

　　但我可沒說年過三十五歲就絕對不好。事實上，我倒認為人生在過了三十五歲之後會愈來愈好，也就是我們的人生會比三十五歲之前更好。或許很多人會訝異，因為我認為運動員在年過三十五歲之後，還可以擊敗三十五歲以下的年輕選手。當然，不只是在運動場上。畢竟，有多少年輕漂亮女生真的認為喝到吐的紈褲子弟很有魅力？

　　我們首先要做的，就是評估自己擁有什麼條件。你說因為年過三十五歲而擁有的優勢？對，就是如此！

　　第一，你不會再看起來很笨了。通常到了三十五歲，你或多或少擁有了一點教育上稱為「派對知識」（Party Knowledge）的東西。這個應該是美國教育上最不好告訴別人的事實：我們的教育只為了讓人們能聽懂派對上的笑話。你知道的，如果我說，某人對待他老婆的方式就像亨利八世一樣，你就知道他太太並沒有被好好對待。沒有什麼可以讓你完全準備好如丹尼斯・米勒（Dennis Miller）[1] 般的段子，這就好像要求滑雪紀錄片導演華倫・米勒（Warren Miller）為亞斯本街友收容中心募款活動拍攝歐里庇得斯（Euripides）的經典悲劇《在陶里斯的伊菲革涅亞》（*Iphigenie auf Tauris*）一樣……不好意思，我離題了。

　　在跟傑夫・福克斯沃西（Jeff Foxworthy）[2] 說聲抱歉的同時，如果你符合以下的描述，那你也許已經年過三十五歲：

- 當你說到阿諾，你指的是健美先生……或是你在一九七〇年代看的電視劇《歡樂時光》（*Happy Days*）裡的餐廳老闆……。
- 當有人問起你高中最難忘的回憶是什麼，你也許會想起四十幾個高中生在披薩店械鬥的場景。有許多警察現身，沒有人真的受傷，但這真的很有趣，因為到最後警察竟然比打架的孩子還多。你可以比較一下，當鄰居的青少年告訴你，他最精采的時刻就是在電腦的暴力遊戲中闖到第十四關，這完全不一樣吧。
- 當你回想起高中最痛恨的事情，或許會想到體育課的爬繩索，因

1　譯註：著名美國喜劇演員。
2　譯註：另一位著名美國喜劇演員。

為這會讓你的二頭肌痠痛足足五天。而今天，那些聰明的領導人只因為繩索攀爬太危險就在許多州都禁止。然而，槍枝、毒品和炸藥好像都已在高中校園裡氾濫，你卻跟我說爬繩索很危險。真奇怪。

現在來談談我們真正的優勢。其中當然有許多非常明顯，但讓我們來看看比較不明顯的地方。

優勢一：經驗

當我們高中時，每次的體育課都是從跑兩圈操場和一個障礙場開始。所有人都必須跑八百公尺，攀過許多牆，爬過許多障礙架，撐過雙槓，然後衝向老師。我的朋友們，這樣的課程比起許多網路論壇上的網民每週所做的訓練還要多啊！

我們每年還會有三次測驗，檢測項目包括引體向上、伏地挺身、仰臥起坐、六分鐘跑步距離，還有許多痛苦的測驗實在讓我記不起來了。之後，只有在那之後，我們才能有六週享受運動的時光。

這樣的好處是什麼呢？在你大腦最深層的某處，科學家目前稱它為老頑固的大腦（geezer brain），這裡是記憶跑步、跳躍、抓住、投擲、騎車、健行和訓練的地方。這可能很難相信，但你每天所接觸的人當中，真的有一些人從來沒有上過完整規畫的體育課。

我每天都與一些不會投擲美式足球的年輕人一起訓練。為什麼呢？其中一位年輕選手告訴我：「我的教練說我是線鋒。」[3]我回答：「你從

3　譯註：在美式足球中，線鋒通常為保護四分衛，除中鋒會接觸到球之外，其餘都不會碰到球。

來沒有真正放開來玩過美式足球嗎？」沒有。他從來沒有學過如何投擲美式足球，因為他從來沒有真正玩過 —— 沒有體驗過街頭美式足球和任何一種球。棒球會打破窗戶，籃球容易接觸到不良的人事物，甚至連捉迷藏都不行。

知道了吧？你有許多年輕健身狂（gymrat）所沒有的優勢：你的身體在沒有穿著緊身褲、戴著耳機和心不甘情不願付了五百美金給私人訓練員之下，已經體驗過真正的訓練。你的私人訓練師叫做教練，但總是聞起來像置物櫃裡的黴菌。

這個優勢會慢慢形成智慧。也許你有很多這樣的寶貴經驗，只是你忘了而已。

優勢二：時間與未來展望

我兄弟蓋瑞（Gary）不久前才跟我討論過這個話題。蓋瑞的兒子開始練習投擲鐵餅，而蓋瑞在陪伴兒子經歷這些事情之後，發現他自己也喜歡這項運動。在經歷過一段很長，而且成功的跑者生涯後，他發現一件奇怪的事：將東西丟得很遠似乎是男人該做的事。所以蓋瑞開始參加比賽，後來在他成為鐵餅選手的第三年中找到了自我。

我們的討論總結出了成為菁英運動員的最佳方法。如果你從今天開始，四年後你在這項運動的經驗就會跟高三生一樣。八年後，你的成就就會像大學運動員一樣好。

但如果你今天沒有開始呢？八年後，你將會比今天增長八歲。我知道這聽起來很愚蠢，但你可以選擇在今天讓你在短短幾年後達到體能巔峰。相信我，這段時間會感覺比你小學四年級的暑假過得還要快。

成為菁英的第二個優勢是時間。時間對待每個人的方式都是平等的，然而三十五歲之後，我們沒有同儕的壓力，也沒有叫做教練的人吹

哨子逼迫我們離開親愛的沙發。我們只有「自己」。你就是行動的唯一理由。去吧！

優勢三：財富

我最喜歡的優勢：我的皮夾。這或許不是放諸四海皆準，但一般來說，我們到了三十五歲時會慢慢穩定下來。皮夾內那些精緻的信用卡、薪資上的數字和穩定的投資都會為資深運動員帶來一項東西，它叫做財富。啊，財富。

高中時，如果媽媽沒有買這些吃起來像粉筆的「蛋白質」補給品，我們就無法獲得能量補給。到了大學時，你可以選啤酒或維他命B15（我會選啤酒）。但愛好運動的熟男能做一些驚奇的事：到網路商城的營養補給品網頁，按下購買按鍵，然後在幾天內高品質的產品就會送上門。真是神奇，真是奇蹟。或者，我更喜歡稱它為「金錢的力量」。

除了營養補給品，你還可以買訓練器材。你認為鏈條也許能幫助訓練？那就買一個，然後試試看！我從來不擔心SPA區人滿為患，因為我的健身房二十四小時都開放。我在家裡就有健身房，而且沒有其他人的屁股汗漬會留在上面。

不要忽略這個優勢！

優勢四：專注

最後，這個最重要……我是認真的。如果你喜歡雙板滑雪、重訓或任何一件事，你可能擁有許多雜誌、錄影帶、DVD、器材裝備、衣服和任何相關的東西。你的競爭對手，那個表演著熱狗式（hot-dogging）[4]

---

4 譯註：當年自由式滑雪炫技的俗稱。

超炫特技的十九歲年輕人，也許會用他的單板雪板快速地超越你，但你等著看好了。如果沒有專注力，也不全然是吸食大麻的原因；因為他的世界就是如此。

最近我有一位好朋友到我家幫我處理一個案子。當我們完成，要將一些雜物放回原位時，他說我的腳踏車真的很重。事實上，他是想要貶抑我在「沃爾○」買的這輛七十美金腳踏車。

「我的腳踏車，」他說，「比這臺輕多了。」

於是我問：「那麼是多少錢呢？」

「一千八百美金。」

「哇，那你多久騎一次？」我問他。

他趕緊轉移話題。看到了吧，我後來知道，他從來沒有騎過。他還有個非常貴的雪板卻從來沒用過。除了專注以外，他什麼都有。他有許多玩具，還有各式各樣因興趣而買的東西……，卻沒有專注。也許他到了三十五歲之後就會有了。

到了三十五歲時，你必須做出一些選擇。如果你已經三十五歲或超過的話，你應該已經知道什麼是決定了。希望你和你的兄弟不要將你們的車庫樂團搞大；你可能已經知道紅酒最好是用軟木塞而不是蓋子。還有，就像好酒愈陳愈香，年齡愈長會愈有魅力。

我的女兒目前九年級，今年以前，她的生活多采多姿：她可以學習戲劇、舞蹈、鐵餅、曲棍球……有無限的選擇。但當她高年級時，她的選擇就必須限縮了。大學畢業後，選擇就更少了。結婚後，而且有了孩子之後……很好，你知道的。已經沒有選擇了。

用你的優勢來重新點燃雄心壯志吧。使用這四個優勢 —— 過去的經驗、對未來的展望、滿滿的荷包，還有你的專注力，來達成你認為不可能的事。

第 13 則

AIT 公式

　　隨著我的運動生涯愈來愈成功，我也愈來愈瞭解尤吉·貝拉（Yogi Berra）[1]所說的「我退休愈久，打得愈好」的箇中道理。

　　這是真的，你知道的。我指導高中美式足球隊很久了，但每年至少都會有一位父親告訴我：「是的，我高中時是全美最佳運動員。」顯然他兒子完全沒有遺傳到他的天分，而且我通常會懷疑這件事的真實性——這個小地方怎麼可能有那麼多的全美最佳運動員。

　　我錯在從來沒有放棄運動。我幾乎只能讓槓鈴上的重量，或皮尺量測出來的距離來告訴自己有多棒。我想我無法放棄運動就只是為了瞭解自己有多厲害（如果你不介意我的尤基主義風格的話）。是什麼讓我持續往前的呢？我每年都會持續大量學習，無法等到下一季才繼續！那我為什麼要持續學習？因為我的訓練方法就是設計成要不斷進步。

AIT 公式

　　過去這幾年，我因為兩個離經叛道的想法而愈來愈不受歡迎：

1. 我不相信峰值。
2. 因為第一點，所以我不相信週期化訓練。

1　譯註：坐擁十三枚世界冠軍戒指、曾三度榮膺最有價值球員。這位效力洋基十九年的鐵捕留下許多看似矛盾的幽默雋語，時至今日仍讓人津津樂道，是自馬克·吐溫以來被引用最多次的美國人之一，對美國文化影響深遠。

　　有人真的會達到峰值。然而，我想說的是，有很多人想要訓練達到峰值，卻失敗了。需要證據嗎？看奧運比賽就可以知道了。我們常常看見運動員在奧運場上呈現出最糟的表現。有人會說那是因為壓力，我認同這樣的觀點。然而，我相信壓力是來自需要達到峰值的想法，為達到峰值而在訓練上做出的改變，以及當然，還有為了達到峰值而產生的壓力。

　　對於週期化訓練，我的想法很簡單：當你完成所有的圖表、曲線圖、強度百分比和數字計算後，選手看到槓鈴訓練就累了：我需要用最大反覆重量四下的83.4%，並且用九－三－二的節奏來完成六下，而且組間休息為二十六秒，才可以產生最佳肌肥大。光是這樣的算法就會讓選手昏倒。

　　好吧，我承認是誇張了點，但沒有誇大太多。親愛的讀者，你或許會好奇我是如何訓練運動員的。多年前，我想出了一個包括了峰值和週期化訓練元素的簡單公式，而且還涵蓋了我稱為「人生」的自然起伏曲線在內。

　　人生？是的，想想看：有多少次是當你終於將訓練課表與環境完美地結合時，命運之神卻來捉弄你？可能是孩子生病、寵物受傷、車子壞掉、最好朋友的告別單身派對等的事，但這就是人生。

　　我設計的公式非常簡單、自然。它在三個層面非常有效：

1. 聚沙成塔（Accumulation）。
2. 逐步增強（Intensification）。
3. 慢慢蛻變（Transformation）。

對於我們這些從越戰中長大的人來說，AIT代表著高階步兵訓練（Advanced Infantry Training），但這裡我會將AIT聚焦在人生和重訓上面。我們逐一來解釋。

第一：聚沙成塔

如果我可以指出大部分重訓狂最容易犯的錯誤，那就是：一成不變。我並不是指鍛鍊胸大肌時，下斜比上斜臥推好。我是說除了到健身房，開始在跑步機上走路，接著做幾組臥推，然後做一兩個器械式訓練，最後到蒸氣室之外，你的人生一點變化也沒有。

這一點也不誇張。AIT公式的第一部分是聚沙成塔。但我希望你做的，絕不是一年只做幾次運動。

聚沙成塔是主動尋找和學習新運動、重訓、動作模式、想法和比賽。你可以很簡單地累積一些新的訓練動作模式，然後試著慢慢掌握每個動作。

這些在我們成長的過程中都是自然而然發生的。我們在學校的下課時間會打籃球或美式足球。體育課時會玩足壘球。放學後，我們會到家附近的操場玩攀爬遊戲、盪鞦韆、挖地道，還有一些我很確定在現在會被禁止的危險遊戲，最後我們回到家，輕輕鬆鬆地完成尚未寫完的學校功課。

然後，我們用最快的速度再次湊在一起玩美式足球、棒球、籃球和許多遊戲，例如鬼抓人、躲貓貓、紅綠燈。在我要進入有組織的運動團隊時，我已經被犯規和抄截傳球達陣無數次了，還有，根據紀錄，還曾經跳上一臺行駛中的卡車。

在學校的體育課，我們有速度球（speedball）、排球、躲避球、摔

角、籃球、螃蟹球（crab soccer）[2]、足球、游泳和許多其他課程。除此之外，我還參與許多校際、社區和教會的比賽。我就像我所有的朋友一樣，體驗過許多運動，然後很快地發現在某項運動中有效的方式，同樣也適用在其他的運動上面。

你掌握到重點了：我們都需要在訓練上增加一些變化（variation）。但這不是故事的全貌。聚沙成塔的想法是主動尋找新的訓練概念，除了變化，還要挑戰我們一直以來的的強項和與弱點。

增加變化的基礎概念

1. 我在正常握姿的仰臥推舉上會增加寬握姿。
2. 除了……之外，我還會做下斜仰臥推舉。

聚沙成塔的基礎概念

1. 我會參加奧舉比賽。
2. 我會參加鐵人三項比賽。

當你面對奧舉的挑戰，你腦中會馬上迸出一些明確的問題：我知道如何抓舉、上膊和挺舉嗎？我的柔軟度夠嗎？我腿部的肌力能夠承受嗎？我知道如何使用勾握姿嗎？

在這些簡單的問題後，還有許多和參賽有關的問題會一一出現：申請初次參賽許可、申請選手身分、購買舉重比賽連身衣、購買舉重鞋、尋找訓練場館……，族繁不及備載。如果同時還又參加鐵人三項，可能就太多了，但讓我們來想想一些問題：我會游泳嗎？……讓我們先停在

---

2 譯註：每個人用手與腳撐地成螃蟹姿勢，然後分成兩組，踢健力球的比賽。

這裡吧。

　　幾年前，我的背部受傷了。我很想告訴你這是在第三次嘗試奧舉時拉傷的，但事實上是學校的祕書請我幫她搬打字機，因此我彎下腰，搬起打字機，然後我的背部因為這奇怪的姿勢而拉傷了，我因此休息了好幾個月。

　　於是我獲得一些寶貴的建議：我應該減重幾磅，每天騎腳踏車，還有學會游泳時雙邊都能輕鬆自如地換氣。一開始我就像許多右撇子一樣，只會右邊換氣，所以我花了幾週的時間來練習左邊換氣。

　　因為我需要用游泳來復健，所以我想：「乾脆參加鐵人三項好了！」我買了鐵人三項的衣服，將腳踏車準備好，然後就一頭「栽進去」了。

　　而我馬上學到一課：鐵人三項的游泳和我在游泳池所學到的游泳完全是兩碼子的事。當有大約五十個人同時在我身邊踢來踢去時，我馬上發現用泳池裡優雅的換氣方法根本行不通，因為當我想要換氣時，就會有人踢到我的臉。划了幾下後，我馬上學到許多人生智慧。

　　我馬上學會三件事。第一：我不會再參加了。但我從鐵人三項的所學直到今天依然影響著我。很明顯地，我學到最寶貴的一課，就是當你花愈多時間在游泳、騎車或跑步時，你在這三項的表現就會愈好。

　　如果你以自行車冠軍的身分參加鐵人三項比賽，那麼你的自行車項目成績或許就會是你鐵人生涯中最耀眼的亮點。換句話說，投擲選手善於投擲、自行車選手善於騎車和舉重選手善於舉重……，如果你想跨足別人的領域，你可能會輸得很慘，因為他們付出的時間比你多很多。

　　當我的背恢復之後，我重新回到投擲和重訓場，馬上感覺自己可以訓練得更久。這不代表我更有投擲的耐力或類似的能力，但在連續騎自行車十小時之後，在漂亮的田徑場上投擲，好像也就沒有那麼無聊了。

我對無聊的忍受力因為池畔的風光與車上的時間而提升了。

這就是聚沙成塔這個階段的目標。當你選擇一個新目標，盡力地學習並精通熟練，然後將學到的運用在你的領域中，或許你就會發現一些驚人的成效。

我注意到自己還有其他前舉重選手參加耐力運動時，體脂肪會上升。這是真的，我的體重減少，但體脂率上升了，這讓我相信高碳水化合物耐力飲食法搭配低強度高訓練量並不會減脂，但會減少體重。數字不會騙人。

聚沙成塔的原則

- 嘗試新事物。參加一個團隊、俱樂部、運動或新習慣。認識新朋友，學習新技巧並享受其中。
- 持續你的專項運動或向身體組成分子的目標努力。用所有一般的方法來檢測是否進步，像是：前後對比的照片、量測體脂率和運動成績。
- 透過新事物的角度重新思考和想像自己的主要目標。這無疑是整個過程的關鍵。

幾年前，我把第三項原則運用在鐵餅訓練上。我加入了快速的五人制足球聯盟，當然並不是很成功。當時我已經四十歲了，但我可以在重訓室表現得很好。這突然點醒了我：我規律地從事山坡衝刺訓練將近十年，但最近換到的訓練場地附近沒有山坡。我的重訓依然非常好……，但我少了每週兩天的攻山頭訓練。

　　於是我買了雪橇機[3]，在我家後方展開瘋狂的衝刺訓練。兩週內，我找回失去的東西。如果不是足球聯盟，我也許就會疏忽掉自己訓練課程內所遺漏的東西。我總是很驚訝地發現，當我們專注在某項事物時，就會一不小心忽略整個大方向。藉由新事物來提醒你吧。

第二：逐步增強

　　我們公式的第二部分就是「逐步增強」。在你的職業生涯中，請不斷增加新概念和挑戰，並保持自己的熱情。很多時候，我們的確需要再往上挑戰更高的層級了。就像希臘神話《克羅托納的米羅》[4]一樣，這個道理眾所皆知，但我敢打賭，你在一般健身房所遇到的大部分人，從來就沒有將強度往上加。

　　我用來鍛鍊運動員的訓練思維是來自奧運摔角冠軍丹・蓋博（Dan Gable）。丹總是說：「如果某件事很重要的話，請每天做，反之，如果不重要的話，就千萬不要做。」我讓你自己決定什麼是重要或不重要的事，但這的確相當具有挑戰性。

　　我總是用一個很簡單的問題來確認事情的重要性。這麼說好了，因為某些原因（或許你是政治犯之類的），每週你只有四十五分鐘的時間可以訓練。在這總共只有三次、各十五分鐘的訓練中，你會選擇做什麼呢？仔細想想，這將會是逐步增強課表的核心。

　　你會選擇：

3　譯註：力量訓練時拿來推、拉或拖的訓練器材。
4　譯註：米羅是公元前六世紀的大力士。從青少年開始每天扛著一隻小牛，後來，小牛逐漸長成壯碩的公牛，而米羅也成為了世界上最強壯的男人。這裡比喻廣義且理想的週期化訓練：負荷漸進增加，身體也慢慢適應成長。

在抗力球上訓練核心？

伸展所有的肌肉避免拉傷？

在跑步機上走路，然後慢慢增加你的脈拍？

用足夠的時間來執行緩和運動？

如果對上述任何一個問題的回答為「是」，我建議你不要再讀我的任何著作了。

很明顯地，在三次只有各十五分鐘的訓練中，你必須直接切入重點。這裡的關鍵是：你對上面那個假設你是政治犯的問題的答案，就是你在逐步增強中必須專注的地方。

是的，這可能會很難。如果你的答案是前蹲舉（事實上，這個答案還不錯），你就是在告訴我，從現在開始，你會很認真地訓練前蹲舉。當然，每週練三次前蹲舉很有挑戰性。

當我與投擲選手討論這個話題時，他們通常都知道投擲選手需要做完整的投擲動作，但當他們看到自己的訓練日誌時，就會發現訓練中很少完整的動作模式。

幾年前當我問一位前籃球教練這個問題時，他馬上回答他認為贏得比賽的關鍵：

1. 當你疲倦時就罰球。
2. 轉換防守 —— 我其實不知道這是什麼意思，但他說這非常困難。
3. 帶球上籃。

說完這些之後，他微笑地說：「你知道，我很瞭解這些，但我不認為我的選手知道。」

讓我們付諸執行吧。以下是執行的方法。

1. 你可以用阿諾的老方法：每次訓練時，都從最弱的部分開始。所以在這裡，就是從訓練中最重要的部分開始。也許每週兩次只訓練你剛剛回答政治犯問題的動作或運動。我太太蒂芬妮有句和時間管理有關的名言：如果你必須要吃下一整盤青蛙，就先從最大隻的吃起。

2. 用你回答政治犯問題的動作來量測自己的訓練。所有輔助都很好，但那只是錦上添花。

3. 用你在聚沙成塔階段所學習到的資訊，來檢視自己在需要的部分是否有所成長。

逐步增強階段只有一個原則：確實執行你需要做的事。祝你好運。

第三：慢慢蛻變

AIT公式的最後一個階段就是「慢慢蛻變」。我喜歡把自己當作這個階段的專家。蛻變階段的課程編排需要將前面兩個階段的技巧和資訊整合起來，然後用你所有累積與強化後的力量完成目標 —— 小心一點，因為可能會受傷。

以下這個概念我不認為有人曾經說過：你的訓練應該在某種方法或形式上引領你在某種程度上達成目標。很抱歉，這是事實。你的訓練應該引領你到某個地方 —— 理想上是能達到你的目標。但許多人的訓練常常都跟目標沒有關係！

嗨，如果你想遇見一位常上教堂的好女孩，應該不會是在脫衣俱樂部吧。我不是要妄下定論，我只是提出討論的議題而已！許多人的訓練

就像這樣；他們都想成為宇宙先生（阿諾），但請先遠離啤酒、水菸和洋芋片，非常感謝您。

根據我訓練運動員幾十年的經驗：有時候必須鬆手，讓事情水到渠成。（請謹記在心：你，當然還是必須逐步累積與增加強度）。這是大家都知道的。

幾年前我們注意到一件事，就是菁英運動員開始有點臃腫、鬆垮。我們同時也看到，當少了許多規範，一直以來自律良好的運動員開始打起三對三籃球，導致腳踝受傷而整季報銷，或是志願參加舞臺劇的交際舞演出之類的事情而毀掉過去幾年的苦練。

因為這些觀察，而有了蛻變課表。我們回到最基礎的課表：三組／八下，組間休息一分鐘。我們也決定將週訓練模式調整為推－拉－深蹲。其中最好的決定就是將這些年來所學到最好的事物整合起來，並且將這些新玩具、技巧或訓練方法化為我們工具箱的一部分。

同時，因為瞭解到運動員也需要一點競爭和趣味，所以我們也維持每週有一天「遊戲日」。足球和奪旗式美式足球是最好的選擇，因為過程中會有許多跑步，和一點點的衝撞。跟體形壯碩又孔武有力的選手玩室內遊戲並不是很好的選擇。相信我。

典型的蛻變週

第一天：「推」面向的訓練

我們設定每天都有一些技巧與戰術的訓練。體態勻稱的選手可以多注意細節。

軍事推舉：三組／八下，組間休息一分鐘。藉由最後一組的最後一下來評估舉起的重量。第一組時不要過度賣力。

爆發式彎舉：三組／八下，組間休息一分鐘。再次強調，藉由

最後一組的最後一下來評估舉起的重量。爆發式彎舉基本上就是用彎舉握姿來執行類似爆發式上膊，而且你可以使用大重量。這不完全是推的動作，但對推舉卻很有幫助。

腹部等長收縮訓練：我建議你可以吊在單槓上，然後將膝蓋抬高至胸部位置，能吊多久就吊多久。

第二天：腿部訓練

每項訓練一樣都是三組／八下，休息一分鐘，但今天是訓練腿部。這看起來很簡單，但準備接招：

前蹲舉：三組／八下。

過頭蹲：三組／八下。

假設你每天都需要練習專項運動，那麼請練習兩次斜坡衝刺。拉兩次雪橇車也不錯。朋友們，這並不會太多，卻可以讓你持續進步。

第三天：遊戲日！

可以玩些飛盤或奪旗式美式足球。

第四天：「拉」面向的訓練

我們發現對菁英運動員最好的拉面向動作就是上膊握姿的抓舉。我們也做鞭式抓舉（whip snatch），也就是寬握姿的抓舉，槓把路徑幾乎是從髖部位置（褲檔）直接往上。

上膊握姿抓舉：三組／八下。

鞭式抓舉：三組／八下。

第五天：

徹底熱身，只要讓身體感到放鬆和熱開即可回家。

第六天：

幾組輕鬆的上坡跑步。用愉悅的心情準備比賽。

第七天：比賽日

顧名思義 —— 比賽。做你該做的事。

你可以將這七天調整成自己喜歡的順序，但別忘了，關鍵是掌握原則。

- 保持良好的飲食計畫，並強化訓練的速度，如此一來可以減少肥胖的發生。
- 不要做瘋狂的舉動，然後想著可以一夕之間發生改變。享受所有訓練帶來的益處。
- 找點樂趣；盡情享受。準備收割成果。

在這裡，做什麼並不重要。重點是你要保持身材，並且不要因為在學校參加三對三籃球比賽而扭傷腳踝。你或許會跟我一樣發現達成自己目標的獎勵，會比在某天下午的比賽中打贏你兄弟的感覺還要好。

總結

1. 對新概念或體驗抱持著開放的心態，也不要害怕在你的訓練中加入新方法。

2. 當你學到新事物時，看一下自己的困難之處。這或許是可以讓你產生長足進步的線索。

3. 花點時間來思考那個假設你是政治犯的問題。什麼是最重要的？

4. 當你決定要測試自己時，放輕鬆。然而，時時注意自己的腰圍和體能狀態。同時，為你新獲得的能量找到宣洩管道，不要因為一個帶球上籃就讓你的所有努力付諸流水。

第14則

不言而喻的真理

「我們認為下面這些真理是不言而喻的。」

當年湯瑪斯‧傑佛遜（Thomas Jefferson）如此起草了《獨立宣言》。在體適能與肌力訓練的世界同樣也有不言而喻的真理。但問題是：這些你曾經都知道，只是遺忘了。

我說真的，你曾經知道過。

我接下來要討論的所有資訊你都知道過，卻在不知不覺中被某些人說服了你是錯的，而這些說詞通常都會在穿著比基尼和塗著許多皮膚著色劑的不實廣告中出現。

嘿，我們都曾經發生過這種情形。我曾經花許多辛苦賺來的血汗錢，買了一套訓練計畫和幾瓶東西，裡頭裝著少到幾乎檢測不到的胺基酸。他們說瓶子內之所以只有一點點胺基酸，是因為它要和其他東西產生協同作用。呵，還真有道理。

這套訓練計畫要求你得先斷食十四小時（如此身體才可以準備好做為合成代謝環境），然後透過「奇蹟燃料5000」之類的東西讓你獲得快速的推進力。這套課表使用四個或更多的訓練動作進行四個或四個以上的循環，並且使用減重組（drop-down set）方式來訓練，使我們遞減槓鈴上的重量以持續進行鍛鍊。這套計畫宣稱只要三十天，就會有跟施打類固醇同樣的效果。

我盡了最大的努力。一開始，我像吸了安非他命的魔鬼一樣深蹲，然後減少一些重量，再繼續下一組，接著拿掉一些槓片，再繼續深蹲。

最後我還會練習跳高，並盡量以碰到天花板為目標，當然，愈多下愈好。組與組之間並不休息，而是要盡量伸展，讓肌肉可以成長更多。

幹得好。一組結束後，還有三組……，然後還有三個循環。嘿，我買了這個課表，也試了，但我恨它，所以我放棄了。這套課表的保證退款機制如下：如果你確實執行這個課表三個月都沒有獲得成效，你就可以退款。但是，有哪個正常人會這樣對待自己？

我可以跟你保證幾個不言而喻的真理，它們將可以省下你的時間、金錢和不必要的窘迫。我雖然無法保證三十天內會發生奇蹟（我的奇蹟成真花了九十天），但我可以保證，你將會覺得自己更有智慧，並且瞭解自己的訓練之路可以更長久……，不是只有短短幾分鐘，而是很多年。

第一個真理：它就只是訓練。

你不過是在訓練或參加一場比賽，而不是在攀登 K2 峰。

我為什麼要這麼說？你可以到任何一間健身房，然後看看人們在吃什麼。開始訓練之前，我們會喝下一杯能量飲料（九百大卡），接著在跑步機訓練時喝下另一杯含氧的能量飲料（三百大卡），然後一包能量果膠（五百大卡）讓你可以完成第一組的弓步訓練後走到飲水機前，吃一條能量棒加一瓶能量飲（九百大卡）讓你可以做完闊背肌滑輪下拉，訓練結束後的能量飲（一千兩百大卡）讓你合成代謝。總卡路里數：三千八百大卡。但訓練所燃燒的卡路里為：二一一大卡。

幾年前，我的女兒琳賽參加了郡級的足球聯盟。事實上，我對於琳賽知道自己這輩子都討厭任何與這項運動有關的事覺得很感激。這都是惡劣的教學和瘋狂的父母一手造成的。這支特殊的隊伍之所以讓我很抓狂，就是因為很多父母和助理教練花了大半的時間準備食物和飲料。

　　我沒有在開玩笑。我們有規章、聯絡人表格、電話簿、預備人手，和大約二十頁有關食物和飲料的資訊。運動員每場比賽要吃兩個以上的水果、許多運動飲料，結束時還有一頓大餐。他們吃下的熱量遠遠超過了比賽時所消耗的能量。通常，至少還會有兩個女孩坐在場中，開始摘起蒲公英的花瓣。

　　再次想想你吃進去的東西。你真的需要在跑步機上補充碳水化合物嗎？這只是熱身，沒錯吧？你真的需要在做完一組臥推後，在組間休息的十分鐘內，吃一條能量棒（注意：它是加了蛋白質的糖果）嗎？不，你根本不需要。

　　很多人都有遇過瘋狂教練的經驗，在酷暑下一天鍛鍊兩次，還大聲咆哮：「喝水的是弱雞！」一天兩次、訓練三小時、氣溫攝氏三十二度、全裝練習（full pad）[1]、不能喝水。這太極端，但也請別走向另一個極端。

第二個真理：以遵循媽媽的勸告為優先。

　　下列是我的超機密訓練飲食法：

1. 每天都要吃早餐。
2. 每天都要吃三餐。
3. 如果你在餐後一小時就肚子餓，就代表你的蛋白質攝取不夠。
4. 水應該是你飲料的第一選擇。
5. 纖維可以解決一切。（我可能就是因為它而隱藏了我的實際年齡。）

1　譯註：在美式足球中將所有裝備都穿上來練習。

這些你都已經從媽媽那裡聽過了。她是對的，但你有照做嗎？我認真的。最近，我有位選手在訓練時昏倒。事實上，每一個訓練青少年的教練都會告訴你，我們的下一代並沒有展現出他們年紀該有的能力。當這個男孩走進來時，我問他：「你今天吃了什麼？」

當時大概是下午兩點，他回答：「我午餐好像有吃五根薯條。」

「五份？」

「不，只有五根。」

沒有早餐、午餐、點心和蛋白質，這個年輕的小伙子就來訓練了。媽媽們應該都不會允許吧！

這裡還有幾項原則：

1. 午夜前睡覺比午夜後睡覺還要好很多。雖然聽起來很奇怪，但這是事實。我母親曾說：「如果到了晚上十點還沒有好事發生，那請回家吧，因為它將不會發生。」（我其實不太敢問她為什麼，因為我知道自己在想什麼。）試著在太陽下山後就準備睡覺吧。

2. 如果你開車不繫安全帶，就不要吃營養補給品。請用成本效益的角度來思考這一點。

3. 請謹慎許願，因為它們可能會成真。想要增加二十三公斤的體重嗎？只要耐心等待就好。因為我上次去逛街時，發現大家好像都知道如何增加二十三公斤。

第三個真理：這是疼痛，那是受傷。請學著分辨它們的不同之處。

我有個滑尺量表的概念可以用於關節疼痛。幾乎所有我認識的人都曾經發生過這個情況：你早上起床，四處走走，腳趾頭不小心踢到桌腳。結果你翻了白眼，然後大罵了一聲國罵，當下除了感受到說不出的

痛楚外，根本無法注意到任何事。但一分鐘後，你沒事了。

這就跟冰淇淋頭痛（brain freeze）[2]一樣。當我還是個青少年時，我們都習慣到一個叫做卡樂星（Carl's）的小地方，點一杯叫做雪泥冰的東西，裡面裝滿了細細的碎冰和人造香精。當我們聽到「開動！」時，我們就會看誰可以吃得最快（是的，我們很蠢，也很無聊）。吃到一半時，我就被冰淇淋頭痛降伏了，但我還是堅持吃完。哈，年輕人嘛！

朋友們，這就是疼痛。它可以用任何一種形式出現。最近，有位跟我一起訓練的年輕人在高中美式足球比賽後的隔天早上去看醫生。醫生告訴他在「血流腔室有嚴重的瘀血」。

「那是什麼？」我問。

「嗯，這就像肌肉裡有些充血。」他回答。我默默地想這樣應該是好事。

後來，我和另一位教練再次幫他檢查。噢！他瘀青了！幸好，現代醫學可以解決運動上最神奇的事情：被任何人或物撞擊所產生的瘀青，只要幾天不去理它，它就會神奇地消失。我會把我的診療費帳單寄給你。

不過，受傷就截然不同了。我有時候會開玩笑地說，手術其實就是老天爺要我們放慢腳步。受傷需要醫學的幫助，通常都需要醫療手段介入。而疼痛、一點瘀青和膝蓋擦傷則需要下列醫療程序：照媽媽常叮嚀你的去做。在通往目的地的旅途中，難免都會有些疼痛。

回到我們的疼痛滑尺量表。通常，當運動員感覺不到任何事物，

---

2 譯註：吃冰太快或含冰造成頭痛，是口腔上顎與咽喉部因冰冷而血管收縮，大腦對溫度非常敏感，會為了維持溫暖而使血管擴張，讓內部組織獲得充分血液，但當大量血液湧入時，會增加腦部壓力，因此刺激交感神經，同時因為神經敏感連帶造成位移痛。

那就是受傷的徵兆。我曾經幫助一名因為騎著飛快街跑車（bullet bike）而發生事故的騎士，我是第一位抵達現場的。他整個人卡在一輛車子的後輪下面，因為他試著做出《體育大世界》（*Wide World of Sports*）[3]節目片頭跳臺滑雪員（ski jumper）的極限動作。當我抵達現場時，發現他竟然只有穿短褲和背心。他失去了他的髖骨、肩膀和手肘，而且大量失血。「別擔心。」他抬頭看我，告訴我他沒事。

通常，受傷最大的徵兆之一，就是當下感覺不到疼痛 —— 它不會讓你「馬上」感到疼痛。原則一：停下你正在做的事。原則二：看看是否有人能幫助你。原則三：照他說的做。

第四個真理：這不是他們真正的含義。

我們很少知道故事的真實面。最好的例子就是「有氧運動」。首先要記得的是肯尼斯・H・庫珀（Ken Cooper）醫生，他在一九六八年發明了這個字，也就是大家今天所知道的意思。但對美國人健康很不利的是，伴隨著那本書所風行的慢跑浪潮也帶起了高碳水化合物熱潮，讓現今的美國人成為歷史上最胖的一代。

庫珀宣稱，原始課程建議是在幾週內可以跑／走完四分之一哩。要跑到一哩可能需要一年或更久。看了嗎？庫珀說的是一件事，但大部分人聽到的卻是另一件事。

他後來出版了幾本書 —— 大部分都被忽略了 —— 鼓勵攝取營養補給品和重量訓練。你那瘋狂的鄰居，每天早上起來先伸展一小時，然後跑個半程馬拉松，結束後吃下好幾碗喜瑞兒和蘇打汽水，這讓庫珀聽到都快哭出來了。

3　編按：經典的美國體育電視節目。

同樣的事實也可以在健美界看到。我在幾十年前有幸和羅賓森、路‧法瑞諾、丹尼‧帕迪拉（Danny Padilla）和其他健美傳奇人物共同訓練。那天我領會了一個小小的真理，就是他們之中，沒有一個人會做那些在雜誌上看到的訓練……特別是那些將發行人的頭移花接木在羅賓森身體上的雜誌。

我的意思是，這些人的訓練方法……都很正常。路在角落用半框架訓練提踵。帕迪拉訓練許多划船的衍伸性動作，但都沒有像雜誌上說的那樣做。而羅賓森呢？他和我所見過的每個人一樣地訓練。

然而許多健身雜誌宣稱的訓練法也不是憑空捏造，但它們是重大比賽前的密集訓練。許多頂尖健美選手的訓練法就像羅賓森跟我說的，就是舉起大重量，然後不斷地往上追加重量和次數。我知道這才是事實。

我已經無法準確告訴你曾有多少高地運動會選手曾經問我：「你覺得仰臥推舉如何？」我一向會很平靜地告訴他們，需要做很多種訓練才能成為更好的高地運動會選手。「你有臥推過嗎？」他們問我。「那當然。」我回答。然後，隔天我在網路論壇看見：丹說你只要臥推就可以了，兄弟。

換句話說，在你帶著槓鈴和穿著彈跳鞋（jump shoes）跑馬拉松之前，瞭解事情的源頭很重要。

第五個真理：我可以從你先練什麼，就得知你的訓練狀況。

只要你做某些事情我保證可以讓你達成目標。首先，寫下你下個月所有的飲食規畫。清楚算出卡路里、碳水化合物、脂肪和蛋白質。請誠實以對。

第二件事：整個月的訓練都先從腿部開始，就這麼簡單。整個月都從深蹲到底、硬舉，或如前蹲舉的衍伸性動作開始。但很不幸地，大部

分人都會同意記錄飲食，並稱讚這是個很棒的想法，然後就忘了。但另一個想法「先訓練腿部」或許能讓我們有機會成功。

在我的教練與訓練生涯中，沒有其他觀察比這件事更重要：你訓練課表的前十分之一將是決定長期成功的關鍵。坦白說，你可以想像阿諾在《健身鐵人》（Pumping Iron）這部紀錄片中，在跑步機上拿著碳水化合物飲品和戴著耳機聽小甜甜布蘭妮的樣子嗎？

我沒辦法。所以，去健身房，然後就從前蹲舉開始。老老實實地完成五下／五組，而且每組都將重量往上加吧。然後，隨便你想做什麼。真的，用不了多久，你就會發現訓練的品質和身體都進步了，而且超乎你的想像。

這些都是不言而喻的真理。這些概念平淡乏味到讓我們時常忽略它們，但是這都是菁英訓練的根基。遵守這些不言而喻的真理或許可以讓你不會成為那個穿著緊身褲，在阿嬤旁邊一邊踩著時速三哩的固定式健身腳踏車，還一邊吃著能量果膠的人。

第15則

知道是一回事，做到又是另一回事

有部電影《上班一條蟲》（*Office Space*），在首次上映時並沒有很賣座，卻在發行DVD時相當成功。大部分人喜歡這部電影的原因，應該是因為它描述了我們實際的工作情況。

電影裡描述的夏威夷襯衫日、無止盡的週間生日派對，和毫無意義的文書工作似乎都是我們某些人的日常。但這當中少了一件事：他們忘了談到工作中的午餐時刻。

工作中的午餐就像一部電影。我已經遇過下面這個場景無數次了。當我坐下來準備吃午餐時，會希望只有一點點交談或最好沒有。天啊，我只是想吃我的鮪魚，吞下我應該在四小時前就吃掉的沙拉，還有這兩顆當我放進便當袋時還是黃綠色的西洋梨。

但我們都知道，我這小小的心願從來沒有實現過。「你知道嗎，如果你將鮪魚上面的美乃滋換成優格，將可以減少十三克的脂肪。」坐在我右邊的同事這麼說。這時換她旁邊的同事附和，「但這時候你就要謹慎計算碳水化合物了。這也是為什麼我要在優格裡加一點酸奶油和香料增加風味的原因。」

為了彌補過去因為疏忽而產生的罪惡感，我每餐都要計算脂肪和碳水化合物。啊，這些女士的大腦裡都裝滿了許多有關食物和如何烹煮的資訊，以及這些食物的脂肪與碳水化合物克數。但我只是很單純地想要吃我的鮪魚而已。

那天稍晚，下午休息的時候，我們替另一位同事慶生（那週的第四

次慶生會）。有許多令人垂涎的美食佳餚和蛋糕，販賣機也打開了，所以我們可以享受到沁涼的飲料。一如往常，我也分到了一塊蛋糕，但我輕輕地說聲「謝謝，不用了」。

而我那兩個光是討論鮪魚是加酸奶油還是優格，亦或兩者都加就花了快四十分鐘的同事，嗯，她們吃下的蛋糕大到可以獲得聯合國承認是個主權國家。

下列是我發現我們大部分人的現狀：如果我們被問到三十題關於營養的測驗，大部分的人都可以正確回答那些和維他命、礦物質和胺基酸相關的問題。天哪，我們甚至還可以答出在大氣壓力室中使用維他命 C 的問題。

但這時候問題來了。如果請這位非常瞭解胺基酸障壁的人到廚房裡準備一頓精心的早餐，你可能會發現他開始手足無措。貼心提醒：拿幾顆蛋和一點奶油，攪拌均勻，就可以做出一盤美味的炒蛋了。

在我們的訓練中也會發生同樣的問題。基本上，現代的連鎖健身俱樂部都會有上百臺的器械和數不清的啞鈴、槓鈴、飛輪車、攀爬訓練機、步行訓練機和划船機，你或許會發現自己就像我那兩位同事：擁有許多相關資訊，都知道要做什麼，但最後還是選擇吃下蛋糕和喝下軟性飲料。

在肌力訓練、增進身體組成分子、強化體適能和減脂技巧等方面，你都知道該做什麼，卻無法實際運用這些知識，因為：

1. 你的訓練器材跟雜誌上的器材看起來不太一樣。

2. 當你從飲水機裝水回來，試著將深蹲與跳躍結合時，發現有人將你槓鈴上所有的槓片拿下，然後開始在深蹲架進行彎舉訓練。喔，他頭上戴著嘻哈頭巾，手穿無指手套，腰部配戴舉重腰帶，

全身穿著緊身褲和凸顯肌肉的緊身衣，並且用他的iPod放著歌……但彎舉的重量只有45磅。

3. 你很喜歡前面幾頁看到的訓練方法，卻不知道該如何做 ＿＿＿＿ （請自行填入）。它可能是羅馬尼亞硬舉、上膊握姿的抓舉、反向蝙蝠翼飛鳥臥推加上匈牙利側轉（reverse batwing flying Hungarian side twists）……你知道你不會的是什麼。

4. 你被說服了假如可以花個＿＿＿＿元（再一次，自行填入），你就會進步。

　　我能體會這樣的感受。我還記得當諾德士（Nautilus）[1]訓練器材在運動和健美雜誌上大量投放廣告時，我幾乎要放棄重量訓練了。有些廣告甚至長達十幾頁！當時我還是個孩子，如何能抵抗這些看起來似乎是事實的證據呢？這些廣告都告訴我必須購買所有產品，然後每隔三週訓練一次，否則將無法達到我的目標！

　　讓我給你一些建議吧。首先，或許也沒有第二個了，就是按照我從還是個小伙子時就開始做的訓練。準備好了嗎？那就是：

　　寫下你所有的訓練器材。什麼？我說請你寫下所有家中、家裡附近或重量訓練祕密基地的器材。還記得你在深夜電視購物頻道，向穿著平口無肩上衣女孩購買的健腹輪嗎？請寫下來。門上單槓？請寫下來。離家最近的跑道？走路就可以到的公園？請寫下所有你擁有的器材和設備。

1　編按：世界知名美國健身器材品牌。創立者亞瑟・瓊斯於1960年代末發明的Nautilus健身機被認為是現代健身房器材的始祖。

如果你願意花二十分鐘完成這項清單，你將能很順利地開始運用自己知道的知識。例如我家和工作場所走路可到的地方，就有三個標準竿高爾夫球場。

將基礎體操動作加入走路或跑步（我差點說成慢跑，請原諒我），起源於一九七〇年代。這是個非常棒的想法：先走幾百公尺，然後做雙槓撐體。結束後，可以做些引體向上、伏地挺身、跳躍和深蹲等。

這裡有個問題：它完全免費、每天二十四小時開放、絕對不會過度擁擠，有非常好的訓練內容、很棒的訓練方法，而且還可能是最好的減脂方法之一。

現在，因為你可能會問，這有什麼問題嗎？

嗯，你身邊沒有一個戴頭巾，彎舉著大概是十歲小女孩手提包包重量的人。或許也沒有金髮尤物踩著踏步機！而且也沒有人會一直騷擾你要辦終身會員，或不允許你在健身房內使用止滑粉。

換句話說，在你每次開車前往健身房的途中，可能就有許多可以讓你達成健身目標的資源。聽著，我想許多人都認為：某件免費、簡單或是很容易瞭解的事，不可能像昂貴、複雜或很難理解的事一樣好。

現在，檢視完周遭地區後，看看自己擁有什麼。大約一年前，我到一間折扣店買了一個除草工具儲物箱，然後把我許多訓練器材都放進去。為什麼？因為當我看到放在地上所有的器材都整理到定位時，我突然體會到自己的轟菌（home gym）[2]有多棒。我沒有槓片、槓鈴或許多重訓器材，但這個二十四美金的箱子裡面有：

1. 一對農夫走路槓。

2　編按：「居家健身房」的暱稱。

2. 一對寬握把的農夫走路槓。

3. 角錐。

4. 排球網。

5. 足球、美式足球和排球。

6. 各種重量的藥球。

7. 一系列投擲器材。

8. 一些壺鈴。

9. 訓練拉力的雪橇。

10. 一個用來訓練提攜和投擲的85磅石頭。

11. 一個訓練負重行走的150磅背包。

12. 一些PVC水管和掃帚。

這裡有個很好的訓練方法：將箱子裡的器材一一拿出，然後每種器材至少訓練一次，並將一些器材編成綜合訓練法，例如拉雪橇，同時拿著農夫走路槓……，然後那天就到此為止。事實上，這就是為什麼有許多人從世界各地來跟我一起訓練的其中一個理由。我會告訴他們，如何利用現有的器材編排一個訓練課表。

你不相信嗎？試試看這個很典型的訓練課表，我的選手每個月會練三次。僅用PVC水管來做十五下過頭蹲。結束後，衝刺兩百公尺。重複三～五次，然後用一組過頭蹲來結束訓練。

過頭蹲

衝刺兩百公尺

過頭蹲

衝刺兩百公尺

過頭蹲

衝刺兩百公尺
過頭蹲

有些來找我的菁英運動員對這個簡易又快速的訓練方法都大喊吃不消。

不知怎麼地，即使沒有很複雜的器材，這個綜合訓練似乎總會給腿部和心肺系統很大的刺激。第一組的時候，那些 PVC 水管好像沒什麼重量，但到了最後一組就不要多問了。

我同時也發現可以用壺鈴的玩具編成一個很好的訓練。當然，做些引體向上、盪壺、單手舉重和硬舉，也是個很好的訓練。

大約一年前，我決定將壺鈴玩具訓練的概念玩得更大一點。我藉由這個方法來準備奧舉的比賽。當時，我有一支加粗奧槓、一支標準奧槓、一組鍊條和一個健力時用來執行箱上深蹲的好箱子。我設計了這個簡單的課表：

第一天

抓舉（爆發式抓舉→過頭深蹲→懸垂抓舉深蹲→抓舉全蹲）：八組。

前蹲舉加上鍊條：每組兩下，共八組，要用「適當」的重量。

第二天

加粗奧槓硬舉：以「每組能正確完成的次數」並使用適當的重量執行八組。

軍事推舉加上鍊條，坐在箱上：每組五下，共八組 —— 請注意：如果你沒有坐在某件東西上面，鍊條就不會發揮作用；因為它們就只是

前後擺動而已。

現在，別為這些訓練動作或如何執行擔心。專注在概念：我在自己的車庫，用著很便宜的器材，卻能有非常優質的訓練。換句話說，把你花在SPA會員上的錢，拿來打造自己的轟菌吧。

首先，誠實地檢視一下家裡附近免費的健身器材，然後再加上你目前已經有的，再來想想投資什麼器材會對你的訓練最有幫助。

第二個小小建議是我多年來就一直想說的：請寫下你精通的重訓清單。關於我說的精通，我有一些有趣的想法，其中包括一些特定的標準。針對這個功課，我會給你一兩個標準的例子。

你知道奧林匹克舉重嗎（抓舉、上膊和挺舉）？這些動作的衍伸性訓練呢？健力訓練呢（深蹲、仰臥推舉和硬舉）？傳統的健美式訓練？經典的自身體重訓練，例如引體向上、波比跳和伏地挺身？你知道的，健身課。你認識幾種深蹲和硬舉的衍伸性訓練？

上面這個清單雖然粗略，卻很有幫助。我認為簡單的精通標準就是能硬舉兩倍自身體重和推舉自身體重。當然很多人可以做得更多，但如果你無法舉起PVC管，請不要評論世界紀錄保持者。

我最喜歡的訓練之一，就是將這些動作列成一張清單，然後持續幾週每天專心練其中一項。喔，順帶一提，不要因為只練引體向上就放棄了。試試看。還有等等，在你訓練之前，先理成平頭吧，因為你可能會有幾天無法拿起梳子。

我最後一個能將你所知蛻變成實際行動的建議就是：重新讀一次你最喜歡的肌力訓練文章、最愛的訓練計畫，或是你最珍藏的訓練叢書，並藉由這兩點仔細檢視：

- 我有這樣的訓練器材和環境嗎？
- 我知道如何做這個訓練計畫內的動作嗎？

環境超級重要。年年最好的美式足球員都是從德州和佛羅里達州來的，因為當地大家的期望都很高，也有很強的競爭環境。無論你承不承認，當你身處猶他州的小鎮，要進入NBA的機會便相對較小，除非你可以長到兩百四十四公分高。

在體適能界，加州對健美選手似乎有些潛在的益處。除了海灘和可以很快抵達墨西哥之外，毫無疑問地，在南加州一些健身房中最差的健美選手都比世界上很多地方最厲害的選手還要強。

當你檢視自己最喜歡的訓練課表時，我建議可以從兩個方向著手。如果你發現沒有某項器材，就找個替代品。臀腿訓練器（glute-ham raise）當然很棒，但反向羅馬椅（reverse hyper）也不錯。若沒有反向羅馬椅，沒關係，練羅馬尼亞硬舉也可以。

如果你不知道如何做羅馬尼亞硬舉，或你最愛課表中的任何一項動作，我會請你：先學好重訓！花時間學習一項新的重訓（或新的運動）對你的訓練或運動生涯會很有幫助。

當然，你可以稍做調整，但學習精通一樣新動作的駕馭能力與技巧，將會對你的人生帶來很大的益處。舉例來說，當你可以將自身體重的重量高舉過頭時，仰臥推舉相同的重量就易如反掌。

總而言之，我並不是反對上健身房。我沒有這個意思。我也沒有要對抗健身雜誌的意思。我是希望你能學到如何將這些知識運用到你的訓練計畫中。那該怎麼做呢？

- 請誠實評估自己擁有的訓練器材。你或許會嚇一跳，就跟我一

樣，自己竟然有這麼多訓練器材。然後用些有趣或有創意的方法來訓練。

- 請誠實檢視自己是否瞭解如何使用。如果你真的不知道，例如你不清楚如何深蹲與硬舉，就先學這些吧。試著每幾個月學點新的重訓動作或運動。

- 最後，完成這兩項評估後，再次檢視對你而言意義重大的訓練計畫與文章。挑戰自己不只要精通這些課表，還要更精進。

喔，如果我錯了，我會吞回我說過的話，然後如果我在裡頭加上酸奶油和優格……。

第 16 則

PVC 水管和基本觀念

　　我最近在一所高中展開新工作。在我開始工作幾分鐘後，一切都說得通了。說得通什麼？就是人們為什麼會不約而同地花二十分鐘在跑步機、踏步機和飛輪車上熱身；超級柔軟的芭比女孩伸展的時間會超過實際日常生活所需；吹著口哨的教練會說：「跑兩圈！」

　　你看，這是我近十年來第一次準備上課。在花了幾分鐘點名後，我還剩下一小時二十分鐘可以跟這六十五位學生度過。當然，其中有一半是美式足球校隊，他們都有多年的完美技術訓練，以及許多有關重訓和訓練相關的知識。至少，我相信是如此。

　　但別忘了，還有高一女生也在這個班級中，除此之外，還有十位國際交換學生，他們的英語能力就跟我的韓語、克羅埃西亞語、日語和中文一樣。

　　在那個當下，沒有什麼比讓他們所有人去跑上幾圈會摧毀關節和削弱快縮肌纖維的慢跑還要容易的了（在那之前還要做半小時可能導致受傷的過度伸展）。還真是容易。

　　六週之後，當我再走進同一間教室，所有學生都要拿起四～六呎長的PVC水管。整間教室看起來就像是《星際大戰三：西斯大帝的復仇》（*Revenge of the Sith*）的場景，你知道的，這真的很有趣。然而，沒有人會練習電影裡的光劍技巧。那是種懲罰，而被懲罰向來都不是件好事。

　　在我點名後，我讓所有人「拿起PVC水管！」，教室裡的所有學生都用抓舉握姿拿起水管，然後做每組八下，共計三組的過頭深蹲。「屈

膝往下蹲！」的口令伸展了所有人的髖屈肌。

「伏地挺身姿勢！」讓所有人準備好做標準伏地挺身、擊掌伏地挺身或後腳抬高在箱上的伏地挺身。同樣地，每組八下，共計三組，接下來為引體向上（每組八下，共計三組）和藥球腹部投擲（一組二十五下）。

點名後十分鐘，整間教室六十五位學生都完成熱身，也準備好開始訓練了。我的朋友，這才是熱身。這比很多選手在練習時做的還多。現在，我們準備開始囉！

「很好，但這些高中的舉重課程可以如何幫助我？」你也許會這麼問。我有個簡單 —— 儘管是老生常談 —— 的答案：完全改變你的行為與思維模式。讓我這麼解釋：當整間教室都盯著你看，然後眼神中帶著：「接下來是什麼？」的時候，會讓你重新思考所有的肌力訓練。

它所帶來的大改變是：我發現從某個角度看，自己的訓練課表是很「輕鬆」的。的確，它們其實很困難，這無庸置疑。當你背著150磅的背包，又拖著負重雪橇，雙手再各持100磅重的啞鈴，這的確很困難。光是要移動這些東西，就會讓你的手燙到像是放在灼熱的岩漿中。

這的確相當累人，但我對自己的基本觀念更放心了。（就像我每天上廁所時所看到的每日一詞。）

以下列舉我的其中幾個基本觀念：

1. 當我們從上肢訓練換成前蹲舉時，會對運動員的心肺能力造成相當大衝擊。
   （我的運動員：什麼是前蹲舉？）
2. 抓舉和「上膊與挺舉」是運動員成功的基礎重訓動作。
   （我的運動員：那是什麼？）

3. 運動員需要每餐攝取纖維、蛋白質，以及補充魚油。

　（我的運動員：教練，什麼食物含有蛋白質？我在我的包包裡找不到。）

　朋友們，讓我告訴你，這就是為什麼你的私人教練會把你放在跑步機上，再讓你做大腿外展／內收機，以及堅持一定要你在做任何訓練前／後都伸展二十分鐘的理由。在你可以真正開始訓練之前，其實必須先學習許多事情。然而，現在的教練和運動員都想要馬上得到成果，而不想花時間學習一些基礎的入門介紹，因為他們都認為自己已經遠遠超過這個層級了，很好，真該死，他們都特別厲害！

　我想要挑戰你的地方在於，請重新思考自己的基本觀念。在網際網路的世界裡，基本上你可以在幾分鐘內掃過數百篇的文章和許多訓練概念。但你如何實際運用？有三件事情請你好好想想：

1. 你如何學習一項新的重訓、運動或競技比賽？
2. 你如何評估自己的訓練強度？
3. 當我們談到營養時，請問在你吃進去以前，有想過營養補給品、飲食法和食物或任何東西嗎？

一起來看看我訓練中心的基本課表。

熱身

過頭深蹲（使用PVC水管）：每組八下，共計三組。

髖屈肌伸展。

伏地挺身：每組八下，共三組。

藥球腹部投擲：二十五下，一組。

引體向上：每組八下，共三組。

用大約一分鐘來伸展任何緊繃的部位。

依時間來安排訓練次數

啞鈴深蹲，十下。

盪壺（使用相同的啞鈴），十下。

啞鈴深蹲，十下。

盪壺，十下。

啞鈴深蹲，十下。

盪壺，十下。

訓練動作

前蹲舉＋鍊條

仰臥推舉＋鍊條

引體向上

跳箱（可以使用不同大小的箱子）

硬舉

我們排隊訓練。一位選手從前蹲舉開始，接著仰臥推舉、引體向上、跳箱，最後硬舉。一旦第一位選手完成前蹲舉，第二位選手就接著前蹲舉，然後接續完成第一位選手所做的。

次數為：十、九、八、七、六、五、四、三、二或一下。我們有五座深蹲架、五個臥推椅、七個單槓、十二個箱子和九個硬舉區。在前蹲

舉和臥推區中，最重的為95磅沒有包括鍊條，硬舉區最重為185磅。

運動員可以變換序列來增加或減少負荷，最輕的負荷為35磅。在結束訓練前，我們會在地板做腹部等長訓練（棒式）和手持啞鈴來農夫走路。

要完成這個課表所需的技巧可能超乎你的想像。請注意：這天的訓練並沒有包括抓舉、挺舉或過頭推；這是訓練量日。教導這些爆發力動作需要按部就班，因此教練的先知卓見和耐心非常重要。

光是熱身這個部分就會困擾許多人。我每個月都要回答關於奧舉的許多電子郵件，其中最多人卡關的就是過頭蹲。然而，我的選手幾週內就學會了。為什麼呢？因為我們每天都練！而且每個人都要做。

我跟學生說：「看看你的周遭。如果每個人都做一樣的事，而你卻跟大家不一樣，或許就是你做錯了。請修正！」

從「基本觀念」學到的第一課

你或許在第一次就錯了。第十次也是錯的。如果深蹲讓你的膝蓋不舒服，或許你做的並不是深蹲，而是一個自我傷害的屈膝動作而已。停下來。重新學習。

從「基本觀念」學到的第二課

如果一位世界級選手做一項訓練、重訓、運動或任何事，你卻無法從中獲得同樣的效果，想想兩件事。第一，看看上面的第一課。第二，也更重要的，也許你沒有用夠高的標準來做。

你真的可以光用PVC水管訓練就得到許多效果。不相信嗎？試試看以下：

　　帶根PVC水管到戶外田徑場。做十五下過頭深蹲。衝刺一圈。重複這個循環五次，最後以十五下過頭深蹲結束。如果你都沒有用走的，並且很誠實地跑，應該在十分鐘內，也許九分鐘就可以完成了。先做做看，並感受PVC水管的威力。

　　回到第二課，雖然你可能無法做到很高的層級。在我第一天與學校的美式足球代表隊訓練時，就告訴他們：「我希望每個人都至少可以臥推200磅和硬舉400磅。」順帶一提，無論你可以臥推多少，都必須能夠前蹲舉和上膊。因此，這些美式足球員第一天的目標為：

臥推：200磅。

前蹲舉：200磅。

上膊：200磅。

硬舉：400磅。

　　每次當我在網路上發表關於肌力訓練標準的文章時，至少都會收到一封很焦慮的電子郵件：丹尼，我是個成人，但我無法完成這些重訓動作！然後就會接著長達七頁，描述這位他自己目前的訓練狀況，並提到許多次有氧和關節復健訓練。

　　我的答案就是：你真是太弱了。少說廢話，加上槓片吧！這也讓我們進入下個基本觀念……。

　　「我覺得我已經是高階訓練者了。」
　　你的訓練經驗超過一年了嗎？
　　「沒有。」
　　那還不夠高階。請問你可以臥推自身體重嗎？

「我還在努力當中。」

抱歉，你還不是高階訓練者。

對我來說，高階訓練者必須：

1. 參加過一項力量運動比賽：健美、奧舉、健力或大力士。

2. 獲得的資訊並不是來自於機場雜誌。

3. 可以完成任何一個我給高中生的訓練課表。

4. 至少可以推舉自身體重和硬舉兩倍自身體重。

5. 瞭解在飲食法中，食物與營養補給品是相輔相成，但沒有人可以只靠肌酸和啤酒過活。

在我評估你是否為高階訓練者之前，請你至少符合上述當中的四項。再來，讓我們檢視關於學習新事物的三個基本觀念。

- 你可能從第一次嘗試新動作時就做錯了。你只是在一直重複「錯誤」。

- 你可能做對了，卻停留在一個過低的水準。你必須考慮不要再繼續做下去。

- 你可能會認為自己已經是高階訓練者，所以跳過了初始階段，但其實你才剛起步。「初學者」顧名思義需要從頭開始。我是認真的。

考慮上述幾點後，下列建議可以讓你思考未來幾次、幾週和幾月的訓練。

使用基本觀念清單，讓我們重新檢視下列事項：

1. 你如何學習一項新的重訓、運動或競技比賽？
2. 你如何評估自己的訓練強度？

基本觀念1

　　有沒有可能我的重訓技巧真的錯了，或是真的很糟糕？你知道嗎，我的手腕因為曾斷過好幾截，才讓我重新思考自己的奧舉動作。身為一位還算成功的重訓者，我重新學習相關動作，然後發現一件很可怕的事實：如果我在年輕且健康時，就重新學習這些動作，我將非常、非常厲害。

　　對於宣稱自己會訓練到力竭的人，請問你如何定義真正的力竭？在我的人生中，曾經參與一項很有趣的挑戰幾次，就是可以深蹲自身體重的重量幾下。只要簡單地將槓片調成你的重量，然後盡自己最大的努力深蹲，最後記下你的次數。

　　在我一個好朋友做到三十下之前，我一直認為自己可以做到二十下就已經很了不起了。輪到我的時候，我蹲了五十下才贏得比賽（其實我用225磅蹲了五十一下）。力竭之間的區別為何？總有人可以比你做得更多。

基本觀念2

　　我認識一些朋友，他們曾經贏得當地教會所舉辦的籃球錦標賽。當他們回顧自己比賽的影片時，電視上剛好也播放著猶他爵士隊的比賽。有個人這樣對我說：「你知道嗎，我們一直認為自己很強，但跟職業選手比起來，我們又慢又糟，因此乾脆把影片關掉。因為這真的會破壞氣氛。」

這真是聰明的抉擇。這些朋友在防守時都做得很到位，只是水準很低。這個道理也適用於你。當我坐著觀看一位十八歲青年在當地奧舉比賽時，心裡為之一驚。因為在看過真正舉重選手的實力後，我知道自己訓練的選手當中最強的那位，其實還差得很遠。簡短的建議：走出舒適圈，然後參與比賽。

基本觀念3

有時候，你可以用帶有禪宗概念的初學者心態來重新開始訓練。找個有兩週初學者課表的書或訓練文章，然後按表操課。請一位好朋友檢視你的舉重技巧，然後允許他的批評。嘿，這裡有個建議：引體向上時，雙手打直後再往上拉讓下巴超過單槓。真的，試著用這個方法。這才是「正確的做法」。

現在，讓我們來看一下有關營養的基本觀念。

營養的基本觀念1

當你試著做某件事時，有可能從一開始就錯了。然後你就不斷地在錯誤中循環。

最好的例子就是嘗試巨量營養素飲食循環（macro-diet cycling）——如你所知，五天都不吃碳水化合物，接著兩天高碳水化合物或任意吃。但是，在沒有碳水化合物的這五天裡，在每天喝的兩次蛋白飲中，其實就包含了大量的糖分和碳水化合物。完全斷絕似乎不太可能！

喔，我還可以繼續舉例下去：有人把水果當蛋白質，不吃纖維質因為認為它是澱粉……千萬不要讓我開始講，否則……。花個五分鐘讀一下高中健康教育課本的飲食法，然後瞭解何謂基礎知識。

營養的基本觀念2

你也許做對了某件事,卻停留在很低的水準,所以不要再繼續做下去了。

這可能比你所想的還要常見。有些人嘗試阿特金斯飲食法,然後每天早餐吃一顆蛋、中餐吃一條起士,晚餐卻吃九個披薩。

嘿,如果你遵循低碳飲食,請吞下培根、蛋、起士、鴨肉、雞肉、鮪魚、牛肉和芹菜,然後再擔心晚上六點之後的飢餓感!如果你還想吃,那就吃吧。

營養的基本觀念3

你可能會認為自己是高階者了,所以跳過了初始階段。

我對所有飲食的簡短建議:

1. 每餐都要吃蛋白質。

2. 每餐都要吃纖維質。

3. 補充魚油膠囊。

4. 要喝很多水。

5. 每天至少要吃三餐,而且絕對不要跳過早餐。

是的,這些都是基礎的資訊。有沒有哪條是你每天都沒有做到的?花個幾週的時間,老老實實地遵循這幾條基本原則,你將會對結果感到相當驚訝。

或許你會說,這不過又是另一篇教導人們返璞歸真的文章,所以忽略這些簡單卻可以讓你的訓練往上提升的方法。千萬不要讓你的基本觀念毀了你的生涯。

第 **17** 則

李維諾夫訓練法

一九八三年發生了一件相當令人驚喜的事。我約會了。好吧，我開玩笑的，因為大家都知道，一九八〇年代時，我身上滿是被十呎長的竿子親吻的痕跡。

事實上，世界田徑冠軍是從赫爾辛基（Helsinki）[1]開始的，而這些冠軍的名單就像是運動史上的名人錄。你可以在上面找到許多贏得金牌的偉大選手，例如：卡爾・路易士（Carl Lewis）、瑪麗・戴可兒（Mary Decker）、埃德溫・摩西（Edwin Moses）、謝爾蓋・布卡（Sergei Bubka）等人。

然而，這也是相當挫敗的一年。因為已經代表美國鐵餅代表隊長達十年之久的約翰・鮑威爾竟然沒有進入決賽。鮑威爾從這次比賽中得到兩個相當重要的啟示，並用他的觀察啟發大家對訓練的重新思考。

1. 鐵餅比賽是在早上九點。鮑威爾從來沒有在早上九點訓練投擲鐵餅 —— 一次也沒有。他以為自己可以就這樣上場，然後投出理想的距離。

   錦標賽後，他花了許多的早晨時間練習，以讓他能表現得像下午訓練時一樣出色。這對我們這些將人生與運動場上的表現視為理所當然的許多人來說，是很寶貴的一課。

2. 當鮑威爾環顧了其他人的訓練方法之後，他發現自己的訓練方法

1　譯註：世界田徑錦標賽於 1983 年在芬蘭赫爾辛基舉辦第一屆比賽。

在所有的運動員間，其實也沒有高明到哪裡去。他發現其他投擲者都更精瘦，速度更快也更強壯。

特別是鏈球項目的年輕金牌得主，賽吉・李維諾夫（Sergey Litvinov）。如果你想要更精瘦、更快和更強壯，請繼續讀下去。

根據鮑威爾對李維諾夫的觀察，我將一些訓練觀點整合在一起，因為這完全重塑了我的訓練思維，也重塑了我的選手。這是個相當簡單的訓練概念，簡單到或許你第一眼會忽略它。讓我們來看看李維諾夫做了什麼點醒鮑威爾的事。

這是一個非常簡單的訓練。李維諾夫是一位身高一百七十八公分，體重八十八公斤的鏈球選手，用下列方式來訓練。

前蹲舉405磅八下，隨即接著七十五秒的四百公尺衝刺跑步。反覆進行這個組合訓練三次，然後回家休息，謝謝你。讓我們先停在這裡，然後讚許鮑威爾所觀察到的。一個體重八十八公斤的人，竟然前蹲舉達405磅……八下！

「丹，請問你對我的股四頭肌鍛鍊有沒有什麼建議？」

「親愛的讀者：前蹲舉405磅八下。我現在要跟你收取這個建議的高額費用。」

更誇張的是，賽吉將槓鈴置回架上後，馬上衝刺四百公尺……，而且還再多做兩回。

在聽完鮑威爾的建議後，我發明整合前蹲舉與跑步的訓練方法。讓我們來看看這基礎的訓練法 —— 李維諾夫訓練法。

完成任何一個多關節重訓動作後，放下槓鈴（請動作輕柔），接著跑步。我個人的動作清單如下：

上膊

上膊與推舉

上膊與挺舉

硬舉

前蹲舉

過頭蹲

抓舉

抓舉的衍伸性動作和盪壺／啞鈴。

　　一段時間後，我發現對我們選手的需求而言，跑四百公尺太長了。但是，如果你真的想要快速減脂，那當然就要跑四百公尺！

　　我發現體重達兩百多磅的力量型選手，無法從四百公尺的跑步中完全恢復。因此我問自己：如果世界冠軍的體重是八十八公斤，而我的選手體重高達一百一十七公斤，這多出來的二十九公斤有什麼幫助？

　　這個訓練方法藏了許多魔鬼在細節裡。背蹲舉並不適用，因為要將槓鈴放回架上再跑步需要注意太多事項和計畫。我們也發現，即使是最輕的槓鈴架也很難放在皮卡車上，然後載到我們可以同時舉重又跑步的地方。

　　我也很討厭將我的槓鈴、槓片和槓鈴架放在惡劣的天候與泥濘的環境下，我也不想被夏天的豔陽曬到灼熱的槓片燙到。

　　有些訓練動作不太適合。是的，我們曾試過例如軍事推舉或仰臥推舉，但這似乎很愚蠢 —— 因為我花了很多時間與精力來準備，但回報似乎不成比例。上膊與挺舉也不是很恰當。因為這些動作必須簡單到不需花太多心思就可以快速訓練。因此，最佳的動作為：

前蹲舉

過頭蹲（如果你精通這項的話）

抓舉

盪壺／啞鈴，但請專注在次數上，例如三十下或更多。

很快地，李維諾夫法成為李維衝刺法（LitviSprint）。當我們用重訓和跑步編成課表時，有一天，我突然想到，可以改用壺鈴和一座小山丘來訓練。因為我們發現跑步的速度與強度，對訓練產生的影響大於重訓本身。

盪壺後接著二十七公尺的斜坡衝刺，似乎能夠讓運動員在訓練後持續燃燒氧氣數小時。此外，大量的肉品和止痛飲料（啤酒）對於讓我們重新活過來也略有幫助。

我教練生涯中最重要的一課再次被證實：訓練強度愈高愈好。是的，你懂。我也懂。那為什麼我們不遵循這個規則呢？

李維衝刺法衍伸出一個很好的益處：如果運動員正在學習一個新的重訓動作（通常都是過頭蹲）在重訓後接著衝刺，似乎可以加速學習過程。為什麼呢？我有兩個想法。

1. 大多數人想要學習一項新技巧時，通常都想太多了。當我在工作坊示範如何抓舉或上膊時，就會持續出現類似的問題：「我要將大姆指放在哪裡？」

（嗯，接近你其他的手指。）

「我的手肘位置要在哪裡？」

（大臂與前臂之間。）

當藉由加入衝刺，讓新的重訓動作複雜化時，運動員就會停止胡

思亂想，專心在動作模式上訓練。很神奇，這似乎還滿有效的。

2. 此外，很多人在第一次練習新動作時，就會想要達到完美。我已經大約深蹲十萬下了，但每次當我閱讀戴夫‧塔特（Dave Tate）的文章時，還是可以學到許多新知。朋友們，完美不可能在第一組訓練時就發生。衝刺的挑戰似乎可以讓運動員忘記「完美」這件事，然後專注在完成訓練。

這個訓練有許多地方必須說明。

第一，你可以帶一項訓練器材到戶外，或是到一間旁邊就有可以衝刺地方的健身房。你不需要太花心思就可以有個很好的訓練。

第二，這是最有趣的一部分，因為當你完成重訓後馬上衝刺，就會立刻瞭解這個訓練對你的體能有多大的影響。通常，在起跑後前兩步會有在水深及腰處跑步的感覺，因為你的腳會有這樣的反應：請問有誰可以告訴我發生什麼事了嗎？

第三，從重訓室到運動場館，我認為這個配對組合是最好的交叉訓練概念。練習過幾次李維衝刺法的選手發現，他們無論在田徑場或球場上都有些不同，運動表現也提升了。

但我還不滿足於此，因此開始實驗李維雪橇法（LitviSleds）。但這有一些裝備的問題，除了要有槓／壺／啞鈴和場地衝刺外，你還需要雪橇和拉力帶。

首先，選擇一個在你拉雪橇車前做的重訓動作。我將你的選擇縮減至下列幾項基礎動作：

前蹲舉

過頭蹲

壺鈴、T型槓把（T-handle）或啞鈴的擺盪

　　將動作簡化的理由在於，重訓前你必須將自己套上拉力帶。當你套在雪橇車上重訓，在動作結束後，你就可以立即展開衝刺或拉的訓練。

　　貼心提醒：請在雪橇車準備行經路線的側邊重訓。這理所當然，但還是有很多人在開始拉雪橇車後被器材絆住，然後猛摔到地上。這當場看到的時候很好笑，但應該很痛。不過我還是會笑你，而你會很痛。

　　我不知道你要放多大的重量在雪橇車上，但我發現大多數人放70磅重的壺鈴似乎還不錯。拉這個動作的訓練很好，但不要太過度，像在拉一棟建築物。重要的是，不要像頭豬在泥漿中打滾，麻煩請像個運動員般優雅。所以，別讓自己動彈不得，請增加速度。

　　我也建議我的選手全力衝刺五秒鐘，不論距離是長是短。否則，你幾乎馬上就會喪失高品質的訓練。

　　李維諾夫法、李維衝刺法和李維雪橇法都是很簡單的訓練概念。訓練的質重於量──很多人都忘記這一點。請不要用25磅重來深蹲，然後跳上跑步機邊看《歐普拉秀》邊走四分鐘，就認為這是李維諾夫法。

總結

　　你也許會發現，這是你做過最快速的訓練。當你第一眼看到時覺得似乎太輕或太簡單，千萬不要太過驚訝。請用最後一組來評斷，而不是第一組。

- 選擇一個你會的重訓動作。先標標準準地完成八下，然後馬上衝刺五秒。休息，再反覆這個組合訓練兩次。
- 當你再次嘗試這個訓練法時，選擇另外一個重訓動作，然後衝刺

的時間可以再久一點。

- 每週可以做這個簡單的訓練兩次。如果你想選擇這個作為全部的腿部訓練，請慎選。如果你是為了準備專項運動競賽，檢視這個訓練是否可以轉換成你的運動表現。

- 前幾次訓練時，不用刻意計算休息時間。讓你的身體完全恢復。當重量往上加，衝刺時間也增加到十～二十秒時，組間休息就應該調整為三～五分鐘。你會需要這些時間的。

　　哦，最後一個重點。四年後，一九八七年在羅馬舉辦的世界田徑錦標賽，約翰‧鮑威爾 —— 很明顯地更瘦、更快而且更精壯 —— 在鐵餅項目獲得了第二名的成績。他當年已經四十歲了，是田徑場上的人瑞，而他這項紀錄也被視為田徑史上偉大的成就之一。

第 18 則

蓋博訓練法

原來我在訓練上一直有個祕密武器。我的朋友，班，花了一週來接受我的指導 ——「一起廝混和訓練」的另一種說法 —— 然後他指出我其中一個最高機密訓練方法實在非常獨特，獨特到背後一定有什麼科學上的根據。但很不幸，這個祕密武器只是我一路上的體悟之一而已。

有時候我會認為自己因為執教與訓練多年，而把這些認為是「經驗」。身為運動員，我一直認為花一小時來做這件叫「熱身」的事非常浪費時間。如果你有上過體育課，你就知道我在說什麼：

慢跑兩圈

開合跳（記得每個第四下不要算）

摘櫻桃（cherry picker）[1]

瑜伽伸展

呼拉圈

……還有更多更多。

慢跑的作用其實不大，除了會讓你在比賽中獲得最後一名之外，它

1　譯註：坐在地上，雙腳離地，讓身體呈 V 字形，然後上半身左右旋轉時雙手碰觸地板，像採櫻桃。

與開合跳、摘櫻桃或瑜伽也沒有什麼關係。熱身結束時，我總是覺得更緊繃，也沒有更加準備好面對接下來的訓練。

這是為什麼呢？因為我們的主訓練與熱身完全無關！我準備讓你知道我的祕密訓練武器。準備好了嗎？各位讀者：**熱身就是訓練**。

一九八二年，我任教的學校聘請克里斯‧隆恩（Chris Long）來擔任摔角教練。很快地，我們兩個就發現彼此心中有個共同的英雄，那就是著名的奧運金牌與摔角教練，丹‧蓋博。

克里斯跟我分享蓋博的訓練方法：「如果某件事很重要，就請每天做，反之，如果不重要，就千萬不要做。」

你也知道，這很難反駁……但我們還是做不到！我在過去三十年間，問過各個領域的教練這個問題：要贏得專項運動的三個要素為何？我遇到的任何一位教練都能回答這個問題。從「疲倦時就想辦法罰球」到「轉動右腳」，每一位教練都很清楚知道獲勝的祕訣。

然後我會繼續問下列兩個問題：

1. 你的選手知道這些嗎？
2. 你有每天實踐嗎？

從來沒有（連一次都沒有）哪個教練對這兩個問題都回答是。這並不是因為教練們沒有察覺這個小小的矛盾（這就是我的勝利方程式，但除了我之外，好像沒有人知道），而是他們都深陷在要找到時間和地點來練習那些關鍵要素中。

每個人都有相同的狀況。想要瘦身或增肌的人也面臨相同問題：我知道自己需要〔請自行填入空格〕，但當我在跑步機上邊看歐普拉討論阿湯哥和阿湯嫂，邊走四十五分鐘，完成皮拉提斯課程和用健腹輪訓練

我的馬甲線／人魚線之後，就沒有時間了。

是時候用全新的角度來看待熱身了。基於丹·蓋博的示範，我會建議三個訓練概念——三種訓練上的執行程度——我已經使用了幾十年。請謹記在心：如果某件事很重要，就請每天做。

第一級

這個方法的第一級相當簡單，簡單到你可能會忽略它。你發現自己的引體向上很糟。你是如何知道的呢？因為你無法完成二十下標準動作。為什麼是二十下？嗯，因為這是你在九年級測驗時可以得到高分的次數。為什麼動作要標準呢？為何不呢？

從現在開始到你可以完成二十下之前的每次訓練課程，請加入引體向上。是的，每一次訓練課程。你可以做一組做「很多下」，也可以分成很多組來做，或者是像我每天訓練選手那樣：每組八下，共三組。這是個非常古老的訓練方法，但似乎很有效。

無法完成每組八下，共三組嗎？那就每組做你可以完成的次數，然後總計三組。不出幾個月，你就會被自己的進步嚇到。然後你可以甩動手臂，踏上跑步機、踏步機或做任何一種你稱為「訓練前準備」的動作，再進入主訓練課表。

幾年前，我用這個方法來訓練前蹲舉。在參加奧舉的比賽中，我的抓舉不錯，接著進入上膊和挺舉時，前兩次也還不錯，但在第三次時，我動作的底部出現問題。因此，我當下決定每天都要練前蹲舉（前蹲舉是你從上膊接槓後，從深蹲姿勢站起來的關鍵）。**如果某件事很重要，……。**

我使用165磅來輕鬆練習每組五下，共兩組。每一天。我將自己在車庫內的槓鈴都維持在165磅（我只有一根槓鈴和各一對的25、35磅槓

片，我當時很窮），而且不管任何情況，我都會完成這每組五下，共兩組的訓練。我沒有任何科學根據可以解釋，但從那之後，我就再也沒有發生無法從上膊蹲姿站起的情形。這是如何產生效果的呢？我並不知道，但如果某件事很重要，就請每天做。

你可以用這個方法來訓練身體較弱的部分、較差的重訓動作或任何正在學習的事物。不要給自己太大的壓力，只要每天反覆地做，你的身體很快地就會達到你的願望，你將會得到一些成就。

是的，就是這麼簡單：每天都做自己認為很重要的事。喔，還有一些提示：

- 每天都告訴你生命中很重要的人，你愛他們。
- 每天的花費不要超過收入。
- 每餐都要攝取纖維質和蛋白質，多喝水，並且每天都要睡滿九小時，攝取魚油和運動。

我知道這些你都懂。

如果你喜歡我第一個建議，那或許你也會想試試第二個。我是珀西・克露帝（Percy Cerutty）多年來的忠實粉絲。克露帝是澳洲田徑教練／大師／體適能界的傳奇／瘋子，他在五〇年代末與六〇年代早期指導過世界最佳的中距離跑者。

有些人會認為他是瘋子，但我很少發現正常人能解決所有問題。如果你想追求正常，請花一小時坐在拉斯維加斯的賭城內，然後想想何謂現今美國的正常。

他為什麼被視為瘋子？因為他要求跑者：

- 衝山頭。
- 重訓。
- 吃些奇怪的食物，例如燕麥、蔬菜和水果。

在我出生前，他就堅持所有運動員都要訓練這五個基礎重訓動作：

1. 硬舉。
2. 推系列動作 —— 克露帝喜歡一種叫仰臥推舉的重訓。我不太清楚這個動作是否很流行。
3. 全身性爆發力動作 —— 他選擇甩盪很重的啞鈴。
4. 拉系列動作 —— 克露帝喜歡引體向上和欺騙式彎舉（cheat curl）。欺騙式彎舉就像是用彎舉握姿來訓練爆發式上膊，或是你在健身房內看到很多人練二頭彎舉到力竭後，用身體的力量來協助完成的動作。
5. 腹部訓練 —— 如果硬舉可以增強你某部分的能力，那麼腹部訓練就可以強化另一部分。

在完成上述這些大重量的動作，每組二～五下，共計二～五組之後（留點力氣給高次數的盪壺和腹部訓練），可以吊在單槓上伸展幾分鐘。

有沒有覺得很熟悉？我已經推薦這個訓練法給無數人，在我「發明」之後。

第二級

我對擴展熱身概念的第二個建議為：先檢視你當天的訓練課表，然後選擇五個基礎重訓動作中你沒有訓練到的兩組到當日課表中。

　　在傳統的專門訓練手臂二頭與三頭日時，可以增加硬舉、甩盪（swing）和腹部訓練，以及用法式推舉、佐特曼彎舉（Zottman curl）和錘式彎舉（hammer curl）來鍛鍊推與拉系列動作。你也可以增加深蹲與旋轉系列訓練到克露帝的五個基礎動作中，但我開始擔心若我將基礎動作增加到一週兩百個時該怎麼辦。

　　這裡的訓練概念是：維持你自己獨特的訓練方式，但保持每個訓練課程中，都有這五個基礎重訓動作。如此一來，很容易就可以讓每次課表都成為全身性訓練。不要有太多的衍伸性動作，而要持續反覆地訓練基礎動作。從一位肌力教練的角度來看，你會因為這些基礎動作而愈來愈強壯，而且還可以讓你其他的長期目標變得不一樣。

第三級

　　最後，來談談我用在訓練自己選手的方法：熱身就是訓練。我在二～六週的短週期內，只使用兩個重訓動作完成。而且在週期結束前達到了峰值……這是有原因的。先選兩個重訓動作：

仰臥推舉和前蹲舉（完美的組合）。
仰臥推舉和硬舉（「我會變得更強壯嗎？」這個問題的答案）。
軍事推舉和抓舉握姿的硬舉（這組合很奇怪，但對找出弱點有驚人的成效）。

或是，你可以自行選擇。
如果你每週訓練兩次，請安排一天為動作快速日，也就是槓鈴在適當的重量下，慢慢放下並快速舉起。另外一天則是大量訓練日，你可以做許多衍伸性動作（用箱子、平板等）或是最大次數（五下、

三下、兩下……你知道的）。如果你每週用這個方式訓練三次的話，就可以有一天是動作快速日、第二天是大量訓練日，第三天則是中等訓練，而這可以根據你自己對中等的定義調整。

做這兩個重訓動作前先熱身。熱身則為下列：

1. 過頭蹲，三組，可以用輕槓鈴或PVC水管。
2. 抱著石頭行走四十公尺。
3. 單手過頭推舉行走四十公尺。
4. 侍者行走，雙手交替。將重量高舉過頭，然後盡最大努力行走，就像侍者走路一樣。你腰部附近抖動的肌肉稱為腹斜肌，或許你從來沒有注意過它們。
5. 單手提攜行走四十公尺。
6. 行李箱提攜行走（雙手交替）。
7. 單手過頭推舉，另一隻手側邊提攜行走四十公尺，然後換手。
8. 大負重農夫走路四十公尺或直到不行為止。
9. 拉雪橇四十公尺。
10. 拉雪橇＋農夫走路四十公尺。
11. 拉雪橇＋抱著石頭四十公尺。
12. 引體向上，每組八下，共三組。
13. 伏地挺身衍伸式或雙槓撐體，三組。
14. 用仰臥起坐姿勢來投擲藥球，二十五下。
15. 甩盪一分鐘（我建議雙手各持一個壺／啞鈴）。
16. 負重仰臥起坐旋轉（順時鐘方向從小圈、大圈到非常大圈，然後換邊），共三組。

你可以加入任何想要的訓練。我喜歡提醒大家，「嘿，我們光是熱身就訓練夠了！」因為我的選手喜歡將一些有趣的訓練整合起來，例如最大量的前蹲舉和仰臥推舉。

什麼？沒錯，熱身就是訓練。

我只是概述一些訓練的想法。讓我們重新回顧：

- 在你每次訓練的熱身中，試著加入你最需要的運動、重訓或身體部位訓練。
- 針對單一肌群訓練課表，可以加入幾組幾下的全身性訓練動作。
- 可以將行走、拉、提攜、舉重和動作模式整合成一系列不同動作來挑戰自己，但要在合理可行的範圍內，並且當作訓練日結束的獎勵。

這對許多重訓者來說是顛覆他原本的思維模式。聽見我說的話了嗎？**如果某件事很重要，就請每天做。**

第 **19** 則

先將自己準備好

在一次的鐵餅訓練營的早餐當中，有位非常溫文儒雅的先生跟我聊到他兒子想要寫一本叫做《打造自己成為練武奇才》(*Getting in Shape for the Martial Arts*)的書。

在喝下第三壺咖啡之前，我的脾氣總是不太好，因此我脫口就說：「這個市場已經很飽和了。查爾斯・史塔利（Charles Staley）的書已經把西方所有的訓練整合在一起；帕維爾也寫了許多有關俄羅斯訓練的書；還有許多人寫了很多有關自身體重訓練的書；當然在網路上你還有成千上萬的書可以選擇。」

這位父親回答「喔」的一聲，讓我瞬時油然升起愧疚感。他的兒子有個夢想，卻被一個穿著吊嘎，邊吞雞蛋邊喝咖啡的蠢蛋破壞了美夢。

我感到很大的罪惡感，因此想要轉圜一下，「你知道，他需要有些新的想法才能獲得人們注意，也才能吸引人們瀏覽他的網站。」

「他沒有自己的網站。」他父親說。

「好吧，他的文章呢？」

也沒有。

「沒關係，那他的學校或訓練場館呢？」

也沒有。

離開的時間已經到了，我得去自主訓練，但我還是跟這位父親說：「請告訴你兒子，今晚來我們下榻的地方，我們有一群人會討論肌力訓練的事。」

　　大約八小時後，這位年輕人出現在我們下榻的旅館。讓我們稱這個小伙子為道格（Doug）吧，雖然這不是他的真名，但這個名字聽起來不錯。如果你的名字剛好是道格，你知道我並不是在指你。如果不是的話，請繼續讀下去。

　　湯姆‧費伊博士和帕維爾‧塔索林已經透過電子郵件互相聯絡多年，而帕維爾也和我討論好幾個月，要在鐵餅訓練營中碰面並討論一些想法。

　　帕維爾，如果你不認識他的話，他是位肌力與柔韌度訓練的專家。而湯姆，你可能認識他只是你自己不知道而已。他是許多本書的作者（那些書是大學體育教育和體適能課程的測驗標準），也撰寫過一般健美風潮的文章。湯姆隨時都可以回憶起任何有關運動、肌力、營養或性愛方面的研究。我非常高興能夠向你介紹他們兩位本人。

　　因此，道格參與了湯姆、帕維爾和我討論五千公尺跑步和硬舉訓練、髖屈肌與深蹲的關係、不同股骨長度適合的深蹲位置、牛排是營養補充品、每次投擲鐵餅時應該使用多大的力量……真的是一網打盡。接下來的三小時中，充滿了無數的實戰經驗。我要求道格要做筆記，而且是許多筆記。

　　討論結束之後，我實在是筋疲力盡。湯姆則是倒頭就睡（一個六十歲的教授和鐵餅選手，實在不應該試著做劈腿和過頭蹲等動作，但說真的，還滿有趣的）。帕維爾和我決定盡快再辦一次這樣的討論。

　　隔天早上，我等不及要與道格聊聊，並聽聽看他學到了什麼。

　　「道格，你覺得如何？」

　　「還滿酷的。」他聳聳肩。

　　「就這樣？」他光是記錄我們前半小時的討論就可以出書了！

　　「嗯，對啊，很酷。」

這裡有個非常重要的洞見。我一直無法理解，直到我在回家路上踏進機場書店的那一刻。

在書店時，我瞥見讓我茅塞頓開的一本書：《酷男的異想世界》（*Queer Eye for the Straight Guy*）。

等一下，讓我先在這停一下。你也看見了，道格的問題並不在於他什麼都不懂。讓我引用一下蘇格拉底的名言：他並不知道自己不知道。當然，有些人會認為用電影《神祕兵團》（*Mystery Men*）裡的情節來闡述會更好：

神奇隊長：「我知道你無法改變。」

卡薩諾瓦·法蘭克斯坦（Casanova Frankenstein）：「我知道你已經知道了。」

神奇隊長：「喔，我知道。而且我也知道你已經知道我已知道你知道了。」

法蘭克斯坦：「但是我不知道。我只知道你已經知道我知道了。你知道嗎？」

道格不僅不知道他自己不知道，而且還不知道他不知道自己不知道……你知道嗎？

當我瀏覽《酷男的異想世界》之後，心中的名偵探白羅（little greycells）冒了出來。我想，就是這個。這就是他們所需要的！他們需要……。

在《酷男的異想世界》中，有五個傢伙自稱是「酷男五人組」（fab five）。每個人從藝文、烹飪到時裝，都有各自的專長。他們每個人都會針對看起來很糟的異性戀男士，提供完全改造他們生活的建議（除了床笫之間，請自行想像）。

　　我決定替類似道格這樣的人打造專屬的「酷男五人組」。這五個人可以幫助道格這類的人，一步一腳印找回他們已經失去的訓練、飲食或任何事。道格完全不知道自己到底缺乏什麼。但他即將可以找到。

　　讓我來跟你介紹這個「酷男五人組」：

Dan'l St. Jean：營養專家。

DJ：肌力大師。

Coach Dan：訓練顧問。

XXX DJ：強度專家。

Lord Daniel Arthur David：身體重組（增肌減脂）文化的歷史學者。

　　現在，上面每個人都有些話想送給道格。

Dan'l St. Jean：營養專家

　　道格，你的體重是 56 公斤。你需要（我該怎麼說呢？）吃。我們有些原則，如果你想要的話：

1. 吃早餐。

2. 每天至少吃三餐。

3. 每餐都要攝取蛋白質。

4. 每餐都要攝取纖維質。

5. 攝取魚油膠囊。

　　還有，對了，道格，你需要攝取蛋白質補充品。為什麼呢？因為，你將會改變肌力訓練的方法。

DJ：肌力大師

道格，我看到你每週用臥推和彎舉來訓練你的上肢。而對於你的下肢訓練，你說你有慢跑。但是我希望你能用下列的課表來訓練幾週：

第一天

背蹲舉：每組五下，共五組來熱身。

前蹲舉：每組兩下，共五組，較輕的重量。

引體向上：一組，但盡可能完成最多反覆次數。

臥推：每組八下，一～兩組。

彎舉：每組八下，一～兩組。

自行選擇一項腹部訓練做結。

第二天

背蹲舉：每組八下，一～兩組。

前蹲舉：每組兩下，一～兩組。

引體向上：每組盡可能地完成最多反覆次數，共五組。

臥推：每組八下，一～兩組。

彎舉：每組八下，一～兩組。

自行選擇一項腹部訓練，來完成一組不錯的訓練（不要太輕鬆，但也不至於太困難）。

第三天

背蹲舉：每組八下，一～兩組。

前蹲舉：每組兩下，一～兩組。

引體向上：每組完成最多反覆次數的一半，一～兩組。

臥推：每組五下，共五組。

彎舉：每組十二下，共五組。

自行選擇一項腹部訓練做結。

每次訓練之間需間隔一天，因此或許你可以選擇星期一、三、五或六，抑或星期二、四、六或日來訓練。另外，沒有上健身房的四天，請用掃帚來練習深蹲。

我希望你能學習正確的深蹲，因此請認真投入練習。在我們進入下一階段的課表之前，還是會持續鍛鍊你的臥推和彎舉。每次課程都會訓練相同的動作模式，但請專心。很清楚的，星期一著重在腿部訓練，星期三專注在引體向上，星期五則是強調上肢訓練。

我們很快地就會進入其他的訓練，例如硬舉、盪壺、划船和聳肩訓練等，但給你的身體二～三週的時間來練習如何深蹲。

Coach Dan：訓練顧問。

所以，道格，你的夢想是撰寫一本針對武術的肌力訓練書。有幾件事提醒你：

1. 精通一項武術。

2. 參與高層級的競賽。你不見得要贏，但一定要參加。

3. 學習所有力量型的運動。奧舉運動就是抓舉、上膊與挺舉。某種程度上來說，你一定要學習。健力運動則是深蹲、臥推和硬舉。你認為自己很瞭解，但是，嗯，其實你並不瞭解。有些壺鈴的動

作你必須學習：抓舉、盪壺、推舉和一些有趣的技巧，例如風車、花式（juggling）和彎曲推舉（bent press）等。學習一些大力士訓練的動作也不錯，例如軛式提攜（yoke carry）、農夫走路和拉雪橇車。

4. 你需要涉獵有關受傷、準備比賽、健康和長壽方面的資訊。並取得營養、恢復和補給品相關的基礎知識（所有類型，包括：合法的、非法的、草藥、非處方藥和被誇大成效的藥物）。

因為奧運比賽週期的緣故，我喜歡用四年當作一個區間。如果你正在實驗一項新事物，例如重訓動作或補給品，你有許多選擇來分配每個實驗的時間。如果你每四年才實驗一項新事物，那你只能藉由這一個事物來擴展新知⋯⋯，而且前提還必須有效。

然而，如果你每個月，也就是每四週改變某件事或增加某件事，抑或嘗試不同事物，基本上你就多了五十次的機會來變強。當然有些雖然不見得會有幫助，但你也只了花了一個月的時間。如果你決定要像我一樣，每兩週增加、減少、改變或修正某件事的話，那麼你將有多達一百次的機會能超越同儕。

除此之外，這也可以讓你的腦筋多思考 —— 並且更靈活 —— 因此有更大的機會在力量型運動中勝出。

XXX DJ：強度專家

很不幸地，親愛的讀者，當 XXX DJ 聽到道格把慢跑當成腿部訓練，他立刻丟掉鍊條，啃了樹皮，用違反靈長類世界禮儀規範的方法羞辱了一隻銀背大猩猩，然後馬上跑走並大喊，**把這些告訴斯巴達人吧！**

我們都感受得到 XXX DJ 對道格無法搞清楚自己狀況的失望。我們

也對XXX DJ或任何人造成道格更進一步的傷害深感遺憾。

Lord Daniel Arthur David：身體重組（增肌減脂）文化的歷史學者。

道格顯然錯失了一生一次當面請益三位神人的機會。他就像亞瑟王中尋找聖杯的帕西法爾，還沒準備好就太早握到這個聖杯，因此在旅程剛開始就失敗了。

道格就像他許多同儕一樣，似乎忘了力量型運動的根基。當然，我們不需要他像米羅一樣從舉起小牛開始，但參考一下我們這個領域的偉大人物也不錯。

有關李小龍的傳奇和他的訓練方式已經很多人寫過了，道格需要先分析這些書或文章，而這在書局或任何地方都可以找得到。我想，他應該要先熟悉阿諾、法蘭柯和贊恩（Zane）[1] 這些名字。對他來說，瞭解上個世紀早期的大力士應該會很有幫助。

花五分鐘研究奧舉，至少會認識河野（Kono）[2]、安德森（Anderson）[3] 和里格特（Rigert）[4]。他也應該要知道卡茲（Kaz）[5] 並不是一個國家。

站在巨人的肩膀上會比重新發現數世紀以來累積的智慧還要容易。

看到了嗎？這個主意還不錯，真的。像道格這樣的人（還有像我這樣的人）需要一些指引。我的酷男五人組或許無法上電視，但我敢打

---

1 編按：法蘭克・贊恩（Frank Zane, 1942-），知名美國專業健美先生，曾於1977、78、79年獲連三屆奧林匹亞健美先生冠軍。

2 編按：湯米・河野（Tommy Kono, 1930-2016），知名美國世界舉重、健美運動員，曾於輕量、中量、輕重量、中重量四級別創下世界紀錄。

3 編按：保羅・安德森（Paul Anderson, 1932-1994），知名美國舉重、健力運動員，曾獲奧運金牌。

4 編按：大衛・里格特（David Rigert, 1947-），知名蘇聯奧運舉重運動員。

5 編按：比爾・卡茲梅（Bill Kazmaier, 1953-），前美國世界冠軍舉重運動員。

賭，你在未來會聽到更多他們的話。

我知道你知道。

第 20 則

最好的訓練動作

首先，我必須承認自己當時是心不在焉的。我們坐在洛杉磯肌力研討會中的休息室裡喝著美酒，例如啤酒和波本威士忌，而且通常會把它們混在一起。一位年輕貌美的女士正喝著氣泡紅酒，我允許妳喝這種調酒，如果妳也是個美女的話！

我的心思飄到哪裡了呢？深深陷在快速飲食法當中。我瞄見一位女士吃著美味的雞肉沙拉，上面有鷹嘴豆和，恕我直說，**黑橄欖**。喔，還有橄欖油從蔬菜上緩緩滴下來……。

在快速飲食法期間，我常常會在討論當中脫離主題去看別的事物。通常都會看看女人，比如現在我會看她們是否真的很享受黑橄欖。「你知道我想要，不，不是妳，妳這個女人。而是妳和妳的扁豆……。」

抱歉，讓我們回到主題。當我坐在那裡幻想著用四顆蛋做成的歐姆蛋捲和培根時，有個人突然問我：「你會讓你的孩子做早安體前屈訓練嗎？」在過去的二十四小時裡，我被問了無數個問題，都是有關這個或那個是不是最好的訓練動作……，但這些訓練動作我都沒用過。現在，讓我遠離這些可愛的黑黑小橢圓（該死，那位女士的沙拉上面有許多黑橄欖），我要試著重新專注。

當我開始談論同時教導六十五位高中生作早安體前屈時，突然想到我實際上對很多訓練動作都有些強烈的看法。聽著，你很難找到一個絕對很好或很糟的訓練動作，但，是什麼原因讓我選擇某項運動來訓練一群人，而捨棄其他動作呢？

認真說，為什麼我會認為跨步蹲（walking lunge）非常不好，但保加利亞分腿蹲（Bulgarian split squat）就很好呢？當被問到我會不會讓自己的選手作雙槓撐體時，我會說：「不要做雙槓撐體。」（Don't do dips.）但因為講得很快，所以聽起來就會像是「甜甜圈掉下來」（doughnut drips）。嗯，好吃。

我有什麼問題嗎？

第一，而且非常重要的：我不認為有任何一個訓練動作非常不好。喔，當然，有些人會因為剛拿到一張證照，就讓我們接下來一直聽到「根據NCAASPRQ（或任何有十來個會員的協會）宣稱，某項訓練動作很危險」。他們竟然敢挑戰我最摯愛的單腳匈牙利蝙蝠翼仰臥臂屈伸（one-legged Hungarian batwing arm crusher）！

當我寫下腿部重訓不好的原因，是因為會過度刺激腰肌時，就會有些人準備一項新研究，指出因為腰肌訓練不足，所以需要加倍刺激它。相信我，這種事情會一直發生。

當你讀到這裡時，就會發現以下動作對你都不好：深蹲、臥推、硬舉、抓舉、上膊、滑輪下拉、彎舉、腿伸屈和阿諾所做的所有訓練。

當然，現在這些訓練動作對你來說都很好，除了你不想做的之外。「喔，我可以輕鬆深蹲700磅，但你不知道深蹲對你而言很危險嗎？」你看吧，這也是為什麼我不喜歡跑步的原因。跑步對你來說很不好！至少，我是這樣跟大家說的。

第二，當我測驗運動員時，我只會觀察三個能力。讓我們一起來看看吧。

我喜歡的第一個測驗是硬舉。沒有用助拉帶，從地板舉起的硬舉或許是測驗絕對肌力最好的方式。只要花大約五分鐘就可以學會，雖然我知道最厲害的硬舉表現需要相當嚴謹的技巧。如果你的握力或「核心」

很糟（我真的很討厭這個說法！），硬舉也會馬上讓這些和其他弱點現出原形。

第二項測驗則為臥推。同樣地，臥推也很容易學習，而且也相當受歡迎（是的，我是認真的，現在世界各地的健身房大家都在臥推）。身為教練，透過臥推我可以很快地知道選手上半身的肌力。

貼心提醒：我喜歡揶揄很多肌力教練的二頭肌很大是因為他們幫補臥推。如果你的教練能硬舉很重，那麼你的臥推訓練應該也很棒。

如果除了舉重員之外的人碰到了槓鈴，那一下就不算。而且我不在乎你叫了我幾聲大哥，舉重時如果有任何幫助都不能算。是的，我知道你不需要最好的朋友在你臥推時碰到槓鈴。兄弟，你要自己推起來。沒錯，請相信我。

最後一項我會測試立定跳遠。因為垂直跳測驗的器材無法隨身攜帶，而且通常很難評估進步幅度。對於要測驗你的訓練是否真正讓選手進步，立定跳遠是個很棒的工具。

就這樣，三個測驗。說來很好笑，但當我開始教練生涯時，我用了一大堆測驗方法：抓舉和上膊的一次反覆最大重量、背蹲舉的五次反覆最大重量、三十七公尺衝刺……。但後來我領悟到，這些測驗都需要相當多的技術。

當我的選手在抓舉、上膊或任何一項漸入佳境時，測驗成績會進步，但場上的運動表現卻不見得。因此我開始逐一刪減測驗項目，直到剩下最後這三項讓我可以得到想要的資訊：運動員有沒有變得更強壯，以及是否可以快速地實際運用上這個力量。

我是如何決定是否要將某項訓練動作用在選手身上的呢？事實上，我有一套自己的公式。這個公式可以轉換成用代數符號呈現的試算表，但我在這裡簡單呈現。

1. 這項運動的學習曲線如何？如果這項動作要花一～兩年才能熟練，例如抓舉式深蹲，那它的學習曲線會是緩慢爬升的。雙手盪壺呢？即使你有學生真的搞不太懂，最多也許只要五分鐘。

   注意：但仍有許多很好的理由會支持你花兩年甚至更多的時間熟練一件事。稍後會有更多說明。

2. 我指導的是一大群人，因此會考慮到這個動作是否能夠一次讓五個人（但通常都是十個或更多人）同時做。如果我有十個箱子，跳箱訓練就非常棒，因為我可以同時讓十個選手一起訓練。但如果我只有一個箱子，那我就不能讓一堂有六十五個學生的課做跳箱訓練！

   讓很多學生做跨步蹲訓練是場噩夢，因為沒有那麼大的教室可以同時讓所有人一起跨步蹲（我同意，你可以做得到。但請先試試看）。而保加利亞分腿蹲只需要啞鈴或壺鈴，以及一塊可以讓後腳抬起的地方就好。

3. 數學上有個專有名詞，最小公分母。你決定教五十位高二生早安體前屈。你準備要讓五十位高二生，年紀約十四或十五歲，將負重槓鈴放在他們的頸部上面，然後身體前傾來訓練豎脊肌群。沒錯吧。

   朋友們，全班有一半的學生會在你請他們往上看之前，直接把槓鈴滾到後面。許多學生的膝蓋會鎖死，而且在臉種到地上之前，都會緊緊握住槓鈴。現在，請用你的想像力想一下這些年少無知的孩子將會做什麼。

   聽著，早安體前屈是個很好的重訓動作，而且我也用來訓練自己的選手很多年了，但它並不適合用來訓練一大群人。

4. 最後，這個訓練動作對選手會產生很大的影響嗎？會讓他更好嗎？有許多很好的訓練動作可能會，當然也有可能不會有幫助。哪個推舉動作最好？上斜、下斜、平板、軍事推舉或啞鈴衍伸性動作？哪一個？請選一個。

你看到了吧，問題就在這裡。選一個推系列的訓練動作。喔，請繼續，如果清單上有的話，選一個垂直推和水平推，但是，為什麼有這麼多人會做這麼多種的推系列呢？你無法說明哪個訓練是有效的，除非你有勇氣將這些動作減少，才能知道哪個有效。

而且這裡還有個很大的挑戰。這些動作都有效，但是否能達到你的目標？而且，還有一點，這是否會造成你受傷，或是阻礙你達成目標？許多青少年會抱怨雙槓撐體讓他們的胸骨疼痛。我也曾經歷過這樣的情況。我現在也發現引體向上會讓我的手肘疼痛。如果你的訓練課表除了雙槓撐體和引體向上之外什麼也沒有，那麼不只會造成受傷，也無法達到訓練效果。

在洛杉磯肌力研討會中，我用下列的資訊來說明如何在三個星期的週期下教導一群人重訓。

三週學習重訓		
課程一	課程二	課程三
後踢臀（buttkicker）	高抬膝 （high knee）	加速跑 （stride）
抓舉握姿硬舉 （snatch DL）	挺舉握姿硬舉 （clean DL）	傳統硬舉 （classic DL）

三週學習重訓		
從髖部執行爆發式抓舉（power snatch high position）	從膝蓋上方執行爆發式抓舉（PS from hang）	從地板執行爆發式抓舉（PS from floor）
軍事推舉	借力推（push press）	借力挺（push jerk）
嚴格式彎舉（strict curl）	欺騙式彎舉	引體向上
課程四	**課程五**	**課程六**
前傾式起跑（start）	反覆跳躍（speed trap）	長距離衝刺（200秒）（long sprint）
馬鞍式硬舉（Jefferson lift [Straddle DL]）	高腳杯深蹲	背蹲舉（back squat）
爆發式上膊 —— 從髖部（power clean high position）	爆發式上膊 —— 從膝蓋上方（PC from hang）	爆發式上膊 —— 從地板（PC from floor）
臥推靜力訓練（bench press lockout）	負重鍊條臥推（chain bench press）	毛巾放在胸前臥推（towel bench press）
引體向上	反式划船（bentover row）	棒式交換手划船（renegade row）
課程七	**課程八**	**課程九**
彈跳（bounding）	箱上跳（box jump）	深跳（depth jump）
前蹲舉	過頭蹲	澤奇深蹲（Zercher squat）
上膊握姿的抓舉 —— 從髖部（clean-grip snatch high）	上膊握姿的抓舉 —— 從膝蓋上方（CGS from hang）	上膊握姿的抓舉 —— 從地板（CGS from floor）

三週學習重訓		
挺舉	單手推舉	蹺蹺板式推舉 （seesaw press）
雙手盪壺	單手盪壺	換手盪壺 （DARC swing）

我不會每個動作都解釋，但每個課程的第一項動作是用來建構增強式訓練（plyometric）的移動性動作；第二項動作是下肢多關節訓練，包含從硬舉到深蹲的衍伸性動作；第三項動作是教導快速舉起重量的方法；第四項動作是推系列，最後一項則是拉系列動作。

有些動作或許你從來都沒有聽過，或者你已經精通大部分的動作。這裡的關鍵在於：每個動作都只練一次就能精通嗎？不，還差得遠呢。

有趣的是，我自己很喜歡這個三週的課表。我是真的很喜歡。而且，我可以讓它很有效……在只有一～兩位選手的狀況下。但一群選手？門都沒有。

讓我們回到「選擇訓練動作」這個話題上。有些讀者是以訓練別人維生，雖然並不是所有教練，但有些私人教練的確是全職訓練他人。因此在你的頭銜上會有「私人」這兩個字。很多客戶認為私人意味著「只有我！」。如果你一天能有八個客戶，每個人都付你一百美金來上一堂私教課，你讀到這裡就可以了，然後好好享受你的人生，因為你已經是稀有動物。

如果客戶負擔得起，教練也知道如何正確訓練的話，一對一訓練確實非常棒。我敢保證厲害的教練不出幾堂課就可以讓你通往長遠的目標。但真實世界是這樣嗎？

這裡有幾個例子可以讓你知道我如何選擇訓練動作。

雙手盪壺

1. 簡單易學。而且很多女性也喜歡。「教練，我可以感覺到脂肪在燃燒！」這是真實的案例，我真希望可以將這種感覺轉移到減肥藥上。

2. 我曾經讓六十五個人同時雙手盪壺。

3. 防呆機制高。有位壺鈴教練曾經告訴我，他有位學生在壺鈴往上時，竟然放手了。但不幸中的大幸是，到目前為止只有一個人這樣做過。

4. 除了燃脂之外，我的選手告訴我，這個動作對跳躍性運動（籃球和排球）很有幫助，而且可以訓練到很多跳躍性動作的技巧，而不用擔心著地的問題。著地對需要不斷跳躍的運動來說是很大的麻煩，因為過不了多久，身體會因為著地而產生許多問題。

早安體前屈 —— 標準屈膝

1. 簡單易學，但很多人第一次看到馬上會問：「這不會讓我的背部受傷嗎？」

2. 如果你有一個很棒的場地，這可以用來團體訓練。

3. 這個訓練動作的防呆機制很低。許多人都不喜歡背上壓著重量，但現在我們還要用頭，來防止槓鈴往前滑落。

4. 如果你在同一課程當中還有訓練深蹲的話，將會有一半的人做早安體前屈式的深蹲，另一半的人則會做深蹲式的早安體前屈。訓練效果轉移到專項運動和身體能力的程度呢？也許還不錯，但也許……還有許多下背部訓練動作的效果也不錯。我比較喜歡羅馬尼亞硬舉，因為我自認比較會教這個動作。

雙槓撐體

為什麼我不教雙槓撐體呢？

1. 簡單易學。

2 如果你有雙槓的話，這是團體教學很好的器材。

3. 有時候會有人不小心從槓上摔下，但危險性不大，只是模樣有點滑稽而已。

4. 訓練效果轉移到專項運動：嗯，我記得有位資深的大學肌力教練告訴我，運動員練習雙槓撐體將使肩膀不容易受傷。

那我為什麼不教雙槓撐體呢？嗯，我會教，除了高中生之外。因為大部分的學生都會抱怨：「教練，雙槓撐體會讓我這裡很痛。」然後指著胸骨。對於正在發育中的青少年來說，雙槓撐體的底部位置似乎會拉扯到他們的胸骨。

這是我從選手身上學到的：不要做雙槓撐體。肌力與體能訓練的第一條守則：不要讓你的選手受傷，或做會造成受傷的動作（除非有無可取代的價值）。

背蹲舉 vs. 前蹲舉

1. 在剛開始練習前蹲舉時，手腕會很難適應。背蹲舉則會造成許多人的上背部與頸部受傷。我發現當你一開始先教前蹲舉（或過頭蹲），那麼當教背蹲舉時就會輕而易舉。不過，對於一位習慣背蹲舉相當大重量的老手來說，前蹲舉簡直是要他的命。因為這不只會傷到他的手腕，也會傷害到他的自尊心。我曾經歷過這樣的感受。

2. 如果你有足夠多的深蹲架，那麼哪種蹲法都可以。我比較喜歡前蹲舉，因為不太需要一位以上的幫補員。

3. 這兩種蹲法的防呆機制都非常非常低。不相信我嗎？你試試到任何一間健身房，隨便要一個人深蹲看看。

4. 有些人會說，就某方面而言，前蹲舉的訓練轉移效果比背蹲舉神奇。我想這有可能是真的，但我認為深蹲就是個很好的訓練，所以以我寧可讓選手做一些不同的深蹲訓練，而不是害怕沒有神奇轉移效果就不深蹲。所以，用各種形式深蹲吧！

保加利亞分腿蹲

1. 前幾下或甚至前幾天，平衡感會是個問題，但大部分的人可以很快上手。我們也教導三種持重量的姿勢：在胸部位置（高腳杯姿勢）、懸垂手位置（行李箱提攜姿勢）和過頭推舉位置（侍者姿勢）。這三種衍伸性動作似乎可以強化我們所有的訓練。

2. 再次強調，如果你有六十四個啞鈴或壺鈴的話，你可以訓練六十四個人。你接下來需要的就是六十四個可以讓後腳抬高的地方。

3. 到目前為止還不錯。沒有蠢事發生。我相信一定有些故事，但至少到目前為止，我還沒有發生保加利亞分腿蹲的故事。

4. 我知道有些人堅持單腳訓練。這是我唯一相信的單腳訓練動作。弓箭步、後弓步、弓步跳和其他種類的弓步訓練，對我的選手來說似乎都沒有很大的效果。這或許是因為我很厭惡弓箭步者（lunger）這個字。因為整個體適能產業幾乎都是珍・芳達（Janefondaesque）燃脂的概念。去燃脂吧，別忘了她的影帶和書喔。

對於不用訓練一大群人或只需單純自主訓練的人，我敢打賭你也曾使用過類似的方法。在我的轟菌中，我從來沒有臥推過（因為我怕家人發現我被槓鈴壓斷脖子死掉），而且會比在其他健身房還要小心。因為

我擔心負重的槓鈴會砸到心愛的馬自達六，所以會比較小心謹慎。

對於一般的健身愛好者而言，以下有幾點建議：

1. 如果你真的很喜歡某個在健身房或是雜誌／書上看到的重訓動作，但那個動作卻有可能造成生命危險，請個教練指導也許會比較好。
2. 在你獲得指導之後，問自己這個問題：這個訓練動作的效果會轉移到我的專項運動上嗎？
3. 最後，每隔一段時間詢問自己，這個動作是否真的能夠幫助自己達到目標。現在，在你屏棄任何困難的動作，例如深蹲和硬舉之前，運用一點常識。但如果某個動作沒有像健身雜誌上聳動的文章所說的有效，就考慮放下它往前走吧。

有時候多思考一下，就可以讓我們的訓練更長久。

第21則

我的教學祕方

從拉斯維加斯開了六小時的車到達鹽湖城後，麥克坐在我家的客廳，問了我一個問題：

「丹，為什麼會有人請你教他們？」

我心想：「麥克，那你又為什麼會從全世界最好玩的地方跑來猶他州呢？」

但這確實是個好問題：為什麼大家會付我這麼多錢，然後最終幾乎都會說：「的確，你說的沒錯。但這些我早就知道了。」

如果每個人都已經知道我所教的事，為什麼我還會有工作呢？沒有其他原因，因為有些人還沉醉在無知當中。我在網路上讀到我一篇文章的評論，當中有個很嚴重的錯誤：顯然這位評論家並沒有閱讀那篇文章。那個錯誤毫不起眼，卻可以瞭解他是否清楚明白了。

當然，我不是唯一的專家。有許多體重五十九公斤的傢伙自稱是增肌方面的大師，或是也有比我多了二十幾磅脂肪的人，卻建議別人要懂得謹慎與犧牲，更有一些教導奧舉的教練，事實上只能舉起空槓。

但我還是要跟你分享我的祕密。我很樂意說出來，因為很少人會真正運用這些簡單的道理。讓我引用電影《夢幻騎士》（The Man of La Mancha）的臺詞：「現在，請進入我的想像，看見我真實的樣子。」

事實上，教學上最大的祕密，就像跟心理醫生一起看《歐普拉秀》或任何電影一樣：只要簡單重複客戶或病人所說的話就可以了。沒錯，這就是我最厲害的技術，現在大家也都知道了。

我說真的，找張舒適的沙發坐下來，然後當運動員談論到有關訓練的話題時，隨手塗鴉。我通常會畫戰鬥機攻擊恐龍，但這不是重點。

首先我會問他：你的問題是什麼？發生了什麼事？

運動員：嗯，我就是無法正確深蹲。我實在痛恨深蹲，但我知道自己需要更多深蹲訓練。有沒有什麼建議？

我：這裡有個想法。也許，只是也許，我們可以讓你正確深蹲。這樣你就可以蹲比較多下了。你認為如何？

運動員：哇，你好像很瞭解我……我們真是心有靈犀。

我：是的，這就是為什麼你要付錢請我教你的原因。喔，順帶一提，恐龍可以用閃電來反擊嗎？我會這麼問是因為我很會畫閃電。

如果你一直對鸚鵡說「我想要餅乾」，最後牠就會跟你要餅乾！

坦白說，我有90%的客戶都非常清楚他們在訓練、營養或恢復上的問題。但這也只有當我真正坐下來，與他們談過後才能確定。但在那些有很多體重七十九公斤、肌肉線條分明，並且能夠臥推超過500磅的傢伙的網路論壇上，似乎還有其他幾個問題尚待解決。

有時候，把話對人大聲說出來很有幫助。我常常在工作中詢問這個問題：**這對你的目標來說很重要嗎？**

一般來說，人們都知道什麼事重要，例如多攝取蛋白質和蔬菜，並且減少過度加工與卡路里密度高的食物。真是糟糕，這些我們都懂。我們還知道抽菸很不好，不能酒駕，毒品致命……。

上面那種「教導鸚鵡說話」的技巧說明了這個問題：運動員都知道要做什麼，通常也都知道如何解決發生的問題。但問題出在哪裡呢？讓我們來看看下一個祕技。

我們都知道這句話的反義：醫生能夠治癒自己。很好，你贏了。你

的陳腔濫調打敗我的老生常談了。但如果我能指出大部分人在訓練上的通病，那將是：

自我教導的教練通常都是客戶的災難。

即使是很厲害的外科醫生也不會幫自己的脾臟開刀。好教練是不會教導他自己的。聽著，我也嘗試了好幾年的自我教導，但出現一個問題：你沒有足夠的記憶體來做這件事。是的，這是個電腦名詞。你的大腦沒有足夠的空間讓你訓練你自己。

首先，設計課表需要非常誠實，這很少人能夠做到。當然，我們都很清楚錯誤在哪裡，但要解決這個錯誤，或許就會破壞你的小確幸。

第二，任何人都可以設計課表或計畫。我一直以來都知道這個情況。但在教導自己時，必須遵循這個課表／計畫。你能耐心等待最後的成果嗎，還是，你跟我一樣，在第二週時就改變所有原本的訓練計畫了？這是我自身的經驗……三十年的經驗！你可以堅持自己設計的課表嗎？有些人可以，例如克拉倫斯·巴斯，但大部分的人都沒有辦法。順帶一提，即使是巴斯，他每出版一本書課表還是都會稍做修改。

第三，你是否有足夠的意志力來執行自己設計的課表，而且不會找藉口放鬆。找藉口逃離，再回到一成不變的課表，我在這方面可是專家。但就像廣播人厄爾·南丁格爾常說的：「一成不變的生活就像無底的墳墓。」

第四，你可以很誠實地在訓練課程剛開始時，就暴露出自己的缺點，而不管自己對健身房還不熟悉或是有肌肉男在你旁邊訓練嗎？當有那種看起來像大學兄弟會成員的人在我旁邊訓練時，我就會立刻做前蹲舉訓練。當這些人在伸展他們巨大的三頭肌時，我沒有辦法做每組只有三下的引體向上。兄弟，這真的很抱歉，我的自尊心不允許我這樣做。

　　我有另一個點子可以幫助你解決這個問題，但讓我們先繼續解釋這個概念。讓我們反向思考：在快速飲食法當中，我一天要喝六份的高蛋白奶昔。為什麼呢？克里斯說的。如果我執行艾爾文的課表，然後你問我為什麼？我會回答：「這是艾爾文說的。」當教我的人是迪克‧諾特梅爾（Dick Notmeyer）時，答案還是一樣：教練說的。

　　「某某人說的」這句話真棒。這會讓你完全 —— 我說完完全全 —— 不用對自己的訓練負責。為什麼是每組四下，總共七組呢？教練說的。為什麼要吃魚油呢？教練說的。這是一個非常神奇的時刻；你可以把所有責任都轉嫁給某人。這真的很棒。

　　大衛‧艾倫（David Allen）說過，整潔的桌子和車子，以及生活中一些基本的效率，可以讓你的大腦有多一點容量來處理重要的事。

　　這兩週我嘗試了這個方法，因此我清理了車庫、書桌和書房。艾倫說的沒錯。當我將這些應該在多年前就要整理好的東西收拾好的那一刻起，所有事都到定位了。事實上，我認為這個想法可以轉換成：讓某人幫你設計訓練課表。我想這就是所有西岸槓鈴健力法（Westside powerlifting）的各式變種和許多知名訓練網站吸引人的地方：**嘿，就這麼做！**

　　此刻，我試著傾聽自己的聲音。

　　前面這兩點對來找我訓練的人通常都很有幫助。大多數的時候，他們都知道缺少什麼。我的工作就是想出一些方法將這些缺少的部分整合成一份訓練課表。

　　我只是告訴他們要做什麼，似乎就燃起了他們對訓練以及訓練相關事物的新熱情。我們如何運用這些想法呢？

　　如果我可以給每個健身狂一點點建議的話，那就是有時候……在家訓練。

對，我們都知道你會作弊用胸部讓槓鈴彈震起來，也會提起臀部增加臥推的紀錄。我好不容易說服你改變訓練的方法，但當你回到全年無休的健身中心時，你所有健友的臥推都還是靠很大的胸部彈震，而且臀部都快翹到天花板了。你必須減輕更多重量，並堅持每一下都要完美正確，或者你可以告訴健友們：「每一下都要完美正確才算數！」

這才對。沒錯，我們必須在健友、朋友或當著跑步機上女孩的面，將槓鈴重量減輕。

我還會要求你深蹲時蹲得更低一點，引體向上時要執行完整的動作模式，並且縮短組間休息時間。這在大眾面前是件很困難的事，特別是當你習慣了舒服的訓練之後。

我們都知道何謂舒服的訓練：

在跑步機上邊走邊看電視（通常都是《歐普拉秀》，但ESPN也不錯）。

幾個甩手的動作，你稱為熱身。

幾組臥推，然後與大家閒聊。

一組非常多下的彎舉訓練，讓你三十三公分的手臂充血到三十四公分。

桑拿。

蒸氣浴。

洗澡。

在我們準備進入另一種訓練方式前，我建議你準備幾項器材：

啞鈴。我建議大部分的人使用25磅，但如果你願意，可以選擇更重。

只要十美金的伏地挺身器。它可以讓你做得更下去。

門框單槓。

健腹輪。

這些器材大約需要花費五十美金，雖然我知道大部分人的衣櫃或朋友家的衣櫃裡都已經有了。我還曾經從朋友和鄰居家借到非常昂貴的訓練器材，因為它們都被當成曬衣架，或是與其他從來不會用到的鞋子和體育器材一起放在儲藏室的最深處。

這裡有個很好的居家訓練可以解決你一些常見的問題：

1. 保加利亞分腿蹲，手持啞鈴就像持行李箱姿勢，並將右腳抬高，十下。
2. 換腳，保加利亞分腿蹲，手持啞鈴就像持行李箱姿勢，並將左腳抬高，十下。
3. 高腳杯深蹲，將啞鈴直立，用雙手托於胸前，十下。
4. 伏地挺身，用伏地挺身器，胸部碰觸地面，十下。
5. 引體向上，掌心朝向身體或朝前，十下。
6. 健腹輪，十下。

試著連續做這六個動作，動作之間盡量不要休息太久。在組間休息一～兩分鐘後，反覆這個順序三～五次。

這個用來輔助主訓練的簡短訓練可以強化心肺、鍛鍊肌肉和幫助所有的訓練。但最重要的是，它將可以讓你在完整的動作模式上自主訓練，並且運用到在教練課上所學的知識。

在家訓練（如果你想要的話），跟上教練課是天平的兩端。它需要一些自由意志、誠實面對自我和自我檢視的技巧。少了水療池或健身房

內的同儕壓力，也毋須擔心自己在大眾面前出糗，你就可以專注地將時間花在正確的訓練上。

你們家的狗根本不會在乎你有好幾個星期只能用25磅重的啞鈴做高腳杯深蹲……你自己也不該如此。

在幾週的辛勤付出後，此時你或許可以來檢視自己還缺少什麼了。大部分的人，似乎都缺少很多，而且不只在他們的訓練當中。

「嗨，親愛的朋友，真希望你們也在這裡！」我喜歡度假明信片。因為圖案通常都是碧海藍天和漂亮沙灘。你會不會擔心（還是只有我會？）有人在蜜月期間寄給你一張「真希望你也在這裡」的明信片？我只是好奇而已……。

漂亮的度假明信片其實就是讓別人知道你正在休假，而他們還在工作。這是暗喻的高級技巧。看看你在辛辛苦苦埋首於無聊的季報告時錯過了什麼！

大部分人在訓練中似乎都少了些東西。一般來說，在檢視他們的訓練計畫時，我只要說一到兩個簡單的「嗯」就可以解決問題了。那最大的問題是？最常見的，就是忽略了半邊身體。看來也不是什麼大問題嘛，如果體重是200磅的話，也只少了100磅而已！

但我真正的意思是什麼呢？讓我們用動作模式而不是肌肉來拆解身體吧：

- 垂直推：軍事推舉、過頭推系列。
- 垂直拉：引體向上（掌心朝向身體或朝前）、滑輪下拉。
- 水平推：仰臥推舉。
- 水平拉：划船和便攜式雙槓訓練架。
- 身體後側動力鏈或硬舉。

- 股四頭肌主導的下肢訓練：深蹲。
- 腹部訓練：捲腹或健腹輪。
- 旋轉或扭力動作：俄羅斯轉體（Russian twist）。
- 單手／單腳的推／拉：這有許許多多的衍伸性動作。

我們可以花一整天的時間爭辯這些訓練。舉例來說，我不做任何旋轉的訓練，因為我做了很多，但都沒有看到任何成效。但在約兩個月後我會再做做看，因為我正在嘗試一個新的衍伸性動作。

這代表了什麼意思？我並不確定旋轉訓練對旋轉動作有幫助，但我相信做它幾次是有價值的。還不清楚嗎？其實我也是，所以讓我們回到上面所提到的，讓教練來告訴你要做什麼吧。為什麼我要再次執行旋轉訓練呢？教練說的。

我可以藉由幾週的軍事推舉幫助一個向來只做臥推訓練的人。這是相當大的自尊心挑戰：一個能臥推超過400磅的傢伙，會非常痛恨剛開始軍事推舉訓練的頭幾天，因為他只能推135磅到225磅。但這很有幫助。我常常靠把硬舉加到一位做深蹲非常優秀的選手的訓練課表中，以增加他的跑步速度。只要八週就能突飛猛進，我真是神跡創造者。

那你該如何訓練上述所有或大部分的動作呢？優秀的教練可以輕鬆地將這些動作設計成一張課表，但請讓我再加上一句話。我要再次強調丹・蓋博所說的那句話：**如果某件事很重要，就請每天做。**

每天熱身時，請訓練這些所有（或大部分）的動作！我從史蒂夫・亞沃雷克（Steve Javorek）和艾爾文・科斯葛羅夫那裡偷來了一些概念：在熱身時做複合式訓練。下列是我的訓練方法之一，我只偷了一點點概念而已：

爆發式抓舉，八下。

過頭蹲，八下。

背蹲舉，八下。

早安體前屈，八下。

划船，八下。

硬舉，八下。

這些動作需連續做，槓鈴不能放下。然後在休息一分鐘、一分半或兩分鐘之後，再做一次。試著做三～五組這個小複合式訓練。它特別適合在垂直或水平推訓練日做。如果你做了五次這個複合式訓練，就等於做了涵蓋所有其他動作的訓練兩百四十下了。

對於大多數人，我喜歡用這個方法。對於要涵蓋到所有動作，這無疑是個一網打盡的答案，而且一般來說，我訓練的選手通常還傾向做更多下來解決某個問題。

另一個簡單的解決方法是使用標準月曆（我都用殯儀館送的免費月曆），標出上個月或是下個訓練月中每個基礎動作模式都有訓練到的日子。對有些人來說，遲早會發現自己「完全找不到」這種日子。

如果你察覺自己的推與拉訓練比為5：1的話，這可能會是即將發生問題的訊號。但重點是，有些人也許從來沒有意識到這些不均衡的現象。

我們常會看到有人的腿跟牙籤一樣，上半身卻相當不合比例，也就是太大隻了。我們也知道這個傢伙若加上一些腿部訓練的話，會讓他看起來更大隻，但或許這對他來說並不重要。經年累月忽略垂直或水平拉系列的訓練動作是非常不明智的，即使你沒有因此受傷，或真的不在乎。不過，對於要投擲木柱（caber）[1]、衝撞人群，或是要將大重量高舉

1　譯註：蘇格蘭傳統比賽中比試力氣的器材。

過頭的運動員來說，這將會引發問題。

　　花個幾分鐘檢視自己的月曆，真的可以讓你發現自己在訓練上的問題。基本上，我訓練的大部分運動員都已經知道自己在訓練上缺少什麼了。最棒的是，這些問題通常都不難處理，在每週的訓練當中，加入幾組引體向上、划船動作，或硬舉衍伸性動作，並不是什麼困難的事。

　　運動員告訴我他訓練上面臨的問題，接著我說服他傾聽另一種課表設計的方法，與他討論如何用居家訓練來解決運動表現的問題，並一起全面檢視了長期訓練缺少的部分。最後，運動員仍然會發現，這些都是他早就已經知道的事。

　　我有許多方法可以用在幫助運動員解決有關深蹲、奧舉，或許多其他動作方面的問題。但坦白說，我們通常都已經知道核心的問題為何。當然，在我們面對極大的挑戰時，會持續調整：想要精通某件事，你就必須持續不斷地練習。

　　我的口頭禪：特殊的方法會有效……但要付出代價。代價是什麼？是的，持續做某件事到快受傷或無聊到快要抓狂。坦白說，我認為無聊是最糟的狀況，因為受傷的話，我們還可以用適當的訓練、復健和我最喜歡的 —— 開刀 —— 來處理。

　　面對這個挑戰，你可能會需要再一次會談、一些教學指導、更進一步的個人化訓練和課表檢視……然後再給它幾個月的時間，看看事情會如何發展。

　　現在你已經知道自己所知道的，而且你還要別人來告訴你已經知道的，我如何能幫助你呢？

　　我真的不知道。

第 22 則

諾德士健身器材、混合健身和高訓練量／高強度訓練

　　我從一九六七年開始重訓，因為當年我兄弟蓋瑞買了一組110磅的重訓器材。最近當我暮然回首，發現自己竟然已經養成這個習慣四十年[1]了，所以也許我應該分享一兩個故事。

　　我有一本很喜歡的書，它的書名讓我在書店第一眼看見它時，就留下深刻的印象。它就是大衛‧鄧比（David Denby）所著的《華麗的探險：西方經典的當代閱讀》（*Great Books*）。說實在的，當你到書店想找一本新書，這時看到一本叫做「經典」（Great Books）的書，你能視而不見嗎？

　　鄧比花了一年的時間做了我也想做的事。他回到大學當新鮮人，重新學習人文課程。他在四十多歲時回到哥倫比亞大學，與一群反戴棒球帽的大一學生坐在一起，再次閱讀經典名著。

　　經典名著會隨著年齡的增長，而讓人有不同體悟。因此一個宿醉的新鮮人很難完全體會父母親對這些經典文學的領悟。如果你在週三早晨吃完豐盛的早餐，坐在舒適的教室裡，《伊里亞德》中的老國王普萊姆（Priam）必須親吻殺害他孩子的凶手，或是創世紀中的亞伯拉罕（Abraham）必須犧牲第一個孩子獻祭以撒，好像也就沒那麼重要了。

1　編按：本書原文版出版於2009年。

現在，我的孩子已經是青少年了，這些段落對我來說變得不忍卒讀。

我從鄧比的書中所得到的最大啟發，就是他的教授們的觀點。艾德華・泰勒（Edward Taylor）教授不斷鼓勵所有學生「雙邊思考」（think double），另一位教授則是請學生千萬「不要深陷在某件事之中」。

深陷？是的，不要深陷在那些胡說八道中。丟掉我的花粉、維他命B15和精胺酸舌下錠……。朋友們，這些都是胡說八道。

而**雙邊思考**引起我強烈的共鳴。

在這個「兩者擇一」或是「兩者皆非」當道的世界中，泰勒教授提醒我們還有「兩者皆是」的可能性。在肌力訓練的世界中，不論是哪個主題，我們常會有所偏頗。只要你在網路論壇上發一篇有關高蛋白質飲食法的文章，立刻就會有高碳水化合物擁護者來攻擊你。有人說器械訓練很棒，馬上就有人會說器械訓練很糟。當有人說壺鈴訓練效果很好時，隨即就有人說壺鈴訓練真是爛透了。

泰勒教授的觀點非常值得深思。讓我們試著雙邊思考，接下來我將分享自己生涯中三個不同的時期，我都曾在各個階段至少花兩年嘗試一個方法，也從中獲得了一些啟發。

回顧自己生涯有接受（和沒接受）的建議是件滿有趣的事，一位前世界級舉重選手曾告訴我有三件事必須要做：

1. **當我要舉起重量時，身體重心要保持在腳跟上。**（我一直忽略這個建議，直到我發現這是一件非常正確的事後，立即改變了我的舉重生涯。）
2. **在訓練時使用複合式方法。**（直到艾爾文・科斯葛羅夫強迫我用這個方法前，它都一直被我忽略。但當我開始嘗試之後，身上的脂肪就像培根上的油，滋滋作響地榨出。）

3. **深蹲時的次數不要低於十下。**（這個建議我也忽略了。我反而做了很多很多單一下的大重量訓練，最後我得到了一個大肚腩，也因此失去爆發力。所以，現在我會做十下的訓練。）

但為什麼我沒有一開始就聽從他的建議呢？因為我在本地的健身房與一群朋友進行非常嚴苛的訓練，而且我是大重量等長訓練、增強式訓練和用大重量背蹲舉來增強奧舉的忠實信徒。當我愈來愈強，我在健身房內能舉起的重量也愈來愈大。可是一到錦標賽，我的身體卻出現失去動能、輕微受傷、些許疲勞的情形。但是，我在健身房的狀態可是非常好啊！

我的生涯中不斷有些好建議出現，但當這些建議出現的方式枯燥乏味時，我常常會忽略掉。如果增加一些趣味，再加上聳動的圖片，讓它看起來很特殊、稀少且珍貴，那我肯定會洗耳恭聽。

看到了吧，我深陷在胡說八道中了。但是，讓我來雙邊思考自身的經驗。當我回首自己在過去四十年當中所參與的力量型比賽，我雖然覺得非常尷尬，卻可以大聲地說自己已經經歷過所有的事了。我曾因瘋狂追尋訓練祕方，而走了許多冤枉路，但這些經驗卻很值得分享。在一九九二年底，我幾乎無法爬上樓梯，整個人感覺就快癱瘓了，因為我忽略了可以讓自己減少受傷、降低脂肪和得到更多快樂人生的真誠建議。

我之前的一篇文章〈一位宗教研究教授對「高強度」間歇訓練的評論〉[2]（A Religious Studies Professor's Review of HIT，你在後兩篇就會看到），在「高強度」間歇訓練（High Intensity Training, HIT）網路論壇

---

2 譯註：在這篇文章中，作者反諷一般所謂的高強度間歇訓練其實根本沒有達到應有的高強度。

上掀起了一陣風暴。在收到排山倒海的留言、酸語和人身攻擊後，他們證實了我的論點。什麼論點？高強度間歇訓練已然成為一種宗教。而且雖然追隨者通常都會控制網路世界（我是唯一記得「絕地高強度間歇訓練」的人嗎？），大部分的人卻都隨著自己三十六公分的二頭肌一起消失，然後持續以基因為由將所有問題怪罪到父母身上。

我怎麼會知道這麼多？因為我曾對這一切深信不疑。

一九七〇年代，幾乎所有的訓練者都被諾德士的行銷策略影響。我到最近才發現，亞瑟‧瓊斯的許多資訊都被拿來當成廣告。是的，鋪天蓋地的廣告，卻仍然是廣告。《運動傷害防護期刊》（*Athletics Journal*）在諾德士引領的風潮達到高峰時成為必讀的出版品。

接下來，在購買了艾靈頓‧達登所有出版的書之後 —— 他是諾德士的代言人，後來也成為高強度間歇訓練的代言人 —— 我在拉斯維加斯的工作坊遇到他，於是開始在家附近的健身房，用一系列的諾德士器材來訓練。後來，我以極優惠的折扣買了七組最大又最知名的器材。每隔幾週，我就會打電話問艾靈頓，他總是用充滿智慧與見解的回答我所有的問題。

事實上，有次我問他如何打發時間，他回答：「去學習如何下西洋棋。」

「我已經知道怎麼玩了。」

「那就教別人怎麼玩。」他回答。

隔週，我們學校的西洋棋教練出缺了（怎麼這麼剛好？），所以我就順理成章地接下這個職務。身為美式足球教練，教西洋棋也許是我在戰略和戰術上做過最好的決定。

瓊斯和達登做了一些很聰明的事，那已經超越了行銷。他們改變了強度的定義，有別於傳統公式是根據最大重量，新的高強度間歇訓練口

號變成了「訓練到暫時力竭」。由於定義改變，因此進步的標準也改變了。不論是簡單地增加一～兩下、加入強化負向／離心訓練，或是增加一個配重片在掛片式訓練器械上，這些都是進步。很快地，你將會在增肌、減脂或增強運動表現上看到成果。

在可量測的運動上，例如田徑比賽和力量型運動（例如奧舉），高強度間歇訓練很快就被證明無效了。當然，在一些校際比賽中它仍然占有一席之地，因為這些賽事的重點是在招募。我們有時候也會看到一些人用水門事件年代的健美選手圖片來證明其效果，但我們大部分人都已跟著時代前進了。

我那用諾德士訓練的兩年多是否浪費了呢？不，一點也不。其一，我學會從期刊中分辨哪些是業配文，這真不是件簡單的事。其二，艾靈頓·達登讓我相當驚訝，因為他總是不厭其煩地回答我的蠢問題。那些很感謝我對你們提出的蠢問題相當有耐心的人，請感謝艾靈頓吧。

我在器械式訓練器材上發現一件有趣的事，就是我因為整個訓練生涯都用全身性訓練方式，所以忽略了肌肉，但我也發現不需要花太多時間就可以彌補這個缺憾。我學到最寶貴的一課就是：**要衡量在專項運動（performance sport）上的進步幅度，看的就是運動表現（performance）的進步幅度！**

最後，我從這次經驗中得到了一個真理：每件事都有效，或是說每件事都有六週的功效。在諾德士早期訓練最大的問題就是六週後進步就停止了。但是，幾乎每件事情都是這樣！如果你到某些神祕的訓練基地，然後向大師學習，你會得到相當大的進步。然後呢，大約在六週後，你就會想轉換到B計畫了。

B計畫？是的，你可以抱怨父母親給你的基因不好；你可以決定使用週期化訓練；你也可以減量（這是大部分人從沒來沒有想過的），或

是你也可以堅持下去。這些我全都做過。

我花在諾德士系統上的訓練時間顯然對我的主目標並沒有助益。我真該聽亞里斯多德的建議：**訓練過與不及都會對身體造成傷害。**我讓自己深陷以為練到在器械旁嘔吐就可以增進運動表現的迷思中，但這些訓練其實只幫助到我的股四頭肌、三頭肌或腹肌。

然而這兩年的經驗對我的教學很有幫助。我雖然迷失了，但得到的啟發和經驗都非常值得。

我同時也花了兩年在混合健身（crossfit）上。在一段泰勒·哈斯（Tyler Hass）訪問混合健身創辦人葛雷格·格拉斯曼（Greg Glassman）的談話中，我聽到另一種有趣的說法：

「如果你四分鐘就能跑完一哩，那麼加入混合健身六個月將使你的速度減慢三十秒，你的身體卻會變得相當勻稱。同樣地，如果你能深蹲900磅，六個月後你將只能深蹲750磅，但是你也會變得相當勻稱。一哩只要四分鐘與深蹲900磅，都明確表示了你的訓練計畫有所失衡。這並不表示我們的計畫有所限制，而是因為這就是我們身體與生俱來的本質。但這裡有個迷人之處：我們可以讓你在兩年之內，將硬舉的最大重量從200磅提升到500～750磅，而且每年只要訓練最大重量四～五次就可以了。」

這裡出現了同樣的問題：每哩只要跑四分鐘是世界級的成績，這將會／應該／可以提供該運動員相當優渥的薪水，或至少獎學金等。在高中州際錦標賽中，每哩四分半鐘很常見。當然，有許多學生在高二之前就可以達到這個水準。這裡有個問題：我們是要推薦一個讓大家從世界級水準降低到高中水準的課程嗎？

再讓我們來看看750磅的最大重量硬舉，這基本上應該只會在比賽當中出現，但我在這行很久了，能硬舉750磅的在任何課表中都是稀有動物。在我唯一參加的健力比賽中，我是當晚最後一個硬舉成功者（凌晨三點，硬舉628磅；順帶一提，這真的很傷中樞神經），因此任何能夠讓我輕鬆達到硬舉750磅的課表，都值得我好好學習。

在這個例子中，我們看到另一個問題。混合健身界運用吉姆·克勞利（Jim Crawley）和布魯斯·埃文斯（Bruce Evans）（他們都很會行銷藥球訓練）的軟式藥球來定義體適能（fitness）。在克勞利和埃文斯的定義中，當我們開始使用藥球訓練時，馬上就發現它一次可以訓練到十項要素，包括肌力、速度和爆發力。

然而，我向來喜歡菲爾·馬佛東博士對體適能的原始定義：體適能就是完成某項任務（task）的能力。雖然在他最近發表的文章中，已經將定義改為「身體活動的能力」，但我還是比較喜歡原本的定義。

我為什麼喜歡原本的呢？馬佛東最棒的見解，就是他將健康與體適能的概念分開。健康是身體所有器官都能夠完美地分工合作，體適能則是以任務為導向。而我認為體適能就是能將鐵餅丟得很遠。光是這個定義，我就可以架設一個網站專門來談它。

我可以辨別出有哪些限制，但大部分的體適能專家都沒有辦法。我們都會試著用自己的人生經驗來教導客戶，縱使那通常非常正確，但問題是我們有時候都會忘記自己的目標也許跟客戶的不一致。

若你只是簡單地改變，或死守著某種體適能定義，那將完全失去訓練的意義。讓一位鐵餅選手與健美先生一起訓練，就跟一位菁英健美選手與我一起訓練一樣，都會令他們抓狂。

我最近與馬克·瑞芙坎德（Mark Reifkind）通過電話，他是位傑出的教練、健美先生、健力選手和作家，他只用了簡單一句話就點破我的

迷津：如果你想增肌或減脂的話，去問問那些健美選手，他們都知道該怎麼做。

換句話說，請別再購買深夜電視廣告上情境喜劇演員推薦的減脂器材，也請不要買阿嬤從牌友那裡聽來的減脂產品，還有不要再試流行的飲食減肥法了。相反地，請找專家中的專家。

以下是我給你的建議，雖然我也懷疑自己能否做到：如果你遵循馬佛束對體適能的定義 —— 完成某項任務的能力 —— 那就朝著自己的目標前進，找該方面的專家，然後遵循他的方法。

如果你的目標是完成大重量的硬舉或深蹲，就請閱讀西岸訓練法（Westside）的文章；如果你的目標是讓自己在洗澡時，可以因為看見鏡中自己精壯的身材而感到滿意，就請閱讀營養或訓練方面的文章；如果你的目標是讓自己善於引體向上，就請勤加練習。最重要是，確認你的訓練方法能夠朝向目標邁進。

問題在於，是啊，每件事都有效。每件事都做一點點就會讓你在各方面都有一點點效果……假設以最好的情況來說的話。雖然如此，在我參與混合健身的經驗當中，仍然有許多值得參考的地方。是的，我很害怕練習引體向上，當任何一項訓練超過三十秒後，我就會很快沒電，但我先警告你，這前三十秒就已經夠可怕了。混合健身也讓我找到自己的缺點，這跟我在諾德士健身器材上得到的經驗很像。

訓練年當中，你偶爾必須給自己一點挑戰，然後檢視它與目標之間的關係。我很喜歡克拉倫斯‧巴斯拍攝年度照片的主意，我記得他都是在每年九月拍攝，但這不重要。對於身為徑賽與力量型選手的我而言，只要參加錦標賽就可以檢視哪些訓練概念是否有效，這對我來說相對簡單。實行快速飲食法後一週，我打破了抓舉的州紀錄。我單純地認為，這真的有效！

在最近一次的研討會中，艾爾文·科斯葛羅夫跟我說了件有趣的事：「話說，你現在可以來討論關於快速飲食法的話題了。」

「什麼？」

「是吧，你辦到了，所以你現在可以評論這個飲食法了。」他說。

我雖然可以算是閱歷豐富，但這是第一次讓我有這麼清晰的概念。我應該將我嘗試過的方法列成一張清單，然後分享給大家。我可以在網路上這麼做。

說真的，我很嚴格地執行阿特金斯飲食法……然後就停止了，因為這對我來說太有效啦。快速飲食法呢？我真的超愛它的，它讓我知道身體需要的水分比想像中的還多，而且這個方法非常能夠鍛鍊我在飲食上的意志力。

對我來說，這裡有個關鍵：我很享受深陷其中的感覺。我喜歡嘗試新的訓練方法和器材。有些器材，例如壺鈴和鍊條，對我而言比廣告上所說的還要有效，其他器材則放在我家後院生鏽了，但我還是從這些失敗當中學到一些經驗。

我在訓練生涯中學到最重要的教訓就是雙邊思考。訓練上真的只有兩個因素：訓練量與訓練強度。請根據你自身的目標，定義你所想要的，但請符合自身實際狀況。

低訓練量／低訓練強度
低訓練量／高訓練強度
高訓練量／低訓練強度
高訓練量／高訓練強度

雖然在這之間還有各種程度之分，但讓我們專注於我在生涯中學到

的。你看，我全部都試過，而且每個都有效。

低訓練量／低訓練強度

訓練中要有休息與放鬆的時刻。現在這對我來說，就是什麼事都不要做。我曾經覺得輕鬆的訓練會因為有趣讓我更加神清氣爽，但現在比起一些在過去稱之為輕量的肌肥大訓練，我反而比較喜歡遛狗。

然而，千萬不要忽略輕量訓練的價值。這些訓練可以給你一些刺激，甚至會提醒你應該要做什麼。

低訓練量／高訓練強度

如果可以的話，讓我們先假定這就是高強度間歇訓練，好嗎？假如要專心訓練六週，用高強度間歇訓練或許是最好的。是的，這是科學怪人訓練法（Frankenstein Training）[3]。你說得沒錯，這也是以器械為主的訓練法。

我知道，我知道，高強度間歇訓練不能用在這個、那個還有這個……，但要短暫實驗的話，我不知道還有什麼更適合的。你不需要花太多時間學習腿部彎舉訓練器，你也還可以讓你的健友在第一天就幫你做負向／離心訓練、休息－暫停訓練法（rest-pause）、半程組訓練法（partial）或任何一種你喜歡的方法，但千萬不要用它來做抓舉訓練！

高訓練量／低訓練強度

大部分的人都待在這個區間，而且是永遠。當我到健身房中看到大部分人訓練時，就會心想，為什麼他們不在家裡做伏地挺身跟引體向上

3　編按：意指把身體分成數個單獨部位訓練，而非視為一個整體。

就好了？很多健身狂的仰臥推舉重量都比不上伏地挺身。

　　這也是為什麼週末五公里路跑這麼風行的原因：你可以慢慢地晃半小時，然後領一件紀念衫，並在回家的路上邊吃貝果邊告訴自己「今天的訓練真是有夠辛苦」。對了，其實我也很喜歡這樣。我大多數時間都在做一些只是讓我還能留在這場比賽裡的垃圾訓練。這樣也很好！讓我們花很多時間在這個區間上吧。

高訓練量／高訓練強度

　　這裡就需要雙邊思考了。不久之前，我寫了一篇文章，提到自己在一九七九年所做的訓練：

背蹲舉

315磅，三十下

休息

275磅，三十下

休息

225磅，三十下

　　通常，我寫的文章都會引來無數封信件寫道：「丹，我試了這個課表，但一點效果也沒有。」然而，沒有任何一封郵件寫來抱怨做了上述方法而不見任何效果。

　　高訓練量與高強度訓練，或者我們習慣稱做「大重量與高次數」，大概是重量訓練中被隱沒的藝術。我大部分的訓練計畫都是按照這個方向將運動員推向這個境界。如下：

李維諾夫訓練法
前蹲舉405磅，八下
馬上跑四百公尺
重複這個組合三次

在股四頭肌鍛鍊上遇到困難嗎？何不嘗試一下前蹲舉405磅，每組八下，共計三組呢？

我不在乎你如何訓練，因為重點在於找到方法，盡你所能地讓自己用高訓練量與高強度來訓練。除此之外，或許更重要的是你需要有技巧、意識或教練，讓你知道何時應該停止，改在其他象限訓練。

我希望能像鄧比一樣重回第一次訓練的時候，然後告訴那時的我，前方的訓練之路漫漫。然而，我沒有時光機，我無法跟十二歲的自己解釋他未來會面臨到的挑戰。就跟所有人一樣，他需要的正是這趟旅程。

說實在的，我還真有點嫉妒他。

第23則

槓鈴上血淋淋的教訓

整起意外其實過程將近一個小時，卻感覺只有五分鐘。

當時，我帶領學校田徑隊取道六號高速公路，途經沙丁峽谷（Sardine Canyon），到埃莫里高中（Emery High School）參加田徑資格賽。比賽的計時系統是根據起步槍的閃光，但因為那天下午天空不斷出現閃電，導致比賽一直延宕。

當我們回到校車上時天色已晚，所以我倒頭就睡著了。當校車剛進入這個蜿蜒的峽谷時，我突然被選手們的驚叫聲吵醒。

在路旁下方有一輛車正在冒著煙，它在不久前的盲彎才超過我們。它失速衝入對向車道，接著轉回我們這個線道，然後墜入峽谷。這輛半掛式卡車幾乎扭曲成了V字形。

校車隨即停下，駕駛先報了案，我隨即拿著急救箱衝下去。車上沒有乘客，所有的安全氣囊都爆開了。我環顧四周，發現司機懸在半山腰上。

當時，我覺得自己像是帶把刀子就參加槍戰的小兵。因為當我打開急救箱的那一刻，才發現這些醫療用品只夠讓我拔起一些小碎片、包紮小水泡和被紙割傷的小傷口。阿斯匹靈對這名身受重傷的司機來說遠遠不夠。

我打開一些紗布，將他頭上被削開的皮膚蓋回去，然後幫他扶著。後來，愈來愈多人趕來幫忙，有個人發現他腳上有個很深的傷口。「你要處理一下那個傷口嗎？」那人問我。但我做了會讓鷹眼皮爾斯

（Hawkeye Pierce）[1] 稱讚的檢傷[2]，於是回道：「不，我想先幫他的頭部止血。」

這時後面的人提醒我，車子下面已經開始著火了。我抬頭往上看，感覺車子要朝我們俯衝而來，但還沒有開始移動。幸好，一位卡車司機及時將火滅了，救難隊也很快趕到，讓我們著實鬆了一口氣。

當我爬回路上時，看見兩輛巴士上的高中生都目睹了這混亂的一切。一隻跟車子一樣大的死馱鹿倒在巴士旁邊，我想應該就是牠肇發整起事故。突然間，我想到自己的兩個女兒和好友的孩子也都在巴士上。

我頓時體悟到老師與教練所背負的重大責任。隔天孩子們就要到學校上課，但我們還困在漆黑的峽谷中，離我們最近的洗手間也還有數哩遠，於是我趕緊讓所有學生跟家裡報平安，也處理食物、回家功課和如廁等相關事宜。

沒有人能讓你準備好面對這種事，婚姻、孩子、帳單和人生也是一樣。我可以引用一大段《吉爾伽美什史詩》（Gilgamesh）[3]，但我對人生的瑣事也沒轍，因此我每週都會到健身房幾次，藉由專注訓練來釋放所有壓力。

我曾經跟一位叫做瑪克辛（Maxine）的女士共事。她凡事循規蹈矩，沒到聖誕節當天她絕不會將所有的飾品擺出來，只因為聖誕節還沒到。直到聖誕節當天，她才會把家裡布置好。

生活中處處都有瑪克辛。如果休息時間是十點十五分，他們會說你十點十四分就開始休息，例如：「嗯，我不太常跟人說三道四，但是

1　編按：1970 年美國電影《外科醫生》（*M*A*S*H*）男主角名。
2　譯註：根據緊迫性和救活可能性等決定優先治療的方法。
3　譯註：目前已知的最古老的文學作品。

丹‧約翰從十點十四分就開始休息，而且還跟我們同時間才回到辦公桌前。」

有時候我們也會變得像瑪克辛一樣，如果你在學校工作，你的生活就會像瑪克辛的日子一樣。上課鐘響，時鐘滴答滴答，穿梭在不同的辦公桌之間。

你在早晨享用早餐（該死，甚至是有人幫你做好的），午間享用午餐，和傍晚享用晚餐。你觀賞必看的節目，並且對《超異能英雄》（Heroes）和《LOST檔案》（Lost）中的角色如數家珍。為什麼呢？因為你都準時收看他們的節目啊。

對於每天都有規律作息、三餐與排便的朋友，我只有一個小小的建議：**隨時準備好應付突發狀況。**

在你的訓練當中，最不需要的就是「瑪克辛」。但該如何知道自己在訓練中需要一些隨機的安排呢？環顧一下健身房，如果你在星期一、三、五早上的四點到五點半，看到的都是同一群人，而你也跟著他們做相同的訓練，那麼你真的需要一些激情與火花。

你的訓練需要一些趣味與遊戲。我知道星期一、三、五是國際仰臥推舉、彎舉和滑輪下拉日，但讓我們來變點花樣如何？

學習一些新技巧吧。學習抓舉和上膊與挺舉，或報名參加高地運動會和最強壯的人比賽吧。學習一些新的重訓動作。嘿，這是個好主意！

現在，一定會有人問：「丹，你在田徑賽季中都如何訓練呢？」

你知道嗎，我在田徑賽季中不會訓練。相反地，我會衝進轟菌，然後「解決」（work out）。

請不要把它當成「鍛鍊」（workout），這真的是解決。我解決自己的情緒，解決自己的憤怒，也解決自己的恐懼。

我在訓練上有個隨機的方法。我會用一顆骰子，然後擲三次，以骰

子上的點數決定我的訓練方式。

下列是我所使用的方法。

三次投擲代表的意義

第一次：當天的重訓動作。

第二次：課表。

第三次：最後結束的訓練動作。

第一次擲出骰子時，點數代表動作。

一點：推舉。

二點：深蹲。

三點：抓舉。

四點：上膊（或爆發式彎舉）。

五點：硬舉（或任何衍伸式動作）。

六點：上膊與挺舉。

第二次擲出骰子時，點數代表課表。

一點：李維諾夫訓練法。重訓八下，然後衝刺。

二點：五下、三下、兩下。

三點：每組八下，共三組，組間休息一分鐘。這個課表需要執行
　　　兩個訓練動作。例如前蹲舉與過頭蹲；仰臥推舉與上斜推
　　　舉等。

四點：三下、三下、兩下、一下、一下、一下、一下、一下。

五點：Tabata訓練法。在這裡的重量要用很輕很輕！重訓二十
　　　秒，休息十秒，共計八個循環。

六點：超級五十五下。也就是你所擲到的訓練動作反覆五十五下。你可以五十五個一下或三組十下加上五組五下等。只要加起來是五十五就好。

第三次擲出骰子時，點數代表最後的訓練動作。

一點：雪橇衝刺訓練。

二點：抱著巨石的雪橇訓練。

三點：抱著巨石跑步。

四點：背著大重量背包的雪橇訓練。

五點：背著大重量背包，以及抱著巨石的雪橇訓練。

六點：農夫走路到走不動為止！

貼心提醒：在這裡你可以選擇任何想要或喜歡的訓練，也可以根據你現有的訓練器材為主。

如果我的數學還不錯，這裡總共有兩百一十六種訓練組合。如果你每週訓練三天，那麼一年內都不會重複！這個方法非常適合給生活一成不變的人使用。

此外，其他人也可以從這個訓練方式中獲益，就像我在徑賽季的時候一樣。我們學校代表隊最近在十二天內參加了六場徑賽錦標賽。也就是六趟長途巴士之旅 —— 到比賽場地，結束後回家 —— 和六場漫長的錦標賽。這對每個人來說都相當折騰，因此我最希望的就是能稍微平靜地生活。

徑賽季時，我每週都會訓練三天，每次課表都會選擇兩個訓練動作，組間休息一分鐘。我每組做八下，共計三組。的確，這可能是全世界最無趣的課表之一，以下為我實際執行的狀況：

第一天：星期一

爆發式上膊和推舉：一下爆發式上膊和八下推舉。

每組八下，共計三組，組間休息一分鐘。這個課表的重點就是組間的一分鐘休息。藉由嚴謹記錄組間休息時間與舉起的重量，你就能瞭解進步的幅度。

爆發式彎舉：每組八下，共計三組，組間休息一分鐘。

使用彎舉握姿，將槓鈴置於膝蓋上方，然後用上膊方式彎舉槓鈴，離心時緩緩放下。再次強調，做滿八下，不要調整槓鈴重量，然後觀察組間休息時間。

最後用些腹部訓練結束。

第二天：星期三

爆發式上膊和前蹲舉：一下爆發式上膊和八下前蹲舉。

再一次，每組八下，共計三組，組間休息一分鐘。前蹲舉時上半身保持直立，手肘提高。

過頭蹲：每組八下，共計三組，組間休息一分鐘。

使用抓舉式的寬握姿，當槓鈴在頭部上方時，手肘要繃緊，然後執行深蹲動作。這個動作不只可以訓練到全身的柔軟度、平衡感和腿部肌力，還能強化下背部。

同樣地，最後用些腹部訓練來結束。

第三天：星期五

鞭式抓舉：每組八下，共計三組，組間休息一分鐘。

使用寬握姿，然後將槓鈴舉起置於褲襠高度，接著雙腳微彎往下後，迅速將槓鈴往上推舉過頭，連續八下。你將對這個訓練動作能讓你全身迅速充血感到相當震驚，如果你想要有巨大的斜方肌，做這個動作準沒錯。

上膊握姿的抓舉：每組八下，共計三組，組間休息一分鐘。

使用上膊握姿，將槓鈴降至膝蓋位置，接著爆發式直接將槓鈴推舉過頭。這個動作很像是上膊加推舉，但是沒有上膊的停留。

如果你還可以的話，加上腹部訓練。

我其實不喜歡這個無趣的課表，但這是我非常忙碌時最需要的。如果你的生活已經夠瘋狂了，那你的訓練真的不能太瘋狂。這也是我反對「完美課表」的原因，因為它們通常都沒有考慮到運動員／客戶會有社交活動、營養補給等實際的生活狀況。

這也是在器械訓練上，每一組都做到力竭的聰明之處。它完全是瘋狂忙碌生活的最佳解方，諾德士和可爾茲（Curves）[4]真的很瞭解那些想要運動，卻相當沒有意志力的人。

很遺憾地，我不會用器械來訓練。嗯，讓我文雅一點來說：我是個漢子……所以不會去用器械。真的很抱歉。

沒有一項器械可以比得上我用來解決生活煩人瑣事的重訓裝備，包

---

4 編按：由美國發跡的連鎖女性專屬運動中心品牌。

括槓鈴、壺鈴或雪橇。在你想要發洩情緒時，我有三個訓練課表可以給你參考。

百下挑戰

我曾經參加過一項非常單純的挑戰。規則很簡單：任何一項動作執行一百個一下，不是做十組十下，提醒你⋯⋯是一百個一下。

第一次挑戰時，我用165磅做抓舉式深蹲（squat snatch）。這真的很刺激，因為我在那之後的幾天內就瘦了三公斤。我想大部分都是我手掌磨掉的皮膚。

另外一次，我用205磅來做爆發式上膊。後來，我又用185磅做了上膊與挺舉。我也曾經用255磅做前蹲舉。起槓、前蹲舉、復槓，喘口氣，再繼續。

這個挑戰會花上你幾個小時，但你將會被完全改造。

十分鐘的⋯⋯

這個訓練是根據競技壺鈴而來。當我在寫這篇文章時，我想到幾週前的週六，北美壺鈴協會在猶他州舉辦全國錦標賽。我在不知道自己體能狀況如何的情形下，就參加了比賽。

比賽方式非常簡單。只要舉起一個壺鈴，然後單手抓舉到你的極限，過程中不能將壺鈴放在肩膀或地上，也不能有任何輔助，接著換手，然後繼續甩⋯⋯總共十分鐘。

這聽起來沒什麼，但其實非常痛苦。我真想打開計時器看看，到底愛因斯坦的相對論是否正確。我的靈魂不時會從胸部發出嘆息聲。是的，在結束的那一剎那，我整個人都清醒了，完全心無雜念。

你也可以拿個啞鈴或槓鈴根據這個模式，選個多關節的訓練動作，

然後盡可能地做愈多下愈好。來個十分鐘的開合跳如何？喔，隔天……
你的小腿肚。好好享受走路的感覺。

我認為用空槓做十分鐘的上膊與推舉，可能會解決所有問題。

四分鐘減脂，重新複習。

我被誤解最多的一篇文章就是用前蹲舉來做Tabata訓練。其中提到
了時間，也提到非常辛苦的訓練。「丹，如果這個訓練這麼好，為什麼
不每天做呢？」在收到約四千封郵件這麼問我後，我開始用頭撞電腦螢
幕，撞到眼冒金星。

答案當然是因為：你是否曾經用95磅重量做前蹲舉，然後練二十
秒休息十秒，總共四分鐘？沒有？那就對了，所以你不知道為什麼不能
每天做！如果這個世界的存亡就取決於你能不能每天做，那你還有可能
做到，但如果不是的話，每兩週一次應該就很多了。

我決定將這個方法簡化。現在我建議這麼做：

前蹲舉八下（**動作請做標準**）。

休息十秒

前蹲舉八下

休息十秒

前蹲舉八下

休息十秒

前蹲舉八下

休息十秒

前蹲舉八下

休息十秒

前蹲舉八下

休息十秒

前蹲舉八下

休息十秒

前蹲舉八下

現在，準備昏倒吧。

地板應該很冷，但它會是你的好朋友，所以請陷入它的懷中吧！請充分休息後，再寄封郵件告訴我：「我想我應該每天練這個課表。」

重量目標呢？135磅如何？我非常想看有人用225磅做這個課表的影片。但我曾經看過有人用65磅就差點升天了。

這些訓練最糟的地方，就是都不需要花太久的時間。你不需要注意節奏，也不需要擔心過程中是否有鍛鍊到菱形肌。你唯一要擔心的是自己能否活下來。

我想，這裡有個寶貴的一課；你會想辦法活下來。人生這本書並不會告訴你在校車旁會有一頭死掉的駝鹿。有時候，你必須面對這些突如其來的狀況，就像當我扶著那個人被掀開的頭蓋骨時，我就不會擔心自己手上裂開的老繭了。

喔，對了，我需要同時處理這些事。我需要用槓鈴和安靜的健身房來解決某些事。順帶一提，我會選擇前蹲舉。

第**24**則

一位宗教研究教授對高強度間歇訓練的評論

我剛上大學幾天就遇到她了。她是位很年輕的女士，帶給我們整個大學足球隊許多「歡樂」。六個月後我們再次偶遇，那是在她承父母之命到中東「靜修」（長時間工作、睡得很少，以及許多童謠）回來後。我們稱這樣的旅程為「洗腦」，但她還是告訴我，我會因為喝了啤酒而很快下地獄。但在一年多後的一場舞會中，我發現她的鼻子裡塞滿了價值一學期學費的古柯鹼。

大學畢業後，我們在朋友的朋友的朋友的婚禮上重逢。她再次提醒我，她的新信仰說，我會因為喝啤酒下地獄。

這聽起來有沒有很熟悉？你有沒有認識像這樣的人呢？像我們這種嚕鐵[1]的人，如果你嚕得夠久，就會在每個健身房、水療池和體適能中心都遇到類似這樣的人，這也是為什麼我會選擇在自家的車庫訓練。你也知道，有很多人會不斷地從相信一種重訓「宗教」跳到另外一種，並且來來回回變換，卻從來沒有真正進步過。他們會不斷地從新的重訓「教堂」引用相關研究、事實、圖表或見證，在網路論壇上發表長篇大論，來嚴厲批評其他訓練方式錯誤的地方，自己卻每三週才做一組深蹲來鍛鍊肌肉。幾個月後，在同一個健身房，你又會發現他們根據在邦

---

1 編按：指「健身」。

諾書店（barnes and noble）[2]買的書，做每組三十下的微蹲或四分之一蹲（quarter-squat）。

現今對重量訓練、肌力鍛鍊和專項運動體能的看法已經進步許多，因為在早年，重量訓練甚至被認為是接近戀童癖⋯⋯，或至少極度自戀狂和想成為一頭野獸般的病態。

當我開始重訓時，是尼克森總統執政的時期，我們學校大部分的女生都問我，這樣會不會讓我的肌肉很發達。我打從心底希望如此，但那個年代除了每個月健身雜誌上的肌肉猛男圖片外，我們並沒有太多正確的知識導引。只有幾位勇敢冒險進入重訓室的運動員，比方田徑項目的投擲選手或美式足球員，例如綠灣包裝工隊（Green Bay Packer）的吉姆・泰勒（Jim Taylor）和路易斯安那州立大學（Louisiana State University）贏得海斯曼獎（heisman trophy winner）[3]的比利・卡農（Billy Cannon）。籃球員總是用擔心重訓後會「破壞投籃手感」來解釋他們拒絕重訓的原因，但你很難相信短短幾十年竟然改變這麼大。

大部分用自由重量訓練的人，通常都不需要面對穿著緊身褲，等著使用髖內收訓練機（現代的健身房通常每人都可以用到一臺這種器械）的老奶奶問你：「這不會讓你的肌肉變僵硬嗎？」這類的問題。然而有幾件事你肯定知道，就是深蹲架通常都是生鏽的，奧槓也只是被拿來做彎舉訓練而已。我們很感謝那群在教室裡做拳擊有氧的性感女生，可以幫我們擋住而看不到老奶奶在做髖內收與外展訓練。

而且，就像許多組織一樣，我們也正經歷合久必分的狀態。只要花幾分鐘研究重訓的網路論壇，你就會發現自己身處於自宗教改革以來最

2　譯註：美國最大的零售連鎖書店。

3　譯註：每年12月頒發給美國大學美式足球最佳球員的獎項。

嚴重的仇恨與辱罵當中。

想體驗真正的戰火嗎？只要寫下任何關於高強度間歇訓練的負評，你馬上就會進入戰鬥位置了。如果你對高強度間歇訓練寫了一兩則評論，那麼你的智商、膽量和身家背景都會被質疑。

在此我要說清楚，我們要探討的不是非常高強度的訓練，例如衝刺、奧舉、健力、美式足球或體操，我們要討論的是一種叫做「高強度間歇訓練」的宗教。它可以用任何形式來包裝或偽裝，但就像許多邪教，它沒有明確的教義。

許多高強度間歇訓練者就像信教後體驗到生命改變的教徒一樣。我整個職涯因為身兼宗教研究與教育的管理者和教授，所以我不斷看到人們改變信仰。很少有人可以在皈依新宗教或重新擁抱上帝後，卻沒有出現一兩個可預期的行為模式：「我是對的。我通常都認為自己是對的，但後來我發現自己錯了。現在，我才是對的 —— 而你認為我錯了，這非常不對。即使之前我曾爭論過是非，所以你現在一定認為我錯了，但事實上我是對的。」

「不，我無法解釋它，但是你一定知道我完全瞭解。」

在宗教研究上，我完全理解這個問題。當要求你一位虔誠的信徒拋棄過去的一切，用另一種非常不同的方式來生活，學習新的飲食習慣、禮儀、動作模式或穿著時，就會很像我待會要說的高強度間歇訓練信仰者的故事。

讓我先簡短敘述一般常見的故事。

「多年來，我不斷地將深蹲推向極限，也學習上膊並持續嚕鐵，但我還是會責怪父母（基因問題）、供應商（當地營養品供應商有個叫湯尼的傢伙，只提供第三世界的類固醇次級品），以及健身房（訓練器材不夠、動線不對和不能使用止滑粉）。然後，我看到這篇文章／論壇／

書告訴我：這不是你的錯……而是你所知道的一切錯了。」

我為什麼會知道呢？因為我也經歷過。我在運動生涯的前十年，曾以舉重和鐵餅選手身分參與全國錦標賽。我的關節受傷、身體常常痠痛，也挺著一個啤酒肚。而最近我開始指導高中美式足球隊，並參加第一個教練研習營。星期六早上的講師是一位在諾德士訓練上非常著名的人物，課程中他請一位與會的教練體驗快速腿部彎舉、伸屈和深蹲的重量訓練方法。這位教練在最後竟無法執行45磅的槓鈴深蹲。他的心跳爆表，而且隔天早上還跛腳。

顯然我每件事都做錯了。而這裡有個解方：與其將我的時間與精力一直花在增加槓鈴上的重量，我在訓練上應該要更精簡，強度更高。於是我瞬間改變了信仰。

整整兩年，我多花了一些錢，只為在當地健身房使用諾德士器械訓練。我完全按照每本書上針對這件事所給的建議。我在大腿推蹬機的訓練強度，最後竟然需要請兩個人站在上面；我也精通兩手舉起一手放回（one-arm-down and two-arms-up）[4]的訓練技巧，並且花了一樣多的時間來訓練小腿屈曲（calf flexion）與髖伸（hip extension）。

在此同時，我還是持續著鐵餅選手的生涯。當時間從數週拉長到數月再到數年時，我發現自己竟然可以成為更好的高爾夫選手而不是投擲選手：我的成績往下掉得……非常快。我向很多專家請益，最後得到兩個最基礎的答案：我的訓練強度太高和／或鐵餅投擲技巧不正確。

我可以非常驕傲地說，自己是少數幾個利用3D影像將我化成幾個在X、Y、Z軸上的點來研究兩個不同時期鐵餅投擲法的人。（還有一

---

4 譯註：例如用cable纜繩訓練划船時，可以用兩手拉回，但只用一隻手放回（負向訓練），如此可以增加訓練強度。

位研究人員告訴我，可以嘗試一個循環的類固醇看看是否有效，但因為他是個研究工作者，所以我不認為這會是個好建議。）於是，我採用了第一位專家的建議：我將訓練量減輕，降低了投擲次數，也專注在技巧上，但成績還是沒有起色。

就像許多改變信仰的人都會覺得受騙，我離開了器械訓練這座教堂。我將所有保證「十天內讓你擁有巨無霸斜方肌」的空洞書籍全都丟了，回歸最原始的訓練。我又開始進行奧舉訓練……喔，非常痠痛……然而很快地，我的鐵餅又再度飛過五十五公尺遠了。

我與許多高強度間歇訓練愛好者分享這個故事後，通常都會得到這樣的回答：

「那並不是高強度間歇訓練。」

「什麼？」

「那並不是高強度間歇訓練。」

「難道一組做到力竭不是高強度間歇訓練嗎？」

「它的確是一組做到力竭，但也可以是好幾組。」

什麼？

正是如此。有件事可以讓高強度間歇訓練者承認自己說錯話，那就是沒有人可以正確定義何謂「高」強度間歇訓練。

我遵循肯‧萊斯特納醫生（Ken Leistner）的建議相當長一段時間（包括他在一九六〇年代晚期為《肌力與健康》雜誌所撰寫的文章），並且完全同意他的高強度間歇訓練法，也就是以非常大的重量來執行高次數深蹲、直腿硬舉、雙槓撐體和農夫走路。但當他上傳用407磅重來做二十三下的影片時，馬上遭到高強度訓練界的攻擊，「那完全不對，你的速度太快……你的重量太重……你……」。

在畢‧雷諾斯（Burt Reynolds）主演的電影《匹夫之勇》（Semi-

Tough）中，當主角們討論著最新的心理囈語時的那幕非常經典，場景如下：

「如果你瞭解它，那麼其實你並不瞭解，但你若不瞭解的話，就代表你已經瞭解了。」

「瞭解什麼呢？」

「它。」

歡迎來到高強度訓練的世界。我曾收到一封令我感到非常不舒服的郵件，來自一位高強度間歇訓練者。他指出我其實並不瞭解「它」，我回道，這是我根據世界上最知名的高強度間歇訓練者的方法。他卻回應（我真的沒有開玩笑）：「那表示這位專家也不瞭解！」

仔細聽好：高強度間歇訓練的效期……約有六週。事實上，每件事的成效都有六週，但這不是重點。我的好友查爾斯・史塔利最近被一位寫作挑戰者詢問是否敢用他的史塔利訓練法和某個「系統」的成效一較高下……約六週。如果你只有想要六週的成效，那麼你可以做任何想做的事。

在肌力訓練的世界中，有件神奇，但力量訓練圈內人卻不想承認的事實：每件事都大約能有六週的效果。我曾浪費了許多時間在波特蘭州立大學（Portland State University）、亞利桑那州立大學（Arizona State University）、猶他州立大學（Utah State University）、丹尼森學院（Dennison College）和其他頂尖大學生鏽的書架上，翻閱所有肌力訓練相關的書籍與文章。一九六〇年代早期等長訓練熱潮下的所有主動肌群，還有諾德士訓練動作模式的關鍵要點……全都有效！卻都只有六週的效果。

再次強調，如果你只想要六週的效果，那你可以做任何想做的事！

下面這點我可能會因為寫出來而收到死亡威脅：一切終究得看比賽

成果來評斷。有句高強度間歇訓練的口號：「我們建構肌力，但我們不輕易展現。」然而很不幸地，展現肌力與技巧或許是評斷訓練課表成效的唯一方法。

我曾參與過無數次的高地運動會，在那裡，有許多穿著肌肉T恤的年輕人問我，「這個木柱可以鍛鍊到哪個肌群？」但他們真的不懂。當你垂直舉起130磅重的木柱時，並不會只有訓練到前鋸肌。如果你想丟擲木柱、擒住跑鋒或抓緊球的話，就要展現出一定的力量。那些虛有其表的前後對比照片是不會讓你的鉛球飛過十八公尺的。

運動比賽也有一定的標準。當你可以推鉛球超過十八公尺，無論在任何層級，都是相當有水準。可以抓舉自身體重的重量時，表示你已不是新手了。高強度間歇訓練仰賴器械完全是沒有掌握到重點：這完全是作繭自縛，因為全世界沒有人會在乎你將大腿推蹬機的重量從「P」換成「Q」，真的沒有。但能夠仰臥推舉400磅，不論何人何時何地，實力都相當堅強。

根據我的經驗，菁英運動員應該比在健身房重訓的人更知道肌力訓練的重要性。這裡有個簡單的公式：X或Y是否有助於我的比賽？如果答案為是，那麼我們就繼續下去，否則……請不要做。這方法或許不是那麼正確，因為很多被放棄的事物仍然還是有一定的價值，但面對高度競爭的比賽，實在沒有太多時間讓運動員嘗試一些錯誤的訓練課表。

無論是多麼瘋狂的事，每件事都有三～六週的效果。即使那些在電視上保證讓你衣服尺寸小好幾號的訓練器材都絕對有效，但你的成效也許跟洛杉磯名模會有一段落差。

即使每件事都有效，研究有時候還是有它的價值。然而，因為每件事都有效，研究通常也就會發現一些基本的結論，例如：減少食物攝取和多運動對想要減脂的人來說很重要，以及阻力訓練可以讓人變得更強

壯。因此，請小心這些讓未受過訓練者變強壯的研究，因為任何事對未受過訓練的人來說都有效。

其實你可以用健身房外的事物來檢測訓練成效。我認識有些女士會用以前的衣服來當檢視效果的工具。嘿，如果妳在訓練六個月後可以穿下結婚時的衣服，那麼你的訓練就有效！如果你可以灌籃，或許訓練也是有效的。

最後，而且是最重要的：不要用速成方式來看待你的目標和重訓。我同意這很有趣，有些聳動的標題，例如「讓你兩天擁有翹臀」、「讓你三週擁有巨蟒般的爆發力」和「只要四週就能讓你有巨人般的大腿」。速成法當然有它的效果，而且它也會為你帶來訓練的熱情，但請別忘了要有長遠的眼光。

偉大的奧祕只在宗教與神學裡，而在肌力訓練與身體重組的世界中它並不存在。

第25則

創造連結點子，創造肌肉

自從我的阿姨佛羅倫斯在一九六〇年初過世之後，我就開始重訓。我們用她留給我和兄弟們的一些手尾錢買了希爾斯槓鈴，並展開訓練。雖然我們的訓練技巧和課表規畫都很糟，但我們是真的在重訓。

購買槓鈴時附贈的指導手冊，詳載著許多訓練動作，包括三種反式划船的衍伸性動作，和許多推舉的訓練動作。但關於安全說明，手冊裡幾乎沒有提到，因為當我在成長過程受傷時，總是被歸咎於自己個人的問題。

如今，四十多年過去，我想我應該有掌握到一些訓練訣竅了，雖然我仍然在推舉，受傷時也還是會責怪自己。

當我開始訓練後，我發現了幾項事實。第一，每週只訓練三天。如果你多做，神祕的事情就會發生。我認為那叫過度訓練，但根據我父親的說法，那絕對不可能發生。

第二，訓練的關鍵就是你可以將多少重量高舉過頭。雖然這只是一個數字：你能推舉多重？但當那個數字改變時，你就會知道。

最後，高蛋白飲食法是所有問題的解答。所以，每週三天我們都會聚集在車庫內不斷推舉、推舉、再推舉，然後喝下一大桶牛奶。事情已經開始有所改變，有些部分會讓你更好，但並不是全部。

幾年前，我參加了一個工作坊，在那裡我學到了一個讓我對肌力與體適能大開眼界的概念：連結（association）。換句話說，即使當我談論的是有如肌力這麼基本的事，你腦海中浮現的還是可能會與我所想的

截然不同。

什麼意思呢？如果我說糖（sugar）[1]，而你回答香料（spice），我們就有簡單的連結了。讓我們繼續試試看：黑與白、白天與黑夜、富貴與貧窮等。這也就是為什麼當我說到腿部訓練，我想的是深蹲，有些人卻會想到大腿內收／外展機。

從這個工作坊中，我們學到一個廣告商常用的伎倆可以中斷這些過於簡單的鏈結。我把它用在兩個自願的受害者身上 —— 我的女兒琳賽和鄰居萬斯（Vance）。

我請他們盡可能地想想薯條與飛機之間會有多少連結。現在，我有自己的想法，但我還沒準備好接受他們的答案。琳賽說薯條和飛機都需要用油，萬斯則說冬天裡的跑道和薯條上都會灑鹽。

簡單的兩個字讓我們展開了新的連結：油與鹽。我坐下來，試想兩者之間的連結。我突然想起我們上次為了慶祝州冠軍，到莫瑞市（Murray）的橄欖園義大利餐廳（Olive Garden）[2]用餐。年輕的服務生將橄欖油倒進碗裡，輕柔地在油裡加入鹽與胡椒，最後還加點義大利陳年葡萄醋（balsamic vinegar）。我鄰居則想到可以用鹽去除跑道上的引擎機油，我們陷入食物與機械的混亂之中了。

我有個真實的例子。我的連襟傑夫·海明威（Geoff Hemingway）曾提出一個點子，乍聽之下很詭異，卻可以讓你得到真正的滿足。我們都喜歡花生醬，也都喜歡漢堡。傑夫的點子就是將花生醬塗在漢堡排上面，這的確聽起來很詭異，嚐起來卻相當美味。

使用連結時有個重點：得將兩個好主意結合成一個更棒的主意。但

1　編按：這裡作者使用英文俚語 sugar and spice 作哏。

2　譯註：美國知名連鎖餐廳。

根據經驗，丁骨牛排和花生醬的組合並不如我們想像中的美好。

這個探討帶來的價值也許不明顯，但如果我們看一下大部分人的訓練，也許就會發現他們基本上都陷入一樣的困境。當然，反覆做某項運動，即使使用相同重量也會有它的價值，但大部分人真的都是一次又一次地做完全相同的重量訓練。

在大學裡，當所有人都在練習阿諾的訓練課表時，你可以在他們重訓時幫他計時。在三點零一分時，背蹲舉135磅十下，然後大叫一聲：「做得好！」三點零九分，在激烈的腿部伸展和檢視鏡中自己的二頭肌後，再來一組115磅十下的退讓組。接著在三點十五分到五點時，使用彎曲槓（EZ bar）做彎舉到力竭。這就是腿部訓練日。

基本上，連結操控著體適能產業。只要翻開商店內的女性雜誌，就會發現青春期前的少女，或患有厭食症的病人通常都被當作完美體態的典範。這樣的連結導致大眾認為體態纖瘦才是主流，瘦才是性感，也才是在美國唯一的生存之道。

柯佛·貝利（Covert Baily）曾寫過一本書叫做《健康或肥胖》（*Fit or Fat*）。此書出版不久後，就有一些關於「健康**與**肥胖」的文章出籠，指出其實健康的心肺系統與脂肪組織是能同時擁有的。對許多人來說，一說到「健康」第一個連結就是「瘦」。

在肌力訓練方面，一般會連結到巨大的肌肉。我已經數不清有多少人曾經這樣對我說：「丹，這實在很有趣，你能擲得比較遠是因為這些人都比你大隻。」是啊，這可真有趣。

我們可以利用連結來真正提升訓練上的強度。有時候，我會將兩個常見的訓練方法整合成一個新概念。例如，因為手腕受傷而造就了我最喜歡的訓練方法之一：一次訓練一隻手。

後來我用這個方法訓練許多球季中的運動員，包括棒球投手。每天

只訓練一隻手臂，兩天後再訓練另一隻手臂，然後用全身性動作來結束當週訓練。我將受傷時得到的領悟融入球季中的訓練課表。

當我第一次從克拉倫斯・巴斯那裡聽到Tabata訓練時，第一個想法就是，我絕不會去騎室內腳踏車，因為這個訓練方法就是根據腳踏車而來。我的意思是，室內腳踏車就像弓步蹲，你的女朋友或媽媽來做倒還可以，但……你知道的。

因此，我試著用軍事推舉來練習Tabata。前三分鐘已經很慘了，到了最後一分鐘，我發現自己只能每二十秒勉強完成一下。一週後，我換前蹲舉來練習Tabata，結果發現這是我試過最快速有效的訓練方式。

這兩個例子就是將簡單的概念——單手訓練或Tabata原理——融合成可以對我的選手產生深遠影響的訓練方法。雙邊的單手訓練課程除了可以讓選手維持肌力，持續提供舉重能給予投擲者的保護，且不會過度傷害選手的神經系統或影響恢復能力。Tabata前蹲舉對心肺系統的挑戰也遠大於任何傳統訓練方式（跑步或其他運動），並且可能是除了四百公尺衝刺之外第二困難的事了。

由於行程滿檔，我發現自己去年竟然沒有什麼時間可以訓練。這聽起來或許很奇怪，但有些人應該會同意我的說法：我幾乎整天都在重訓室，然後花好幾個小時在徑賽練習，也在我的轟菌中訓練一些人。換句話說，我幾乎整天都跟這些槓片、體適能和訓練工具在一起，卻沒有時間訓練。

你們有些人知道我在說什麼。當然，有些鍵盤魔人會在工作時瀏覽訓練論壇，再期望老闆沒有在你身後。我整天穿著短褲和T恤，想著當前蹲舉加上鏈條時，應該做一組還是兩組訓練。雖然沒有像用Excel試算表來決定投資公司是否有足夠的能力承擔某個大案子那麼有趣，但我樂在其中。

但我無法訓練我自己。因為：首先，我不需要做跟我選手同樣的訓練，因為他們需要比一般人更多的訓練次數和訓練量來學習動作模式。第二，因為年過半百，所以我需要跟這些年輕力壯的美式足球員有些不同。

我需要勤奮地訓練，但我更需要混合一些方法來保持高昂的熱情。因此，我需要聽聽他人的意見，然後將這些寶貴的建議整合成可以讓自己持續訓練下去的動力。這是改變思考連結的關鍵要素。

讓我們來將事情簡化。身為人，你基本上應該要會做下列十種不同的動作模式：

- 垂直推。
- 垂直拉。
- 水平推。
- 水平拉。
- 深蹲系列動作。
- 後側動力鏈（我稱之為硬舉）。
- 前側動力鏈（仰臥起坐或直腿抬起）。
- 旋轉或扭力動作。
- 全身性爆發力動作（如果你的時間有限，這些動作必須優先）。

我把所有單邊動作整合在一起。這當然非常重要，但千萬不要將弓步蹲與600磅的深蹲畫上等號，非常感謝您。

接下來，我們有許多訓練工具可供你在訓練這十個動作時使用。從自身體重、器械式、壺鈴、啞鈴到槓鈴，你有無限的選擇。然而這也是大多數人的問題所在：伏地挺身被貶為高中體育課或小團體訓練的動

作，奧舉訓練只為了每四年一次的奧運，而啞鈴則只用來訓練二頭肌。

我最近發現自己非常反對這樣的訓練思維，所以我很有意識地挑戰自己的連結。讓我們先來看一些概念，再來檢視我最近的訓練方式。

單手仰臥推舉

我第一次嘗試這樣的訓練，是在手腕受傷之後。後來我發現威克佛瑞斯特大學（Wake Forest）的伊森‧里夫（Ethan Reeve）教練建構出了一套標準。他要求選手用單手來執行125磅重的仰臥推舉五下，然後再換手。我在心裡偷笑，並想著：「嘿，我的臥推遠遠超過這個數字，所以這對我來說應該很簡單。」

我試了，然後失敗了。隔天早上我的腹肌就像被卡車輾過，到底發生了什麼事？因為要將所有的平衡都集中到一隻手上，所以我的身體必須要能承受該重量……但我還沒有準備好。

壺鈴抓舉

當我接受壺鈴挑戰時，同樣的問題再度打擊了我。因為我的槓鈴抓舉可以到達自身體重的一點五倍，所以我心想這個小小的70磅壺鈴怎能傷得了我？但當來到第七十四下時，我的手掌破了，有塊皮膚飛到十呎之外。我的手腫起來，我的心臟、肺部和背部也都感覺受到重擊。

槓鈴滾輪

我超級喜歡只要五美金的健腹輪。

當它們在一九六○年代出現時，我深深愛上了它；當它們隨著網路再度回來時，我依然愛著，而且我很喜歡用它們來訓練身體前側。

有些人建議我，應該要用槓鈴試試看。我心想，不都是輪子嗎？槓

片的重量應該沒有影響吧。很好,我錯了。將135磅重的槓片拉回來,跟那五美金的健腹輪完全是兩碼子事。看在主的份上,我會說這更像是在訓練!

現在,由於艾爾文和帕維爾的觀念,讓我們來看看我最近的訓練計畫。它們都加入了一些新的連結:

熱身

(艾爾文·科斯葛羅夫的複合式訓練)

槓鈴重量為95磅:

爆發式抓舉五下。

過頭蹲五下。

背蹲舉五下。

早安體前屈五下。

頸後借力挺五下。

反式划船五下。

組間休息六十秒,完成四組。

雖然這裡面包含了深蹲動作、水平拉、全身性爆發力動作、後側動力鏈和垂直推舉,你還是會發現我需要更多的拉或推系列動作。然而,這個複合式訓練已經讓我的心跳狂飆,而且我可以感覺到所有關節都變得更靈活了。

這個訓練概念是從帕維爾的《深入壺鈴的世界》這本書而來。為了重建我那經過多年投擲訓練而殘破不堪的肩膀,我最近接受他的建議,開始搭配引體向上來練習單手上膊與推舉。這是階梯式訓練方法,在紙上看起來很容易。

階梯式訓練課表

我用70磅重的壺鈴來執行下列訓練：

左手：上膊與推舉，一次。

右手：上膊與推舉，一次。

引體向上一下。

左手：上膊與推舉，兩次。

右手：上膊與推舉，兩次。

引體向上兩下。

左手：上膊與推舉，三次。

右手：上膊與推舉，三次。

引體向上三下。

短暫休息後，我反覆這個訓練五組 —— 這套訓練叫做「階梯」是有道理的。

經過多年的肌力運動比賽，這個訓練法強大的效果似乎是讓我維持實力的原因。但同樣地，雖然這個訓練有包括垂直拉，但我還是需要多一點訓練。

後來，我實驗出非常有趣的雙倍訓練。我將槓鈴滾輪與單手仰臥推舉混合訓練。身為一位投擲選手，我需要腹部的力量以及一些旋轉的訓練，這個組合也許就是讓我保持競爭力的方法。

腹部與旋轉面輔助訓練

槓鈴滾輪八下，135磅。（我不認為這裡的關鍵是愈重愈好。）

左手壺鈴臥推八下。

右手壺鈴臥推八下。

我用這個循環完成三組。好吧,是三組八下……這不是什麼新連結,但這已符合我的需求。

結束動作:有時間限制的壺鈴抓舉

最後,我用一組有時間限制的壺鈴抓舉來結束訓練。多久呢?好問題。我會擲兩個骰子,點數的總和就是我訓練的分鐘數,或是簡單地將左手做到極限,再換右手做到極限,這樣就完成了當天的訓練。

以上這些的重點為何?

1. 重訓動作百百種,但大部分人會做的通常就那幾種。只要簡單試試任何新點子和課表,你就可以打破自己一成不變的訓練。你每天開始訓練都先做一百下仰臥起坐嗎?很好,那現在開始每天先做一百下引體向上。

2. 我們都知道在推系列動作,甚至是深蹲時需要改變握姿,但我建議你也考慮改變一下訓練器材。試著用啞鈴取代槓鈴,用壺鈴取代重訓器械,用槓片取代藥球。

3. 身為教練,我必須請你在訓練課表中涵蓋大部分的人體基礎動作模式。如果今天是訓練推系列動作,那麼可以加上一些深蹲或推系列的衍伸性動作,看看結果如何。用單手或單腳來訓練吧。看看會有什麼結果。放膽去嘗試吧!

4. 以長遠來看,當你實驗愈多,嘗試愈多新事物,也精通愈多的動

作模式，你的體格就會愈好。此外，這還會讓你的關節更健康，並且在訓練上更有熱情。

這些事物當然都相當嚴肅，但也都相當有趣！

第 **26** 則

魔鬼教練的神奇水管

當我剛從俄亥俄州的鐵餅營度假兩週回來的隔天，我幫一位年輕朋友莎拉搬家。

過去這兩週，每天都要訓練四堂課，我的身體其實還沒有恢復，但是我有搬家工人所有的特質：像西部牛仔一樣壯，而且可以搬著任何東西倒著走上樓梯。莎拉才二十多歲，沒有什麼錢可以買太多家具，所以這個任務很簡單。但最困難的部分，就是要不斷地說借過，因為莎拉有三十五個朋友和家人來幫忙。

我不知道她身為一名老師的薪水有多少，但你很難忽略她人脈存摺中的社會資本（social capital）。或許你對社會資本不是那麼熟悉，但我知道你懂這個概念：當你在凌晨三點時，發現家裡的水管線路壞了，這時有一群人現身來幫助你（而且不是自來水公司的人）那就代表你擁有許多社會資本。

這些人際網絡會在你與你認識的人之間愈來愈緊密，以至於你有時候會忽略了自己手上擁有的資源。如果你的父親是位水電工，哥哥是位電匠，妹妹開了一間沙龍店，而且都住得離你很近，你的人生應該會比很多人的都還要美好。

現在你知道我的祕密了：我在體適能與重訓界擁有許多社會資本。當我在快速飲食法中苦苦掙扎時，我打電話給發明這個飲食法的人——克里斯·舒加特。如果我有伸展或一般身體準備期（GPP）的問題，我會問帕維爾·塔索林。而我快速飲食法後的減脂訓練課表，是

艾爾文‧科斯葛羅夫送的禮物。

好吧，我猜你會認為我在吹牛，但很多人不知道，我有一些很棒的訓練概念都是源自於那些每年夏天會來俄亥俄州跟我一起訓練的人。我們分享不同見解，共同訓練，有時候就會迸出很棒的火花。就像今年，葛雷格‧亨格（Greg Henger）帶了一條神奇的水管。這是一條相當便宜的水管，不到二十美金，而且也很容易製作。

很多我的長期讀者對來參加這個訓練營的人應該都不陌生，包括麥克‧羅森伯格（Mike Rosenberg），他是羅森伯格槓（Rosenberg bar）的發明者。這是一種粗管的農夫走路槓，兩個手腕開刀後，我用它幫我重新鍛鍊握力。我永遠不會忘記在二〇〇一年時，外科醫生告訴我：「你可能永遠都無法重訓了。」

三個月後，我參加了奧舉的比賽。為什麼呢？很大的原因是我瘋了，但這個粗管的農夫走路槓可以讓我訓練握力，卻不會對復原中的骨頭造成壓力。而當你把羅森伯格槓換成喬‧加西亞握把（Joe Garcia handle）時，就成了標準的農夫走路槓。

各位鄉親，在朋友需要時幫助他變得更好，這就是社會資本的精髓啊！這友情多麼動人啊！

拜訪我們的還有來自佛蒙特州的年輕人朗尼‧韋德（Lonnie Wade）。我父親退休後，搬回佛蒙特州，當時朗尼還只是個在街上玩耍的孩子。如今三十年後，朗尼已經成為一位傑出的投擲選手和舉重教練，並且全心全意投入每一次的訓練課程。

這也讓我想起了葛雷格。他來自西維吉尼亞州，還有什麼需要說明的嗎？我有個舉世通用的理論，只要根據全宇宙的男人們對下列問題的回答，就可以把他們分為兩類：

1. 你跟啦啦隊一起參加過舞會嗎？

2. 你被蛇咬過嗎？

對於這兩個問題，葛雷格的答案是：「那隻蛇有毒嗎？」

根據紀錄，還沒有蛇敢咬我。

我曾經在某些地方展現出愚蠢的英勇行為，例如，我們很有名的一場比賽就是用澤奇姿勢抱著175磅的鋼管，並拉著85磅重的雪橇車，看誰能衝到最高的山坡。

然而，今年葛雷格帶來了神奇的水管。

這是一根直徑十或十五公分、兩端封住的PVC水管，裡面裝了約三分之二的水。若將水裝滿的話，就會失去原本的目的，相信我。

我們的管子長約三公尺、直徑十公分，總重約38磅。我麻煩你不要問我任何關於PVC水管清潔、黏合、裁切或任何類似的問題。如果你自己無法處理的話，可以問一下鄰居，相信他會幫你的。但我可以給你一個建議，這是我自己的做法：先將一邊封住，灌入水，再封住另一邊。其他方法都不太有效。

這根水管最神奇的地方在於：裡面的水會流動，它會晃來晃去，很難控制。只要將水管提起，然後抱著，馬上就成為該死的核心訓練。

現在，你可能知道了，我非常討厭「核心」這兩個字，因為這個詞後來很快地就成為體適能產業的術語，就像功能性、體適能和減重一樣。這些術語在水療池內被一些貌美的女士熱烈地討論著，就像國家美式足球聯盟的肌力教練一樣，但當我們說出這些術語時，卻沒有人知道它真正的意涵。

在我試了這神奇水管的隔天，我發現我的眼鏡蛇肌群（cobra muscles）快要炸裂了。眼鏡蛇肌群就是當你想要模仿眼鏡蛇時，上半

身所有需要屈曲的肌群。我的前鋸肌像要從肋骨處被撕開。但我第一天到底做了什麼讓我這麼痠痛呢？我只用了澤奇姿勢抱著這根38磅重的水管一直走而已啊。

我的訓練經歷不算少，況且我還有許多拉與提攜訓練的經驗，但我被隔天的痠痛感嚇到了。別忘了，這只有38磅而已！我們有許多選手隔天甚至無法（不願意？）再次抬起這根水管。

澤奇提攜也許是訓練任何比賽中有格鬥、揮擊、擒殺、投擲、推擠與碰撞等的最佳輔助訓練動作。葛雷格・亨格（對了，順帶一提，他的綽號叫魔鬼教練）說，抱著這條神奇水管走路就像跟蟒蛇摔角。我從來沒有跟蟒蛇真正摔角過，所以我只好相信葛雷格的話，因為他來自西維吉尼亞州。

如果你想要減脂，試試抱著這根神奇水管走一段路，你就會覺得自己像剛參加完一場摔角比賽。你的心肺必須用盡全力，而且全身的肌肉都要用上，才能讓你往前走。這神奇水管會讓你有減脂的感覺。各位鄉親，趕快追上潮流吧！這個月底前，就有人會在深夜節目開始叫賣這個產品了。

你可以試著用這三公尺的神奇水管來做彎舉或硬舉，因為你馬上就會感受到物理定律帶來的衝擊。我實在想不出比舉起和搬動神奇水管更好的改變節奏訓練方法。

如果你要將神奇水管高舉過頭，有個貼心提醒：用垂直拿長木柱的方式拿住水管開始訓練，這個方法會讓所有的水在幾秒鐘內集中到水管的一端。當所有水都在一端時，會感覺管子變得非常輕。但你應該很快就會有不同的感受了。

我們也發現用神奇水管來訓練軍事推舉會讓你有類似舉起一次最大反覆重量的感覺。將神奇水管高舉過頭來行走，除了可以當作全身性訓

練，它也會轟炸你的腹肌。

你或許會說這是個很有挑戰性的核心訓練。

如果包括跑一趟五金行的時間，你也許需要花一小時來製作神奇水管。如果兩邊有多餘的部分，需要把它們削平，然後黏上底部並封住。不要以為自己很厲害，所以就買了一根很長的水管，也請在特定的限制區域內謹慎訓練。你或許會認為自己可以控制它，但其實你不能。

神奇的水管。這三公尺長的疼痛長柱。請提著它走，舉起它，並享受它所帶來的痛苦。

社會資本是經濟學中最不被重視的一塊，但在教育體系中，社會資本卻被認為是構成偉大學術機構的關鍵要素……因為你必須知道這個人或那個人可以為學校做什麼。

開始累積你在體適能與重訓的社會資本吧。你若在健身房內看到某些狂人，那可能是我或是我朋友。還有，那些抱著大PVC水管衝上山頭的瘋子可能只是熟悉了某件事罷了。

第 27 則

索斯伍德的智慧

　　大約一週前，也就是我那班全部都是女同學的舉重課要結束的時候，廣播器突然傳來：「所有老師請注意，校園即刻進入封鎖狀態。這不是演習。」如果你過去二十年是住在其他星球，那你可能不知道這代表什麼意思，但我們每位學生與老師都知道發生了什麼事 —— 有槍手入侵學校了。

　　接下來的一小時，我們保持肅靜並將門窗緊閉。當時，我心裡想著孩子、教子以及同樣躲在這棟建築物裡的朋友與家人。後來證實，那把槍只是一把很逼真的空氣槍，這也讓有些家長因此向媒體抱怨學校「反應過度」。然而，類似的事件發生在幾天後的芬蘭，故事結局卻相當悲慘，許多學生死於槍下。學校真的反應過度了嗎？我並不這麼認為。

　　我的女兒凱莉後來告訴我，同學們後來討論起哪間教室是最好的藏身之處。有些學生整個小時都在啜泣，許多孩子都崩潰了，最後幾乎哭成一團。但是重訓室中的孩子沒有一個掉眼淚，可能是我的體形讓他們有安全感，但我必須說絕對還有其他因素：因為我在重訓室訓練的是一群戰士。

　　這些女孩剛完成我所知道最好的訓練課表之一，她們也因為這個課表而蛻變。讓我來跟你分享索斯伍德（Southwood）訓練和它的孿生兄弟，大五（Big Five）：五下 × 五組。

　　我常常會收到高中教練的來信，告訴我他們對於要教一群孩子重訓感到很掙扎。從字裡行間我可以感受到要讓孩子重訓好像是個天大的任

務，有些教練甚至說得好像他需要一位通天道士，在孩子開始運動前先幫他們驅除身上的邪魔。

但我總是回覆這些善男信女，這其實……很容易，而且不需要花大錢就可以做到。我不能針對下列課表收取任何費用，因為這是弗里曼（Dave Freeman）先生的點子，他是我九年級的體育課教練，我對他感激在心，因為他總是要求我們要這樣訓練。

在聖維羅尼卡學校念了八年之後，我轉到索斯伍德繼續就讀國中，這對我來說是相當重大的轉變。因為從愛爾蘭修女學校轉到公立學校已經是相當大的衝擊，但我同時還加入了美式足球隊。對於只有五十四公斤的我來說，顯然需要重量訓練。

我就是在那個時候接觸了索斯伍德的訓練課表。學校的體育館內有約十五種水泥做成的重訓器材，我這個世代的人應該都還記得這種訓練器材。

弗里曼先生只花了一點點時間解釋八下、六下與四下的次數和組數系統，因為除了我之外，大家都知道要做什麼。這就是該課表的迷人之處，只要學一次就可以開始訓練。雖然這並沒有確切的科學根據，但在美式足球場上，誰又需要那麼多科學根據呢？

這課表非常簡單。首先，四人為一組會分配到一支槓鈴。槓鈴重量從非常輕（也許25磅）到將近100磅的都有。一次只訓練一人，結束後放下槓鈴，再換下一個人繼續訓練。這四個人會不斷輪流擔任訓練者與觀察者的角色，然而槓鈴不會休息。這三組訓練其實不會花太多時間，事實上，到下一組訓練前，你也很難有機會喘口氣。

第一組：八下。

第二組：六下。

第三組：四下。

這個訓練的目標也很明確：當你完成十八下後，就可以增加重量了。如果你從非常輕的那支槓鈴開始，下次訓練時就可以往上增加一個重量級別。當然實際操作時也可以重新分組，並增加重量來進行衍伸訓練 —— 只要能讓整個小組共同訓練，什麼方法都可以。

這個課表包括四種重訓動作。

爆發式上膊
軍事推舉
前蹲舉
仰臥推舉

每個重訓動作都按照八、六、四下的模式來做。在軍事推舉前，必須先清除槓鈴上的重量，同樣地，在前蹲舉前也要清除重量。所以，每次訓練都要清除槓片二十二次。有些人相信爆發式上膊是訓練動作之王，這樣看來，這個訓練方法包含了很多王者動作。

為了讓訓練更緊湊（如果有需要的話），有時候弗里曼先生會要我們結合爆發式上膊與軍事推舉，也就是先上膊，再推舉，總共八下。這個方法適合用較輕的重量來訓練，你也可以在上膊與推舉後接著前蹲舉，我只做過一次，那真是效果奇佳的心肺訓練。

我們每天要跑兩圈操場和一圈障礙場做為熱身。這兩圈操場大概有六百公尺，障礙場則有一面牆、許多上肢的挑戰，以及一些平衡木訓練。整體來說，這個訓練課表還不錯。

索斯伍德訓練課表

每週三天。

爆發式上膊，八－六－四下。
軍事推舉，八－六－四下。
前蹲舉，八－六－四下。
仰臥推舉，八－六－四下。

當我開始執教後，我將這個課表調整過好幾次，在團體訓練中，我讓仰臥推舉不再使用重量訓練架，而是請兩位幫補員用硬舉方式同時舉起槓鈴，放到臥推選手的面前。

我發現若要很多年輕選手將槓鈴從架上抬起，他們的肩膀無法到達定位，但當有兩位幫補員將槓鈴抬到他們眼睛上方時，就自然可以正確地握住槓鈴。這個方法同時也確保了有正確的幫補，因為你沒有時間可以做出蠢事。

鍛鍊索斯伍德課表有三種基本的方式。第一種我們稱之為經典款，就是這四個動作都以同樣重量。這個方法讓選手卻步的地方是軍事推舉。

這個方法的優點，同時也是可以進一步思考的地方在於，選手前蹲舉時因為重量較輕，所以會蹲得比較深。對於學習初期的選手來說，蹲得深比重量更重要，所以這個經典款也許是最合適的方法。

學生們也都知道用這個方法，他們自己可以做更多下仰臥推舉。我常會發現他們在正規訓練結束後，還會多做好幾組，所以我不認為選手自發性多做一些訓練會是個大問題。

　　第二個方式就是每項動作都使用不同重量。雖然前蹲舉會被爆發式上膊阻礙進步，但我認為選手剛開始學習時，可以用較輕的重量來訓練前蹲舉。

　　我深信動作模式比肌肉重要，也相信正確的動作模式比重量更關鍵，所以我不認為600磅的前蹲舉只能訓練到股四頭肌，你最好準備接受全身性的衝擊。而且如果你很難彎曲膝蓋，也請不要吹噓你可以蹲得很重。

　　如果是個大團體，這個方法就需要很多槓片，選手也得忙來忙去。所以這個方法最多就二十人左右，當然也很適合只有幾個人。

　　最後一個訓練方式是將索斯伍德當成熱身。我知道現在大家都很厲害，但利用這四個大動作模式來啟動身體還是有它的價值，而且這個全身性的訓練方法還可以幫你燃燒一些脂肪。

　　為了增添趣味，可以連續各做八下的爆發式上膊、軍事推舉和前蹲舉，接著再完成第二組各六下，最後用各四下來結束。我曾試著將仰臥推舉加入這個複合式訓練，但槓鈴不斷上上下下對我來說太過勉強，除了當然要考量安全，我也發現這對熱身來說太累了。

　　現在讓我們從索斯伍德課表漸進到大五訓練。使用同樣四種訓練動作，然後每組五下，共五組，但加入硬舉訓練。你在這本書前面有讀過每組五下共五組的訓練方式。

　　選手會每組逐次增加重量，直到第五組為最重的組數。無論是哪個層級的年輕男女選手，你會發現他們都可以用接近最大一次反覆重量（相差10磅以內）來完成五下。這種情形不會發生在任何重訓經驗超過二～三年的選手身上，但對年輕選手來說卻很常見。

　　接下來的訓練方式為：

瞬發上膊，5×5。

軍事推舉，5×5。

前蹲舉，5×5。

仰臥推舉，5×5。

硬舉（任何衍伸式），5×5。

任何人都可以在健美年鑑上看到大五訓練方式。雷哲・帕克（Reg Park）非常成功地運用這個方式訓練，而他的擁護者，一位擁有政治野心的奧地利健美專家，也使用相同的訓練課表。

五－三－二訓練課表

每五次訓練，我們就會稍微改變次數與組數。我們會改為只有三組。第一組五下，並增加重量，第二組三下，再增加重量，最後大重量兩下，這就是五－三－二訓練課表。我們的目標是在最後兩下時可以到達最大重量。

年輕選手在執行最大重量一下時常常含混過去。當大多數人執行最大重量一次反覆時，幫補員多多少少都會幫到「一點點」，而且深蹲的深度也無法讓人信服。在軍事推舉時會用到很多腿部力量，如果要執行兩下，我往往只能確定有一下是真的做得確實，我不希望有人在重訓室糊弄最大重量。

當我看到選手經過五下×五組訓練後有長足進步的時候，我就會將第五次訓練改為五－三－二課表。每兩週一次的簡單測驗日也似乎可以讓選手保持高昂的熱情，以及成為他們持續回來訓練的誘因。沒有什麼比一個無聊又無法持續進步的課表更糟，但很不幸地，目前大部分的課表都是如此。當選手可以持續進步時，我就不需要擔心他們有可能會

覺得無聊。

在經過三週，或最多四週的索斯伍德課表後，我會換成大五訓練課表。經過兩個月的大五課表，而且當中有四次最大力量訓練的機會，最後一天還可以測試最大力量後，選手就可以換其他課表來訓練了。

從旁觀者的角度來看，選手對這五個主要訓練動作都有一定的熟練度。有些選手也可以舉起相當大的重量，例如我曾有高二生可以用200磅來完成一組五下的爆發式上膊。或許有些成人的重訓實力相當好，但有些十五歲的青少年更令人驚豔。

索斯伍德與大五訓練是我灌輸學生們進入重訓、體適能和健康世界的兩個方法。我有許多學生非常專注在這兩個課表上面。他們每天也會補充多次的魚油膠囊，並在訓練前、中、後補充高蛋白飲品。他們在肌肥大與肌力方面的進展相當令人驚訝。

經過幾週的重量之役後，我的學生們都成為了真正的戰士，隨時準備好迎接任何挑戰。

第 **28** 則

恢復方法入門

當有人告訴我體能訓練又有創新思維的時候，我會先摸摸自己口袋，確保它不會被掏空。接著，我會參考約翰・傑西（John Jesse）在一九七四年出版的《摔角訓練百科全書》（*Wrestling Physical Conditioning Encyclopedia*）。我在很年輕的時候就買了一本，但也立刻忘了裡面所有的好建議，因為……我是個笨蛋。

在過去三十年間，所有新穎與令人驚奇的事物，傑西都已經寫在這本書裡了，包括：等長收縮、沙袋訓練、韌帶肌力訓練、奧舉、握力訓練、甩鈴（也就是壺鈴）、綜合衝刺與體操訓練（我想是我發明的）、土耳其起立和至今仍然超越大部分人的柔軟度訓練。

他提出一個可以從一年之始實踐的每週基礎訓練建議。這是個相當簡單又有特色的課表，我想它能經得起時間的考驗：

1. 每週三次用接近最大負荷來建構肌力與降低受傷機率。

2. 每週三次柔軟度訓練。

3. 每週三次耐力訓練。

4. 建構肌力、降低受傷機率與柔軟度訓練須在同一天完成，耐力訓練則安排在另一天。

5. 建構肌力、降低受傷機率與柔軟度訓練逐步增加到一天一個半小時，耐力訓練則到一小時。這樣每週總訓練時間為七點五小時。

　　多年前，我發現自己每天的時間都不夠用。因為同時身兼父親、大學指導員、丈夫、老師、教練與選手的身分，我實在很難維持每天三小時的常規訓練。但在我大三時，我時常因為練習鐵餅與奧舉而訓練將近五小時，所以就算一天訓練三小時，我也沒什麼感覺。

　　因此我決定做些不一樣的事：鍛鍊我的腦力。我拿了紙筆坐下，開始檢視我在訓練課表上浪費的時間。我發現自己幾乎都會浪費將近一小時在幾乎沒有幫助的輔助訓練和冗長又無效的有氧訓練上。我同時也發現一些很有效的訓練，並且不會花太多時間。

　　過程中，我萌生了不同的想法。「每天只練一項」課表 —— 選手每天只要練一項重訓動作 —— 成為了重訓論壇上討論最熱烈的話題之一。

　　再次提醒，如果你每天訓練兩個動作，就不能說你有遵行這個訓練課表。我最後再說一次：請你很誠實地深蹲四十五分鐘後，再告訴我這是不是個簡單的任務。

　　針對減脂與運動表現準備，我仍然認為四分鐘減脂是最好的選擇。根據我與其他選手的經驗，我不再認為推進器是個可行的選項。我現在只會建議前蹲舉。

　　我曾在其他文章中說明過蛻變訓練課表，這是個很棒的課表，可以讓選手從休季期間到賽季時保持良好的體能狀態。我也仍然認為李維諾夫訓練法 —— 結合大重量前蹲舉與衝刺或拉雪橇車 —— 是最好的訓練。

　　你會發現我總是主張訓練要有清楚的規畫。重點在於要用可量測的強度（需要很清楚的次數、休息時間和重量）來鍛鍊全身性訓練動作，選手／客戶也必須清楚知道自己的目標。

　　通常，我們會在訓練上發現「少即是多」。再強調一次，我很高興到目前為止還沒有收到人寫信跟我說下面這個訓練很輕鬆：

背蹲舉

315磅三十下。

休息。

275磅三十下。

休息。

225磅三十下。

回家休息。

就這三組。我在一九七九年六月時做過，等我完全恢復過來後，我會再做一次。

當我開始相信每個人都可以花一點點時間就增進表現，我發現自己的人生也進步了不少。四分鐘的Tabata前蹲舉訓練，將能讓你有更多時間去完成事業或與家人相聚。你會發現自己花很多時間坐著，但Tabata帶來的效果讓久坐似乎也不會有什麼問題。

最近，我也開始發現自己慢慢走向訓練光譜的另一端……恢復。我知道這聽起來很不尋常，但當你年過半百，恢復力開始不如年輕人的時候，你將理解這一切都很正常。我的學生選手可以在完成一點五小時的超高強度訓練後，用力灌幾口水，接著繼續打全場的籃球，直到我把他們趕出體育館為止。

我必須認真思考恢復這件事。在過去，恢復對我來說曾經很容易。我總是在訓練後單手打開裝有電解質飲料的瓶子，休息一下，然後輕鬆喝掉六瓶或更多，而且我光是走到冰箱就可以減去脂肪了。

在我完全沉浸到失去的青春中以前，讓我們來看看幾個嚴格訓練後的恢復與營養選擇。在恢復上最重要的事情就是：你必須考量成本效

益，也就是錢要花在刀口上。

坦白說，你只要投資約五百美金購買一組310磅的槓鈴／片、一顆壺鈴和一組門上單槓，就可以讓你擁有終身訓練不完的時光。或者，你也可以在一天內就花掉同樣多的錢去做水療，或因為錯誤的訓練而被送進急診室。

我不是復健、恢復或手術方面的專家，但就像許多人，我花了許多時間與金錢在復健、恢復和手術上。

在我成為大學運動員的第一天，隊上防護員就告訴我們，處理傷害、疼痛與受傷的關鍵是RICE。

休息（**R**est）

冰敷（**I**ce）

壓迫（**C**ompression）

抬高（**E**levation）

還有，大部分人都知道，應該沒有比在受傷後二十四～四十八小時躺著包紮繃帶，然後抬高冰敷更好的方法了。冰塊是很神奇的法寶……大約在第一天。

四十八小時後，我們很直覺地會開始熱敷。我基本上相信任何形式的熱療，從乳液、泡澡到蒸氣室，都是復原的方式。所以當我想到修復時，我會求助於熱能。

我也求助於伸展，這非常重要。但我整個職業生涯都在跟大家說，熱身與訓練前的伸展不只是浪費時間，而且可能會阻礙進步。

你當然不希望身體在冰冷僵硬的狀態下訓練，但我們真的需要跑半小時的跑步機及七十五下的旋轉，再加上一組引體向上來熱身嗎？對於

堅持要熱身很久的選手，我會請他們做一組訓練，然後跟他們說：「這就是熱身。」

基於這些在正規教育、訓練中學到的和恢復有關的直覺事實，我在過去幾年試著找出最好的方法，下列幾個是我認為最好的恢復方法。

熱瑜伽（Bikram Yoga）

是的，我曾經提過。我會推薦熱瑜伽給我的選手有幾個原因，而且句句屬實。我知道它的創辦人有上過電視節目《60分鐘》，也擁有多臺名車，但真實的上課過程還是有許多值得分享。

首先，課程時間足足有九十分鐘。如果你一週上兩次課，那你將有三小時的伸展、拉筋、旋轉與放鬆時間。最重要的是，我們將比平常每週的伸展放鬆時間多出兩小時又五十九分鐘。

接下來，我必須說，熱（教室溫度超過攝氏三十九度，有時候還會到四十三度）與潮濕的環境確實會對身體產生「一些功效」。它讓我流汗了，而且是汗如雨下。但鄉親們，我接下來說的流汗，會讓你對熱力學定律相當困惑。

在課程中，我可以確切告訴你，我白天開會時在點心吧吃了多少義大利臘腸，因為從我前額流出的汗就可以聞到。而且熱氣讓我能輕鬆地舒展我在一九七七年就曾發誓會好好照顧的受傷部位。在熱瑜伽課程中，我發現它讓我可以處理四十年來使用不當的身體。

但我推薦熱瑜伽的真正理由既不是時間也不是熱，而是課程中的對話。九十分鐘的課堂中，老師會與學員對話，並帶領我們完成伸展與各項動作。嗯，才沒有各項動作呢，我猜你會這麼說。

對於許多人來說，這可能是最多教學指令的課程了。

我年輕的時候，很幸運能遇到像迪克·諾特梅爾這樣的人，因為他

的耐心教導，讓我學會了抓舉、上膊與挺舉。「往上拉高，盡量靠近你的身體。」這句話迪克向我重複了無數次，直到我能心領神會並自然地完成它。

我的教練拉爾夫·莫恩有項非常厲害的技巧，他總能在看了無數次的投擲動作後，還是可以找出需要改進的地方，無論我擲了多遠（或沒有很遠）。

要到哪裡找這種教學指導呢？當然，你可以聘請健身房的私人教練，瑞奇（Ricky）經過上個週末幾小時的研習，才剛拿到認證的教練。但你可以學到什麼？有人帶著你從一臺器械到下一臺器械，然後幫你看看器械上的說明書，最後告訴你彎舉機可以訓練二頭肌？那你現在可以匯錢給我，我會告訴你深蹲可以訓練腿部。非常感謝您。

一堂不需要預約的熱瑜伽只要十五美金，也就是說，每小時只要十美金就有人帶你伸展，光是這樣就值得你考慮了。無論你是相信何種伸展可以幫助你把結腸往上拉，或淨化淋巴，這都已經超過我們要討論的範圍，但若是以恢復為目的，熱瑜伽就值得考慮。

按摩

現在讓我們來討論這個最受歡迎，而且有時候也最容易遭受質疑的恢復方式。我記得幾年前曾有位歐洲選手告訴我，美國訓練系統最大的問題就是，在一般訓練計畫中缺少恢復，特別是少了按摩治療。當時，我因為顧及禮貌而沒有說，在任何運動中並沒有所謂的美國系統。

湯米·河野可能是美國最佳的舉重選手，在他的傑作《用奧林匹克的方式舉重》（*Weightlifting, Olympic Style*）中指出，美國系統就是用最簡單最快速的方法來達到目標。

曾經獲得宇宙先生頭銜的河野在幾年前討論過這個議題：

「美國舉重選手必須回歸美國訓練系統，並且不要使用歐洲選手的方法。選手們必須回歸基礎，不要被容量（tonnage）或強度操控了。」

「信不信由你，這就是傳統的輕、中、重訓練系統；每週訓練三～四次，每次不超過九十分鐘，因為這攸關肌肉刺激與是否能有足夠的恢復時間。當代有許多重訓者都過度訓練，而且因為缺乏恢復時間而受傷。」

我們受傷是否真的是因為缺乏恢復時間或主動恢復，仍然是個備受爭議的話題。

大部分的人在某些程度上仍然贊成基本的按摩治療。這似乎沒什麼錯，許多運動員，包括我也都會使用按摩治療，而且人生中很少事情能像按摩一樣美好。

但就像我們談論蘇格蘭威士忌，沒有什麼事可以比得上一瓶好的蘇格蘭威士忌，也沒有任何事可以比一瓶糟的蘇格蘭威士忌更慘。我就曾經遇過糟透了的蘇格蘭威士忌與按摩。

一般來說，每小時按摩的行情約八十五美金，但這個價錢會隨著你居住地區的經濟狀況快速增長。

按摩最重要的問題，或許就是你必須先與按摩師建立良好的關係。讓按摩師能同時刺激到夠深層與過度訓練的組織，是你們共同的責任。

這大概需要經過數次磨合，而且坦白說，當中有許多次可能還不見得能切中你的需要，要花數百美金與好幾週的時間才能步上軌道。這讓我想再問個同樣的問題：這是否符合成本效益？

我實在負擔不起每個月要花上千美金在按摩上。我當然相信按摩，也很享受按摩帶來的好處，但除了偶爾犒賞自己之外，我實在無法將它放在我的恢復工具箱中。

泡澡

　　長期恢復的最佳工具就是泡澡。我的浴缸是我送給自己的四十歲生日禮物，這十幾年來，我們已經換過兩個馬達和許多配件。這一開始的價錢有點高，當我看到一萬美金時真的有點嚇到。

　　優點是什麼呢？也許是可以讓我回味七〇年代的經驗，但嘿……這可是個貨真價實的浴缸啊！人生還有什麼事會比在猶他州下雪的冬夜泡澡更舒服的呢？而且，這也有助於伴侶之間的情感，但這也許超出我們要談的主題了。

　　它的缺點很簡單，你有看到那麼小一個就要價一萬美金嗎？

　　我在花園也有個戶外淋浴的地方，炎炎夏日時，我會先泡澡，然後再用冷水淋浴來降溫。你可以單純淋浴就好，但我會泡澡加上伸展與冷水淋浴，大約三十分鐘。再次強調，這比我每週平均伸展的時間還多出約二十九分三十秒。

　　單就滿足感來說，我認為泡澡是最好的選擇。這已經不是單純為了復健，而是一場派對！

《Z－健康》和柔軟度

　　如果我沒有提供兩個比較便宜的選擇給自己和選手，我就是怠忽職守。首先，在看過艾立克·柯布（Eric Cobb）博士的第一手資料後，我對《Z－健康》感到相當驚訝，雖然有完整的資料，但我還是不知道它為什麼有效。

　　最近，柯布博士發行了《Z－健康的快速指南》（*The Quick Start Guide to Z-Health*），這是一張定價三十五美金的DVD影片，示範了Z－健康最重要的訓練動作。在看過一次影片後，你可以跟著做一遍，

再換做另外一邊。影片中的解釋就像熱瑜伽的教學口令一樣，會給你許多好處。雖然這並不完美，因為影片不會停下來矯正你的錯誤，但其實還不錯。

最後，是幾年前我讀的一本書，那真是讓我在如何真正讓一個人變得強壯上大開眼界。奇怪的是，它的書名叫做《徒手鬥士：瞬時提升最大力量和身體柔韌性》（*Relax into Stretch: Instant Flexibility Through Mastering Muscle Tension*），作者是帕維爾・塔索林。

這本書不只有像瑜伽動作的伸展，也有幾個簡短的章節為運動表現上的大問題提供很棒的見解。在談到「懷舊效應」（reminiscence effect）的這一節中說到，宇宙給我們最好的禮物，就是當我們放棄或暫時休息時，會讓我們變得更好，光是這點就值回票價了。

我每天都用這本書中的訣竅來訓練運動員，而且效果比我在受傷恢復時所做的巫毒帶還要快。

真正的重點並不是要你購買瑜伽課程或任何東西，重點在於我們需要真正瞭解自己身體所需。我們每天都被新的藥品、飲食法和腹部鍛鍊器廣告轟炸，所以必須保護好自己的錢包與時間。

結論：

1. 雖然食物和住房可能是你在維持健康上花費最多金錢的部分，但如果你聰明選擇，訓練器材可能是最便宜的。但過度使用器材除了會讓你疲勞與痠痛，也有可能會讓你受傷。

2. 除了營養與補給品之外，恢復工具可能會非常昂貴，因此需考量自身能力。

3. 不是你花很多錢就能夠得到相應的恢復效果。試著在你的訓練、

生活型態和需求上分析成本效益，然後想想自己如何在這之間拿捏。一個十美金的滾筒帶給你的益處，遠大於一小時一百美金的糟糕按摩。

4. 最後，如果你無法承受四小時訓練課程，那麼也想想如何訓練比較好。

第 29 則

那傢伙

一言以蔽之：我想成為**那傢伙**。讓我用每年春天都會席捲美國的高中舞會來解釋。

前些時候，我聽聞有關當地高中票選舞會皇后的事。似乎是同一間教室有太多人投票了，有兩個亟欲成名的啦啦隊趁亂將自己的名字放在名單上。

我可以想像她們獲選的情景：你們很喜歡我，你們真的非常超級喜歡我！但是，這些小小的計算錯誤被發現了，所以我邊笑著這兩位俗爛的啦啦隊長，邊搖著頭離開。我就像《慾望城市》（*Sex and the City*）的四個老朋友，在心裡深深地同情在場可能有某位年輕男士，會在若干年後對其中一位啦啦隊長說出「我願意」。喵。

我還有另一個關於舞會的故事，是發生在我九歲的時候。當我哥哥蓋瑞要去越南參戰的前一天（我記不太得為什麼我們要打那場戰），我們為他舉辦了一場盛大的餞別派對。派對進行到一半時，突然有個含著淚水的鄰家女孩出現，因為她被舞伴放鴿子了。蓋瑞環顧四周後，說道：「我當你的舞伴。」他跑上樓，換上西裝，就帶著這位女孩去參加舞會了。

當他離開後，我告訴自己：「我也要成為**那樣的傢伙**。」

我會做一些很棒的訓練，也會參加一些高等級的比賽，但要能承受這些訓練與參加這些比賽，需要經年累月地努力付出。而且坦白說，在徑賽季、女兒的畢業典禮與舞會，以及我太太忙碌的行程中還能執行訓

練，實在值得用好好吃一頓晚餐與熱舞來慶祝。

讓我繼續向你誠實以告我成為「那傢伙」的過程。首先且最重要的是，我從一九六七年開始重訓，大約就是蓋瑞到越南參戰的時刻。我曾經參與許多相當高水準的比賽，包括奧舉、健力、壺鈴、田徑、美式足球、足球、籃球、棒球、壘球和高地運動會。我從一九七九年就開始正式執教，也訓練出一些國家冠軍，並收到一些奧運選手向我表達感激。換句話說，我在這行已經有段時間，也可以稍微克制一下自己的優越感了。

儘管如此，還是有幾件事提醒大家。第一，典型的一週根本不存在。我還沒有找到有誰可以完全按照課表執行兩週，而沒有稍微改變。第二，即使我每天都會在全美最佳的健身房工作，我還是選擇在家裡自主訓練。就像許多教練一樣，我無法在工作的地方自主訓練。我當然知道有些人可以，但當你是訓練一群青少年的時候，那還真的沒有辦法。我通常會形容教學時就像「被上百隻鴨子啄到死的感覺」，痛不欲生。第三，我無法控制自己，我喜歡一直改變。抱歉，但我就是這樣的人。

星期天

星期天通常是我與太太蒂芬妮每週唯一可以相聚的時間。我們會利用這天到好市多採購，這可能是我整週以來唯一能為健康做出最好選擇的時刻。如果我們在採購前可以吃些健康的食物，寫下購物清單並計畫好整週的膳食清單，我們整週將有非常健康的飲食。

我們同時也發現下午四點半的熱瑜伽課是展開美好一週最棒的選擇。我們花一個半小時在攝氏四十三度下充分享受汗水淋漓的快感，也讓我重新找到每個受過傷的地方。

最棒的是，下課後回家來一杯紅酒，那感覺就像喝了十杯一樣棒。

我們笑著彼此在熱瑜伽課程結束後睡著的模樣，因為那就像是我們在陽光絢麗的海灘上享受片刻慵懶的放空時光。

星期一

我在星期一和星期四晚上會有空閒時間，因此我可以與好朋友尼克一起訓練。他會來我家，然後我們就開始訓練。

我們通常都用八趟絕佳衝刺來展開訓練。在我家後方有條很長的林蔭大道，我們會逐次增加這八趟衝刺的強度（也就是從緩步開始，組間會緩和休息）。事實上，我們曾試過逐次加速，但別忘了，我們的目標是在沒有受傷風險的前提下訓練衝刺。

這八趟的衝刺距離在四十～六十公尺之間。我們會試著在每趟中間加速，並且逐趟增加強度。

尼克的上半身較不發達，因此他每次都會鍛鍊上肢推與拉系列。尼克最喜歡的訓練方式之一為：

> 背蹲舉五下。
>
> 引體向上五下。
>
> 伏地挺身五下。
>
> 爆發式彎舉五下。
>
> 軍事推舉五下。

尼克會完成五組訓練。

當他在訓練時，我會用階梯式完成壺鈴上膊與推舉，並包括引體向上，這也是我徑賽季中的訓練方式。請注意：這是我在執教時的訓練方式。因為加上工作、比賽與移動時間，有時候我的工作時數會到十二～

十五小時，所以我能承受的訓練強度就會降低。

這個階梯式都是依照一、二、三的規律，就像下列：

左手：上膊與推舉一次。

右手：上膊與推舉一次。

引體向上一下。

左手：上膊與推舉兩次。

右手：上膊與推舉兩次。

引體向上兩下。

左手：上膊與推舉三次。

右手：上膊與推舉三次。

引體向上三下。

我通常都會訓練三組，但在夏天時會增加到五組。

我會從下列兩種方式中選出一種來結束星期一的訓練。我們會做長距離的農夫走路加上衝刺，或者如果天氣很糟的話，我就會選擇壺鈴抓舉。

抓舉訓練方式：

左手抓舉十下。

右手抓舉十下。

休息一下，然後繼續訓練到自己可以負荷的組數。

星期二

星期二的訓練非常簡單：抓舉握姿的硬舉，加上爆發式聳肩。這可以用「五下、五下、三下、兩下，共兩組，逐次增加重量」，抑或「六次的大重量一下」來訓練，然後每週輪替。

但世事豈能盡如人意。星期二我通常都會非常忙碌，因此有時候會用粗槓硬舉或引體向上來代替。我認為引體向上做再多下都不夠。星期二通常都是我來點趣味，並以工作為優先的日子。

當我太太沒有出差的時候，我們會一起去參加晚上的熱瑜伽課程，我希望在季中時每週可以去上兩次課。有時候我會到猶他州較偏遠的地區參加徑賽，因此當我回到家時已經很晚，所以也就無法去上課了。

星期三

算了吧，我從來沒有在這天訓練過。我星期三都忙到沒有時間，因為我們都會有比賽。

星期四

尼克星期四會再來我家訓練，除了稍微改變一兩項之外，我們通常都會重複星期一的課表。

我會一直改變尼克的訓練課表，但我自己則維持星期一的課表，但會加上兩個變化。我會用盪壺取代壺鈴抓舉，另一項則是前蹲舉。

我試著維持適當的次數，例如五下×五組，但我會很慎重地選擇適當的重量。我會讓身體告訴我需要放多少槓片在槓上；我一點也不擔心是205、255還是135磅。各位讀者，如果你的生活很忙碌，應該就知道我在說什麼。

星期五

星期五回到家我都會找點樂子，即使我知道隔天可能會有十二個小時在猶他州某個荒涼的地方參加徑賽。我會做點抓舉、推舉或沒有任何節奏／理由的訓練。我就只是個玩重量的傢伙。

我們每週都有好幾天會出門遛狗，在星期五下午玩了點重量後，帶著狗悠閒漫步實在是非常美好的時光。

星期六

我每個星期六都想要訓練，只不過要等好幾個月，就這樣。

關於營養補給品的建議

我有一套營養補給品的理論，它在你訓練狀態不是很好的時候非常有效。族繁不及備載，但下列五點最為重要：

1. 我會用魚油開始與結束這個營養補給品的討論。請多多服用魚油。

2. 從成本效益來說，最棒的補給品就是無糖的美達施（Metamucil），問問那些排便不順的選手，你就會知道它的好處。它似乎也對改善血路很有效。

3. 睡覺前吃些鋅鎂力。我知道它有些爭議，但這東西似乎有效。不管怎樣，我始終認為鎂沒有得到應有的關注。

4. 我很喜歡這個稱為 AlphaMale[1] 的東西。我不知道它是什麼或為什

1　譯註：美國食品（無中文對照）。

麼有效，但它在廣告上宣稱有效。連我都有注意到這個補給品的效果，所以它讓我很驚訝，這當中必有祕密。

5. 一碗含有高蛋白粉與肉桂的燕麥片仍然是力量型選手的最佳點心。我知道它對你的身體非常好，但我更喜歡它在你在執行大重量訓練時給予身體的幫助。

就這些。我會確認每天早餐都有吃蛋和肉，午餐時會吃下一大份沙拉，晚餐則會好好善待自己，吃下很多纖維以及更多的蛋白質。我會吃些補給品，也試著好好睡覺，但不時會因為擔心公車司機、天氣以及成千上萬的瑣事而驚醒。

但我會繼續往前。我有個偉大目標。我要成為**那傢伙**。

第30則

你有真正進步嗎？

最近，一位好哥兒們跟我說了個壞消息。根據一位健身界大師表示，我根本不會深蹲。當我回頭看自己已經花了四十年在重訓上面，再想到這件事就覺得很好笑。

這讓我回想到一九七四年三月三十日，那時候我的膝蓋受傷了，醫生告訴我：「你今年結束了。」

六週後，我贏得了鐵餅冠軍，並且打破個人紀錄。當教練問我為什麼在投擲時還要穿著運動褲時，我告訴他因為這件褲子會帶給我好運。但實際上，是因為傷口的第二道縫線已經有點撕裂，而且我的褲子黏在腿上了。

當你坐下來回想訓練生涯時，必須看所有事物的加總。所有事物？有好的部分，例如好教練、高品質補給品、充足睡眠與正面體驗，當然也有壞的部分。有時候，我們有邪惡的一面，但我相信它們的內在是仍是美好的。

壞的部分？沒錯，就是壞的部分。基本上它們會阻礙我們前進，包括受傷的折磨、不好的技巧，與糟糕的建議等。我敢打賭你一定想要忘記那本讓你每六個月只能訓練一天的書，或告訴你要不斷用頭撞牆的訓練機構。你也一定想要忘記你因為試了某個補給品後，立刻就有危險物質應變小組衝到你家，讓街坊鄰居處於驚慌中的經驗。

那麼，我們每個人面對到最大的問題是什麼？不論是那個穿著蘇格蘭短裙在暴風雪中擲鉛球的人，還是寫信問我「想要在洗澡時看見鏡中

自己的完美體態」的人，這個問題都是一樣的。除非他們是漂亮的女士，我會請這些人不要再問我如何在洗澡時能看見鏡中自己擁有完美體態。還有，為了我的健康與婚姻幸福，也不要再寄照片來了。感謝您。

現在該輪到那個最重要的問題了：你有真正進步嗎？

這聽起來真容易，看起來也很容易，但請轉頭問問身邊的人：「你有真正進步嗎？」那個青筋爆開，用力嘶吼舉起65磅在做頸後推，並且想像著自己贏得「阿諾盃」（Arnold Classic）的人正等著你跟他小小聲地說：「你真的有進步嗎？」

你看吧，很少人會真正進步，所以我想改變這個狀況。在最近的工作坊中，我歸納出三種可以評估一般訓練者進步的方法。當然，每個人都是特別的 —— 我們都有獨門絕技，而且你可能還能列出一長串的清單來解釋你為什麼如此獨一無二 —— 但你至少可以問問身邊的人，他是否真的有進步。

第一步：減掉一磅。

在接下來的三百六十五天中，我希望你可以減掉一磅的脂肪。是的。事實上，我將給你一個課表。

如果一磅的脂肪是三千五百大卡而且符合浴缸曲線（bathtub model）[1]的話 —— 也就是假如你所吃進身體與燃燒的卡路里是相同的話，因此你的體重就會永遠不變 —— 那我將請你在接下來的三百六十五天中，每天減掉九點五大卡。

因此，如果真的有像我們在電視上看到的那種只含一大卡的飲料，那你每天只要少喝九點五瓶就好。

---

1 譯註：浴缸曲線得名自其形狀類似浴缸的剖面，二側陡峭，中間平坦。

喔，一年減一磅的脂肪對你來說太少了嗎？很好，那麼你想要多少呢？一週一磅？一個月一磅？聽好，這也就是為什麼大部分人都無法進步的最大理由。他們對於過去、現在或未來沒有參考值，因此也就無法評估是否有進步。

在你迫不及待要執行《丹的每年減一磅脂肪課表》之前，請先幫我一個小忙：

1. 開始記錄訓練日誌。日誌上的數字應該要往上升。當使用相同重量，你可以愈做愈多下時，就應該往上增加重量。如果沒有，那就是有問題。

2. 我從快速飲食法學到非常有價值的一課：前後對比的照片非常重要。請每年拍張紀念照 —— 這個壓力會迫使你遵循計畫的每個細節。

3. 我在聽了喬許・希利斯（Josh Hillis）的建議後，開始記錄飲食日誌。我必須承認，當寫下吃了兩個甜甜圈的剎那，就恍然大悟為什麼體重老是減不下來。

有了這三件事，你至少知道要從哪裡開始。接下來，每天減九點五大卡，一年後再告訴我驚人的成效！

這是個防呆課表，如果你不知道何去何從，儘管隨意嘗試都可以成為你的方向。

第二步：衡量你的重訓結果

用下列其中一個方式來衡量在重訓室的進步幅度：

1. 最大硬舉重量。

2. 引體向上次數。

3. 連續三次立定跳遠總和。

　　為什麼是硬舉呢？因為我到目前為止還沒有看過任何硬舉的輔助方法 —— 除了拉力帶，絕對不要使用 —— 因為這會讓硬舉變得比較容易。事實上，除了變壯之外，我還不知道有任何竅門。你的健友可以在臥推的底部、困難點和頂端時幫你「一點點」，但我實在不知道他能如何幫助你硬舉。當你對訓練課表有所質疑時，試試看硬舉的最大重量是否有突破。

　　提醒：不要告訴我，你用405磅的六角槓鈴做了二十下硬舉，就等同於700磅的傳統硬舉。我的好朋友雷恩・坎諾（Lane Cannon），聽了某人的建議（不是我喔）做了高次數硬舉，結果發現多次數的舉起405磅六角槓鈴只等於傳統槓鈴最大重量455磅。這實在傷透了他的心，也幾乎傷了他的背，也才讓他發現磨破皮的手並不等於大重量。抱歉。

　　引體向上也是沒有人可以幫助你的訓練項目。你必須在單槓上執行引體向上，且雙腳不能碰觸到地面。開始時雙手需打直，然後往上拉到下巴通過單槓。身體愈直愈好。為什麼呢？因為沒有人在乎你拉了多少下。引體向上並沒有職業聯盟、奧運獎牌或明星代言。它只是個衡量方法。身體不要扭動像是在跳霹靂舞，只管用你的手和背部往上拉。

　　有件很奇怪的事：過去幾年間，我發現到，也有很多人注意到，可以拉最多下引體向上的孩子，通常也是三十七公尺衝刺最快的。我認為增加引體向上的次數也會強化速度。為什麼呢？我也不知道，但你們若有三十七公尺測驗，請加入這個瘋狂的實驗，然後告訴我結果如何。

　　最後一項測驗為三次跳遠，也就是連續三次立定跳遠，因此看起來就像蹦、蹦、蹦。我過去測驗的是垂直跳，但我發現一些有趣的事：一

位五十四公斤的新鮮人可能跳到六十六公分高，而當他到四年級時，體重達五十四公斤，卻也是一樣跳到六十六公分高。我們這四年的訓練都白費了嗎？並不盡然，用垂直跳來評斷會有兩個缺點：首先是增長幅度有限，另外也很少考慮到其他影響因素。

三次跳遠會有九公尺的成長空間，從六點七公尺進步到七點九公尺會讓我和選手都感受到訓練的成效，然而垂直跳從六十六公分進步到六十六點六公分則很難明顯看出差異。除此之外，如果選手第一跳超過二點四公尺，但接著兩跳都是一點二的話，那麼我大概就知道接下來在重訓室要強化的部分了。如果你不知道要訓練什麼的話，試著增加幾週硬舉和背蹲舉的重量或次數，然後重新測驗一次。如果成績再沒有增加零點五～一公尺，那我會建議你去玩西洋棋就好。

這三項測驗最基本的重點：它們的模糊空間最少，而且很難代償或輔助，所以任何的進步都能代表你目前的訓練方法有效。

這就像一位美式足球教練，讓隊伍在一年內從零勝十三敗變為十三勝零敗。他會說這是新的肌力訓練課表的緣故，或很誠實地認為這可能是多了幾組某項訓練。但我倒覺得是他從其他州帶了五位超級球員進來這支球隊。你可以說我瘋了。

肌力與體能訓練對美式足球或其他團隊運動的影響可以說是相當難以評量。然而，若你的課表可以在一個月內增加硬舉、引體向上或三次跳遠成績的話，我會洗耳恭聽。

第三步：喚醒你的中樞神經系統

你最近有檢查過自己的中樞神經系統嗎？多年前，斯特凡・費恩霍曼（Stefan Fernholm）告訴我一項有趣的測驗：每天早上拿枝鉛筆，測試自己十秒內可以在白紙上點幾下。舉例來說，你兩週以來的平均可以

點四十～四十五下，但之後有天早上，你發現自己只能點三十下。用鉛筆點在白紙上是件很簡單的事，但你現在卻減少了25%。就像斯特凡說的：「這很糟糕。」

後來我的朋友，麥克·羅森博格，幫我設計了一個電腦程式，他用空白鍵取代「鉛筆」，並內建計時器。整整兩年，我每天早上起來都會做這個十秒鐘測驗，並將結果做成曲線圖，然後發現一個事實：當數字減少時，我都會生病或受傷。

很明顯地，當我的手指反應下降時，就代表中樞神經系統疲倦了。

在那之後，當我看到數字減少時，就會將訓練減量，增加蛋白質攝取，並多留意一些小事，例如睡眠、泡澡和休息等。這真是太神奇了。

不久前，我買了《讓你明年更年輕》（*Younger Next Year Journal*）這本書，於是開始關注自己早晨的心率。雖然這不像點點測驗那麼有趣，但我還是發現一些好玩的地方。首先，我早晨心率通常都是每分鐘五十四下，但當我捐血時，心率就會到每分鐘六十八下。我已經五十幾歲了，並且自從吉米·卡特（Jimmy Carter）擔任總統以來，就不曾訓練過心肺，所以當我看到跑步機上的心率時必須小心一點。這顆老心臟或許每分鐘還能撐到一百二十下。

第二，我不太確定微幅的心率波動代表什麼意涵，但有次我在奧運訓練中心，有人告訴我早晨心率增加10%代表過度訓練了。通常，我的心率若高於平均值10%就會胃脹氣。這是很棒的觀測指標，但讓我說得再清楚一點，我還不確定心率飆升的真正意涵。

大部分的人都忽略了身體與疲倦之間關係的重要性，我稱之為「中樞神經系統疲倦」，但看看我早晨是否胃脹氣會更準確。然而當我與一群人討論時，許多人似乎都知道我的意思。

「突然之間，我的打字技巧降低了。」

這並不意外，因為我們的手指充滿了神經連結，因此有些最困難的動作反而被我們視之為理所當然，例如打字或挖鼻屎。

「當我開始過度訓練時，我會緊張煩躁、隱隱作痛、出言不遜（還有很多，請自行填入）。」

是的。我們都會這樣。身體能承受的負荷相當有限，一旦超出負載，它就會無聲無息地影響到你的情緒與社交生活。相信我，不要在聚會時失態了。

「我就是無法承受大重量！」你也許會這麼說。

那你永遠都可以用中等重量來執行中等的組數與次數。這就像《深夜加油站遇見蘇格拉底》中所說：這杯微溫的茶是惡魔沖泡的！中等負荷是訓練的死亡之音，你可以經年累月地用中等負荷來訓練，但不會有任何進步。你可以每件事都只要求在平均值就好，例如去買一輛夢想中的淡綠色福特四門Escort房車，然後開著它向辣妹揮揮手；你也可以所有成績都是C，然後問輔導老師：「我的專業技能是什麼？」

換句話說，乞丐中的皇帝還是乞丐。如果你無法負荷大重量，請先離開，直到可以時再回來！

這個中樞神經系統議題已經超出我的能力範圍了，但如果你訓練的時間夠久的話，應該知道我要說的重點是什麼。當稍作休息對長遠目標有正面助益時，請不要埋頭苦練。如果你曾因為相信要堅持訓練直到倒下，而經歷過慘痛的訓練週期，你將會看到這個方法的美妙之處。

有時候，生病或膝蓋受傷會讓人有預料之外的重大突破，卻很少人發現這點，因為深信「多就是好」的訓練概念讓他們與真正的進步漸行漸遠。

即使一年只有減掉一磅脂肪，也遠比目前99%教練所做的都強。

請謹記在心，重點在於進步。

第31則

鄙視普普通通

我有一位朋友叫丹・弗茲（Dan Fouts），他偶爾也會來跟我一起訓練。幾天前，他跟我說了一件有趣的事：「丹尼，你是不是痛恨普普通通？」

我回答他：「你為什麼這麼說？」

因為你總是說：「我就是痛恨普普通通。」

這真的很好笑，但也是事實。如果你跟警察報案，然後像這樣形容歹徒：身高普通、長相普通，髮型也普通。或是想像你女兒在念大學時，有天回家跟你鄭重宣布她找到了此生摯愛，但形容這位真命天子在個方面都還過得去，沒有特別好或特別壞的部分，你會做何感想？

我說過的某句話曾在網路上被不斷引用：

「減脂是一場全面抗戰。給我二十八天，真的只要二十八天。請你全面啟動，這並不是生活型態的另一種選擇，這是場戰役。減脂後，再回到普通的生活。再送你一句話：**平庸**。啟示錄說得很好：『你既如溫水，也不冷也不熱，所以我必須從我口中把你吐出去。』平庸是膽小鬼的行為。」

現在，各位親愛的讀者，我必須先警告你：我承認自己對普通的課表、訓練或所有普通的事可能都有些誤解。

我真的知道自己錯了。

有成千上萬的作者、教練和訓練員都不斷告誡你，要在飲食、訓練和生活上保持平衡，只是大部分的人都聽不進去。

古希臘詩人赫西歐德（Hesiod）說過：「當你觀察所有的事情之後，你會發現平庸是所有事情最好的部分。」話雖如此，但赫西歐德能臥推多少？柏拉圖的深蹲表現不怎麼樣是眾所周知的，而他也說過：「我們應該追尋與實踐平庸。」

我有個問題：每隔四年，我都會收到許多電子郵件。不久前，我甚至收到一封貼著郵票的信。

信件內容都很急迫。

這些勤奮不懈、冰雪聰明又天賦異稟的選手們剛結束奧運比賽，然後寫信告訴我，經過四年的勤訓精練，在最重要的那一天：「我竟然一無斬獲。」

「斬獲什麼？」這個問題通常是話題要延續下去最好的問題，但我已經完全知道他們的意思。

當我詢問他們關於訓練計畫的問題時，通常都會回傳給我許多頁的示意圖、曲線圖、課表、計畫和試算表。但我只要問一個問題，就可瞭解這些資料中的重點：

隨便選一個月或一段訓練區間，「例如，二〇〇七年十月的目標為何？」

我總是會收到極為深奧的回應：啊，那個月我們試著要專注在：

減脂

爆發力

肌力

協調性

基礎體能

奧林匹克舉重動作

技巧奠基

學習新動作

增加肌肉量

於是我們便能瞭解了為什麼這些選手會失敗。

讓我們來回顧一下肌力與體能訓練兩個最重要原則。

1. 每件事都有效。

2. 每件事都有效，但效果都只有一段時間。

不要忽略了第一點：每件事都有效。是的，每件事。這也是為什麼當我們徹底改變訓練時，身體組成分子會在短時間內產生極大的變化。

舉例來說，你跟我想的一樣，都認為長距離慢跑是請鬼拿藥單，但在讀了約翰・麥卡勒姆的《全方位進步的關鍵》這本書後，你決定要在訓練計畫中加入一點點跑步。短短幾週內，你從只能跑完一圈到可以跑一哩不用停，你的體脂下降的速度就跟吃下那些地下電臺減脂專家吹捧的奪命追魂散一樣快。

幾週後的一場舞會上，有人發現你變瘦了，或更……好。這就會讓你更有動力繼續跑下去，直到膝蓋受不了為止，你不只流失了肌肉，身體組成分子也比剛開始跑之前更差。

看到沒？請記得第二點：每件事都有效，**但效果都只有一段時間。**

沒錯，任何事都有效。諾德士訓練法真的鍛鍊到我的胸大肌與二頭肌；慢跑真的有助於減脂；參加體操隊可以強化肌力與柔軟度；加入終極格鬥賽也將有助於所有事。

但是，一次想要完成所有事將會把你壓垮。

　　聽到了嗎？如果一次完成所有事，你將會顧鼠五技而窮。想要變得更優秀，你就必須專注在少數的事情上，而大部分的人都無法專注超過一件事。

　　你不相信？你可以去請頂尖短跑選手嘗試其他比賽。有許多一百公尺選手不想參加兩百公尺競賽，就是因為不想出現尷尬的場面。他們還是可以跑得比你所有認識的人都快，但無法展現出頂尖成績對他們來說會很尷尬。

　　我們常會困在這樣的思維陷阱當中。

　　我在某年春天參加查利・法蘭西斯（Charlie Francis）的工作坊時，聽到了對訓練最好的總結。他指出大部分人的通病就是：訓練課表中，高強度的部分強度太低，低強度的部分強度太高。

　　我對於跟所有人一起抨擊高強度訓練族感到非常愧疚，亞瑟・瓊斯的原創思維仍然相當值得尊敬。

　　很多年前，我跟一位見證過瓊斯訓練的人有段精彩對談，他說瓊斯幾乎要拿著槍，才能迫使那個人跟他一起訓練第二次。吼叫、威脅、哄騙與鼓舞幾乎都無法讓人勇於再度嘗試那種程度的痛苦。

　　下列是史蒂夫・韋丹（Steve Wedan）指導凱西・維亞托（Casey Viator）所做的兩個腿部訓練。

第一次訓練

大腿推蹬機 ——460磅 × 二十五下。

大腿伸屈機 ——200磅 × 二十二下。

深蹲 ——400磅 × 十七下。

六月十日，他接續訓練下列項目

大腿推蹬機 ——750磅×二十下。

大腿伸屈機 ——225磅×二十下。

深蹲 ——502磅×十三下。

　　這兩次訓練在組間都沒有休息。這不是普普通通的日子，這樣的強度實在非常高。

　　亞瑟‧迪凡尼（Arthur De Vany）博士對人類早期活動有很深入的見解。不久之前，他接受一次非常好的訪問，其中我最喜歡的部分就是他對有氧訓練所說的箴言：

　　「有氧訓練是我的課表中速度最快的部分，我會在操場或室內單車上衝刺，也會間歇調整速度。我從來不會在跑步機上設定距離或時間。這非常無聊，而且也沒有意義。

　　看看那些慢跑者或長跑選手，他們並不是精實，因為他們根本沒有肌肉。他們非常羸弱，完全沒有爆發力。儘管看起來好像很苗條，但慢跑者一點都不瘦。根據一項研究指出，一個慢跑俱樂部會員的平均體脂率約為22%，其實超過13%就非常不好。

　　我不會為了健康而跑，但有趣的跑步實在不錯。只要調整速度和場地，就會是一個健康又充滿趣味的活動。規律的慢跑就像打卡上班，並不自然，如果你在操場上進行長距離慢跑，我相信一定會危及健康。」

　　迪凡尼的觀點讓我們直接想到查利‧法蘭西斯觀點的第二個部分：低強度的部分強度太高。

　　你可以稱它為休息日、輕鬆日、恢復日或任何你喜歡的叫法，但我所訓練的大部分人都完全忽略了這些日子的重要性。

　　我習慣讓選手有輕鬆日，但有趣的事情就此展開了。我就不說誰了，但我有個菁英選手，某種程度來說是我訓練過最棒的學員，他曾經

在某場重要錦標賽的午後來找我，並跟我說：「你絕對不會相信我昨天的訓練狀況。」

昨天？他指的昨天是三天輕鬆日的最後一天。

他繼續說：「我感覺到槓片非常輕，我用425磅做了五下臥推。真的令人難以置信，我竟然一點吃力的感覺也沒有。」

當天的目標是用335磅來做一下，但就像他說的：「槓片超級輕的。」

結果，他當天在田徑場上比賽時，就出現了有史以來最差的表現。因為他所有的力氣在錦標賽前一天下午就在健身房裡花光了。應該低強度的部分強度太高了。

大部分的人對訓練都會有某種形式的上癮，這讓休息日幾乎成為不可能。

我有球員在休息日打籃球鬥牛比賽時扭傷腳踝，在後院玩美式足球時弄斷手，參加越野滑雪時凍傷（一位力量型選手竟然參加長距離雪地活動……我的老天爺）。

喬許·希利斯在他超棒的部落格中，寫過一個精闢的見解，剛好打醒我們這些患有訓練成癮症的人。他建議我們每週利用兩天的「訓練」時間來準備整週的餐點。他說星期天與星期三是最好的選擇。我同意。

安排這兩天有兩個目的：

- 你會吃進自己承諾過要吃下的食物。我不在乎你目前執行的是哪一種飲食法，因為關鍵在於堅持。如果你採用阿特金斯飲食法，就不能吃洋芋片。如果你每餐的飲食都能提供身體所需，你就會選擇正餐而不是洋芋片了。
- 第二點或許更重要：花在採購、備料、烹飪與儲存的時間將會取

代你的訓練時間。這除了可以讓你得到充足的營養之外，還可以確保休息日有真正的休息。

喬許另外建議每週兩天進行肌力訓練，以及兩天我所說的四分鐘減脂計畫的殺手級訓練。

對某些打算減脂的人來說，我無法想像還有比這更完美的週計畫。兩天準備營養餐點、兩天重訓，以及兩天極致的八分鐘全身燃脂。喔，剩下的那一天呢？放鬆一下。好好享受生命。

每週兩次重訓基本上是非常合理的。幾年前，因為有太多事情占據了我的訓練時間，所以我減少到每週訓練兩次。

原始的計畫如下：

星期二
抓舉和仰臥推舉
星期六
深蹲與上膊

很快地，我發現自己應該在星期六臥推，所以減少了上膊。

星期二
抓舉，八組 × 五下

仰臥推舉

135磅 × 十下

225磅 × 十下

315磅 × 十下

以335磅完成能負荷最多的次數

星期六

上膊，八組 × 兩下

仰臥推舉

135磅 × 十下

225磅 × 十下

315磅 × 十下

以365磅完成能負荷最多的次數

六週內，我的臥推能力一飛沖天（我穿著polo衫和卡其褲就能輕鬆臥推405磅），而且還能將鐵餅丟得非常遠。

多棒的課表啊，我也想知道自己為什麼沒有持續下去！

讓我們重新整理一下：

- 我不喜歡普普通通的訓練。
- 我喜歡真正的硬漢訓練，但這你無法每天都做。
- 我建議要有輕鬆日和休息日，但很少人能做到真正的輕鬆和休息。

這就是為什麼中等強度訓練這麼受歡迎的原因。十下五組或五下五組可以年復一年地做下去，特別是你沒有訓練深蹲、上膊或硬舉這些動作的時候。

這些訓練都非常有價值；其中包含了許多中等強度訓練的優點。

重訓界有個字叫「滋補劑」（tonic），用來指稱可以讓你恢復精力、振奮精神，並能訓練得更長久的訓練。在跟亞瑟・瓊斯一起訓練到

吐的幾個月後，你就會發現彎舉十下五組的樂趣。

中等強度訓練還是保留著肌力與體適能（或你這次想怎麼叫它都行）的部分，所以你可以像體育老師常說的那樣「保持身材」。但你無法用這些滋補劑訓練減去很多脂肪。

中等強度訓練最大的好處就是可以不斷地做，但它同時也像被施了魔咒。如果情況允許的話，你知道有個訓練可以持續做好幾週是很不錯的，但詛咒就是，大部分的人經年累月都在做同樣糟糕的訓練。

幾年前，我嘗試了帕維爾的四十天訓練計畫，這四十次的訓練中，我每次訓練都執行基礎的動作模式、組數與次數，我會根據身體狀況增減重量，重點是執行訓練時不要帶任何情緒。我就只是走進自己的轟菌，開始訓練，然後離開。我通常甚至連槓片都沒有拆下來。有時候，可以直接訓練而不必花一個小時做心理準備是件好事。

請注意，所有中等強度訓練帶來的好處同時也是它的壞處。中等強度訓練，也稱為次大強度訓練，會導致長時間的低水平訓練。但這或許不一定是壞事，只要你記得這些訓練的最終目標就好。

最後，我跟這些頂尖奧運選手說了什麼？我跟他們說的話和我跟每個人說的都一樣：

與其花四年來減脂，不如花二十八天來執行快速飲食法。做不到嗎？那你憑什麼認為自己可以有紀律地執行四年訓練？

與其花四年來鍛鍊柔軟度，不如直接到熱瑜伽教室接受三十天的挑戰。讓教練、熱氣和瑜伽使你更柔軟。做不到嗎？那你憑什麼認為自己可以有紀律地執行四年訓練？

精通並熟悉奧舉動作。花點時間向好教練學習，並參加一些比賽。在奧運年之前讓自己達到最強壯的狀態，然後用這樣的基礎來輕鬆面對

那個最重要的一年。做不到嗎？那你憑什麼認為自己可以有紀律地執行四年訓練？

你知道的，我還可以繼續說下去，但你知道重點是什麼。

最後，我想說的是：

1. 每件事都有效，但專注地讓某件事更好非常值得。
2. 每件事都有效，但效果只會有一段時間。當你在課表內加了一些新刺激時，一定會有所進步，但別忘了在幾週或幾個月後再次確認它是否還有效，或者，更常見的，讓你受傷啦。
3. 與其稱之為休息日或輕鬆日，不如把它想成是準備日吧，這天你可以照顧好訓練天秤的另一端：充分的營養。
4. 中等強度訓練有它的價值，但別忘了要定期規畫高強度訓練。

第 **32** 則

少林五祖

我們都知道某些事對自己很有幫助。但事實上，我對於許多人想都沒想就瞬間大放厥詞背出某些清單感到相當驚訝。

像是我的清單：

不要抽菸。

請繫妥安全帶。

每天使用牙線。

多吃蔬菜。

每天睡足八小時。

這份清單並不壞。只要遵循這短短五項，你將能擁有健康的人生。而對於我們這些重訓的人來說，通常也都有一張簡短，而且對我們很有助益的動作清單。然而，無論我任何時候到健身房和營養補給品商店，大部分的人都在做仰臥推舉、彎舉和滑輪下拉。可是，當我跟肌力教練、專業體適能指導員，或那些讓一般人心生恐懼的人談論時，他們卻很少做這三個動作。

大部分人會推薦的「少林五祖」有哪些呢？我猜你應該不會喜歡：

深蹲	硬舉
早安體前屈	反式划船

棒式

為什麼我知道你一定不喜歡這個清單呢？因為我沒有看過一般的健身狂做過這些動作！或者 —— 這麼說也許更傷人 —— 因為我在大部分健身房看到的「深蹲」，坦白說，都不叫做深蹲！

這些動作都需要花點時間讓身體熟悉，而且通常需要幾天才能做出正確動作。

但等一下，你說最後一項是棒式？是的，就是棒式。最近在一個工作坊中，有個人不斷問我有關弓箭步的問題。「你的選手會做弓箭步訓練嗎？」不會。「那你會做弓箭步訓練嗎？」也不會。最後，他終於問出心中真正的問題，「為什麼你們（指肌力教練）那麼痛恨弓箭步訓練呢？」很好，他真瞭解我。弓箭步就像棒式，是「那些」訓練之一，你知道的，就是珍芳達（Jane Fonda）做的那種運動。在充滿鏡子和七彩霓虹燈的教室裡，有氧老師會瘋狂尖叫，然後大喊「讓我們用力燃燒脂肪吧！」和「很好，感覺不錯吧！」。但是，在夜深人靜的夜晚，你試著自己練習，卻失敗了。在健身房裡，有幾件我們最不希望出現的事，第一，看起來很蠢，第二，動作做起來很蠢。棒式是最糟的運動之一……簡直糟透了，而且也比想像中的困難！

因此，讓我們來設個目標：第一，不要看起來很蠢；第二，好好練習這些訓練動作。

深蹲

我們將從大部分重訓者在健身房內遇到的禍源開始 —— 深蹲。多年前在一場工作坊中，一位年輕男士告訴我：「深蹲傷了他的膝蓋。」

我請他深蹲一次給我看，在他蹲了幾下之後，我坦白告訴他：「傷了你的膝蓋的不是深蹲，而是你所做的讓你的膝蓋受傷了。」深蹲對整體肌肉質量與肌力的刺激，可能超過其他重訓動作的總和。但若是沒有正確執行，也可能比其他動作造成的傷害更大。

讓我們回歸原點。先找個沒有人的地方深蹲到底。在動作的底部──蹲愈低愈好──雙手合十，然後用手肘將膝蓋往外推。放鬆⋯⋯然後再蹲低一點，你的腳掌需平貼於地面。對大部分的民眾來說，這個小小的動作──用你的手肘將膝蓋往外推──將永遠讓你更瞭解深蹲。

接下來，試試看這個小訓練：站在離門把一個手臂長的距離。雙手抓住門把並挺起胸膛。挺胸？當我在教學時，我會讓選手想像他在加州的海灘上，有個超級火辣的泳裝模特兒經過他面前。說時遲那時快，選手就會挺起胸膛，同時下背部繃緊、上半身穩固、闊背肌伸展及肩胛骨後收。現在，放鬆回來。這時候大家會發現：雙腿並不是像兩根柱子一樣固定在軀幹下方，反倒比較像軀幹掛放在雙腿之上。當你往下蹲，雙手打直，身體往後傾，你將會發現重訓的其中一個關鍵：你在雙腿之間深蹲。你不會像手風琴一樣伸伸縮縮，你是在雙腳間往下沉。不要光看不練，要實際操作！

現在，你已經準備好要鍛鍊最佳的重訓動作之一：高腳杯深蹲。首先，拿起一個啞鈴或壺鈴，放在胸前。拿壺鈴的話，雙手握住把手兩側；若拿啞鈴，則垂直用雙手托住上端，就像你在胸前端著一個高腳杯，這就是「高腳杯深蹲」的由來。將重量抵在胸前，深蹲下去，然後目標是讓手肘──必須往下，因為你捧著壺／啞鈴──輕輕滑過膝蓋內緣。當你往下蹲時，手肘可以將膝蓋往外推。

在健身房內學習動作模式有個至關重要的關鍵：讓**身體**教導身體要

做什麼。仔細聽好：**試著不要想太多！**當你想著如何執行動作時，通常就會出現問題。讓手肘輕輕滑過膝蓋內緣就會有好事發生。當選手想得愈多，就愈有機會想到方法搞砸。不相信我嗎？當你在籃球賽落後兩分且只剩幾秒時，試著投一個三分打[1]……如果你認為這時「思考」是個好主意的話，再回來找我。

我不知道是否應該告訴你這件事，但我認為高腳杯深蹲是大部分人都需要的深蹲模式。如果槓鈴會在背蹲舉時造成傷害（我不予置評），在前蹲舉時會讓你手腕疼痛（我選擇閉嘴），有氧老師也不讓你在單腳衍伸動作時使用訓練箱，試試看高腳杯深蹲吧。我是認真的，一旦你舉起超過100磅的壺／啞鈴，然後做幾組每組十下的高腳杯深蹲，明天早上你或許就會發現自己如廁時竟然可以蹲得這麼低。

讓我們繼續握著啞鈴一分鐘。我看到大部分人硬舉時最大的問題，就是忘了如何從地板拿起東西。大家都會提醒我不要用背部來提東西，但這就像告訴你說話不要使用舌頭一樣。你知道……你可以做得到，只是不太順暢。

身體站直，托著啞鈴下端。這一次，手臂完全伸直，然後將啞鈴朝向地面垂直放下。啞鈴應該要懸垂在你的雙腿之間。此稱「馬鈴薯袋深蹲」（potato-sack squat），這也是學習如何硬舉的好方法。想像要如何將馬鈴薯袋從地面搬起來？你會希望自己蹲低一點，雙手環抱袋子。手持壺／啞鈴，讓重量下降到你的腳掌之間。然後回到原本位置，請記得保持頭部正直、胸膛挺起。

輕鬆。

現在，為什麼不用這個方法來硬舉呢？這就是硬舉……這是世界

1　譯註：投兩分球，對手犯規，加罰一球。

上最簡單的重訓動作！但是，老奶奶的提醒可能還縈繞在你的耳邊：
「不要用你的背。」

接著站在兩個箱子或兩個較厚的45磅槓片上。慢慢往下蹲，試著
碰到兩個箱子中間的地面。這或許是你蹲過最低的位置。

硬舉時一定要使用45磅的槓片，或是蹲到和45磅槓片一樣低的位
置。我會讓年輕選手先做一組十下的馬鈴薯袋深蹲，接著讓他們舉起槓
鈴，試著體會槓鈴往下時也能有同樣的感覺。他們於是學會了硬舉。有
幾點關鍵提醒：

重量保持在腳跟。如何檢驗呢？將10磅的槓片放在腳趾下，讓從
腳趾到腳掌的蹠球部踩在槓片上。這個動作可以刺激膕繩肌與腓腸肌
（嘿，這可是免費的伸展），然後將腳跟往下向地面推。我堅持教導選
手：「把你的腳跟推到中國去。」現在中國隊的教練似乎也教導他們的
選手推回來，我實在很擔心地球會變形。

第一天學習硬舉時，先從標準握法開始，但我真心建議要經常變換
握法，直到你找到可以舉起最大重量的方式。

硬舉時，想像你的手臂就是鋼條，讓它們完全繃緊。

保持頭部正直。但我有許多選手說，將下巴提起可以硬舉更大的重
量。當一天內有十個人告訴我某件事有效時，我就會選擇相信他們。

早安體前屈

許多用早安體前屈（good morning）訓練的人都會造成一輩子的
壞早晨（bad morning）。幾個月前，在一場肌力訓練工作坊後的派
對 —— 想像一場盛大的電影首映會後派對，但沒有美酒、佳餚或俊男
美女 —— 有人問我有關早安體前屈的問題。我還記得當時是這樣回答
他的：「我可以做早安體前屈，你也可以做早安體前屈，但站在角落那

個衣服快爆出來的肥佬就沒辦法了。」

這個動作有什麼大不了的？將槓鈴放在背上，然後往前彎，除了會讓脊骨神經醫生拍手叫好外，這個動作為什麼有這麼大的問題？首先，要瞭解我們想訓練什麼：我用早安體前屈來訓練膕繩肌，而不是下背部。為什麼？其實也沒什麼，真的，我只是希望選手下週還能走路而已。因此，在開始訓練之前，請注意兩件事：

首先，身體站直，往前傾時，雙手維持 V 形。你知道我在說什麼。接著，並將臀部往後推，手繼續保持 V 形，否則屈曲時手部動作就會不見了。這就是早安體前屈。是的，保持頭部正直、肩胛收緊，並將胸膛挺起，整體動作就是很簡單地增加身體下彎的角度。如果你動作正確 —— 即使在沒有負重之下 —— 仍會感受到膕繩肌伸展。這就對了。

我強烈建議先用掃把練習這個動作。有個很好的練習方法是背對著牆，將你的臀部往牆壁推。接下來，遠離牆壁幾吋，臀部再次推向牆壁。慢慢地再往外遠離牆壁，直到你的臀部無法碰到牆壁為止。這就是我希望看到的早安體前屈。

不要把這個當成瑜伽動作了。你應該也不希望在你的臉種到地上時還聽見我的笑聲吧。不要把這個當成伸展大賽，也不需要嘗試自己的極限。把它當成一個重訓動作就好。正確地執行，讓我驚豔一下吧！

反式划船

先暫停一下。是的，我知道。我知道有些人會說阿諾曾說過引體向上是訓練闊背肌最好的動作，但你也需要划船動作讓闊背肌更厚實。這我知道。我真的知道。

我想：讓我們正確地執行這個動作吧。

在你繼續鍛鍊划船動作之前，我希望你能做幾組「俯臥划船」（bat

wing，又譯蝙蝠翼）。是的，這是我發明的……就在我發明網路之後。面朝下趴在臥推椅上，然後將兩個啞鈴放在身體兩側的地面。你有可能會在這裡感到困惑，但我不在乎你的動作幅度大小，我只希望你能至少拉起四吋。如果你是做伏地挺身，大概就是動作的底部位置。我只希望你能盡量將啞鈴拉起，收緊肩胛骨。你不可以像很多人做划船動作時那樣用力抽動、身體亂擺或用任何奇怪的姿勢。請正確認真地執行數組五下的訓練。

隔天你就會發現上背部有塊叫做菱形肌的肌肉感覺快要抽筋了。喔，不客氣。因為強壯的菱形肌可以解救你的肩膀，讓你站得更挺，也能帶給你更聰明富裕的人生。也許吧！

為什麼這個動作會叫做蝙蝠翼呢？因為在動作頂點時，看起來就像蝙蝠的翅膀。如果你仔細看的話……記得從側邊喔。真的是有一點像啦。

現在，讓我們回到反式划船：有些人會在槓鈴雙邊各掛十二片槓片做寬握彈震式聳肩，然後宣稱這是「反式划船」。其中一件他們疏忽的事就是菱形肌，而且他們也將很快地疏忽了椎間盤，但這又是另一個故事了。

當你要做反式划船訓練時，請維持早安體前屈的Ｖ字形，然後試著將槓鈴拉到胸膛。如果你的手臂較長就不需要拉到胸膛，只要專注在頂點的最後四吋就好。真正的反式划船會分成兩部分。第一下拉到肚臍，第二下則拉到乳頭位置，試著去感覺手肘要出多少力才能拉起來。

我建議你每次做水平面推系列訓練時，例如仰臥推舉或上斜推，都要練習俯臥划船。而當你訓練反式划船時，就好好划。做完每一下！

棒式

就像大多數人，我痛恨棒式。都是喬許‧希利斯讓我開始訓練棒式，然後我就發現一件有趣的事：我痛恨棒式。

為什麼呢？除了維持固定姿勢外，你也沒有做任何事，就可以從頭到腳不斷發抖。當你在發抖時，就很難看起來鎮定或冷靜。讓我們把它變得更難一點！

我有一個方法可以評估選手所有的狀況，就是按照下列方式執行一分鐘棒式：

前二十秒，右腳盡可能抬高……就像阿拉貝斯克舞姿[2]，如果可以的話。接下來的二十秒，換抬高左腳。最後二十秒，用標準棒式來完成。這個訓練也是延長你人生的方法：因為這一分鐘感覺就像永遠。

我們如何評估結果呢？我有很多選手因為做太多仰臥推舉和過度投擲棒球，都會抱怨棒式造成他們腋窩疼痛。針對這些選手，我們需要反式划船與俯臥划船，而且是很多的俯臥划船。

如果選手撲倒在地，並且瘋狂地伸展膕繩肌或抱怨膕繩肌快抽筋了，我就知道要用高腳杯深蹲或硬舉來修復身體後側動力鏈，特別是那些有臀部沉睡症候群（sleepy butt syndrome）的選手 —— 喚醒你的臀大肌吧！這些選手或許每天都要做輕量的早安體前屈和高腳杯深蹲。

如果你的身體不斷顫抖，而且在最後十秒時慘叫，很好，這很簡單：將棒式納入你的訓練計畫中，特別是在你完成大重量的訓練之後。

關於棒式的最後一個問題是從我的經驗觀察而來的，卻很值得深思。我曾有些選手在做棒式時，小腿肚會抽筋，但我實在不懂為什麼。

2　譯註：芭蕾舞的舞姿，即單腿直立，另一條腿向後平伸。

與他們討論後，我發現這些選手都忽略了一些小事，例如三餐、營養補給品、身體恢復輔助和瞭解到營養對選手可能有些幫助。因此，結論就是：小腿抽筋的選手就是在飲食上缺少某些東西。真是神奇啊，只要一兩個聰明的飲食選擇和綜合礦物質補給品，問題就消失了。這一點都不科學，但有時候經驗還是滿有參考價值的。

重訓少林五祖 —— 深蹲、硬舉、早安體前屈、反式划船和棒式 —— 將能立即建構身體在場上表現時所需的身體部分。重訓少林五祖將能讓你的身體蛻變。這些動作很困難，請花幾週的時間好好學習。

而這也是你很少看到重訓少林五祖在江湖上出現的原因。

第 **33** 則

保持長期訓練的祕密

第一條

　　在常保身材結實的祕密中有項事實：沒有完美的課表。是的，我說：沒有完美的課表。如果我可以給大部分的訓練愛好者一個建議的話，那就是停止你現在所做的事，然後試試別的。大家都知道星期一是國際仰臥推舉和彎舉日。每個人星期一在健身房做的都是上肢訓練。然後，經過三年的訓練，你的身體可能已經完全適應了！事實上，任何改變都會帶來進步，這也是為什麼將每個動作改為一組訓練，或用啞鈴替代槓鈴會有這麼好的效果：**因為這就是改變**。

　　大部分的人應該都至少有四季不同的訓練計畫。到了秋天，當大部分的人都回到學校，足球季也占據了整個電視畫面的時候，我建議訓練時要有嚴格的組數和次數。因為秋天似乎是規畫重整的好時機。在冬天，我建議將重量與強度加大，同時也建議選手使用慢燉鍋，好好享受慢火燉煮的佳餚與湯品，讓他們在訓練後可以暖暖胃。當春天到來時，可以到戶外，並在訓練中增添一些趣味。當夏天即將來臨時，如果荷包許可，將你的訓練變得更豐富有趣。遵循這四季的方法，除了可以讓你多活幾年，也有益於你的身體組成目標。

第二條

　　將減脂與其他目標分開。經過多年的奮鬥，我終於得出一個簡單的

結論：如果你同時做這個和那個……你將沒有餘力減脂。我建議任何承諾都要以二～四週為週期。例如嘗試簡單的兩週阿特金斯入門飲食法，它基本上就是一場魚、肉、蛋和起士的饗宴，這將讓你專注在單一的減脂目標上。每年專注一～兩次的兩週減脂計畫似乎比大部分人一年五十二週的失敗飲食計畫來得有效。

第三條

我有一項重要的訓練原則常被人們拿來取笑：我建議大家每天要使用牙線清潔牙縫兩次。是的，清潔牙縫。如果你問任何一位牙醫或口腔衛生師，他們會告訴你清潔牙縫不只會拯救你的牙齒，新的研究也指出這甚至對心臟的健康也很有幫助。看來將牙菌斑刮除似乎對身體的其他部分也有正面的幫助。

這裡有個重點已超越了心肺健康。如果有人請我設計一份多年的訓練計畫，希望在奧運或宇宙先生比賽時要達到峰值，卻無法每天撥出兩分鐘來清潔牙縫，我們為什麼要浪費彼此的時間呢？重點是：要保持長久良好體能狀態的祕密是什麼？很不幸地，我們大部分人都已經知道了，所以現在就讓我們立刻來執行這些概念吧。

第四條

找一些免費的資源讓你可以持續訓練下去。例如：睡眠。通常，只要我堅持選手提早上床睡覺，就可以改變他的生涯。睡眠不只不花錢，也對賀爾蒙、恢復和減脂都很有幫助。減脂？當然囉，你睡覺時會吃東西嗎？大部分人的答案是不會。另一個免費，或幾乎是免費的資源就是把水當成你的主要飲料。不要喝含有卡路里的液體，或至少將它們留到特殊的日子再喝，例如超級盃或大學比賽日。最後，不要坐在車上等待

離健身房最近的停車格。將車停遠一點，讓全身得到多一點訓練。別忘了也要爬樓梯。經過十年以上的累積，這些多爬的樓梯和走路距離的效果將會相當驚人。

第五條

　　體育老師和教官說得很對：伏地挺身真是神奇。標準的伏地挺身不只能訓練到上半身的推系列肌群，也對我很討厭的一個名詞 —— 核心 —— 非常有幫助。我對於有些成人和青少年在做伏地挺身時，身體無法維持棒式感到相當驚訝。伏地挺身的價值仍然無法說服你嗎？趴在地面上，把字典放在你的胸骨下方，試著用盡全力在一分鐘內做愈多下愈好。如果你做不到四十下，我將不會讓你重訓，直到你可以為止！還有，你明天全身肌肉感到的奇怪痠痛感，將會提醒你或許最簡單的運動仍然有它的價值。

第六條

　　強度永遠優先於數量。當你有所懷疑時，可以減少組數或次數，但將重量加上。如果還不確定，可以做快一點，但請不要增加做的時間。如果你真的很想要有明顯的肌肉線條，請加入田徑隊，並參加四百公尺比賽。我每天都在公園裡看到泡芙人[1]在慢跑，但你很難看到那些可以在五十秒內跑完四百公尺、渾身肌肉的人。當有所懷疑時，請到田徑場用盡全力跑完一圈，請享受最後一百公尺的燃脂區。順帶一提，在你背上有個東西叫做「負擔」。

　　在健身房中，不要浪費時間做很多組數與次數的水管／木棍訓練。

1　譯註：指看起來瘦，體脂卻很高的人。

請把槓片加上，加大重量吧！

第七條

當你休息時，請好好休息。我始終相信減量日與輕鬆週，但在健身房中年復一年，我發現一件有趣的事。當我因為度假或工作而無法到健身房訓練時，我竟然會開始想念訓練的景象、氣味與樂趣。我會超級想鍛鍊。於是我接受我心靈導師的建議：訓練日時，好好訓練；休息日時，好好休息。我不再讓輕鬆日因為多做一點而影響到我與朋友、家人相聚和看美式足球的時間。

第八條

多攝取蛋白質。多攝取纖維質。我知道你會認為自己已經吃下很多，但其實並沒有。不久前，我嘗試每天增加兩份低碳蛋白質飲品，結果除了褲頭在一週內就鬆了許多，精神也變得更好了。接著，我在蛋白質飲品中加入無糖橘子風味的洋車前子補充劑，結果血壓在我下次體檢時改善了許多。

這麼說好了：我有一位選手很難維持兩週飲食計畫，而且最大的失誤竟然是在蛋白質。「但是，我晚餐有吃雞肉啊。」他們會這麼回答。嗯……一位體重200磅的人只吃了四十克的蛋白質，竟然就覺得很足夠？試著每餐都吃一個手掌大的蛋白質，還有一個手掌大的蔬菜或豆子。還有要記得吃早餐。吃吧！

第九條

建立人脈。無論是在健身房、公園或業餘球隊，讓訓練成為你社交圈的一環。我在各地的重訓和高地運動會有許多好哥兒們，他們都是我

想在比賽中見到的人。我同時也有許多體能訓練的好兄弟，他們總是勇於嘗試新的訓練。而且至少要遛狗吧！許多人可能都會發現胖狗都有個胖主人，請展現你對牠們的愛，讓牠們重回健康的狀態吧。最後，試試我最喜歡的訓練方法：邀請朋友一起訓練，並在結束後一起烤肉吧。你會同時享受到非常好的訓練與有豐盛蛋白質的一餐。

第十條

　　避免會造成受傷的事。你知道的，我不時就會讀到讓你訓練到吐，或保證關節痠痛的訓練課表。但你很難每週做三次會吐的課表長達十年以上。而且事實上，這可能是種病。當然，痠痛與疲倦是訓練的一部分，但請學習，並趕快學會分辨好的痠痛（或疲倦）與痛苦（或受傷）之間的差別。雖然這些都無法完全避免傷害，但有時候用點常識判斷，並將訓練目標放遠到下個十年……以及在那之後的十年。

　　幫雜誌撰寫文章肯定會讓一件事情成真：你的電子信箱會爆炸。我每週都收到許多封努力鍛鍊卻沒有什麼進步的來信。這些來信的人每餐都會量測餐點份數，計算每天的碳水化合物、蛋白質和脂肪的卡路里，訓練時也會將碼表、計算器、圖表、日誌和印出來的各種資料放進訓練背包裡。但當我訓練時，我只會試著記得穿褲子和將鞋子穿對腳。如果要我對這些寫信給我的人提出一個最重要的建議，那將是：相信你的經驗，同時也相信我們這些跟你犯過同樣的錯，卻學習如何往前進的人。

第 34 則

一件辛苦的事

　　我非常認真地活在每個當下。如果你經常對自己這麼說，時間一久可能就真的會相信了。我曾在俄亥俄州某座山的半山腰用澤奇姿勢抱著一根175磅重的鋼棍，再拖著一臺85磅重的雪橇車。請注意，這是上坡。

　　我幾乎無法呼吸。因為我必須憋氣抱緊鋼棍，所以我發現，當抱緊鋼棍再拖著雪橇車上坡時，呼吸是件很困難的事。濕熱的天氣讓我往上爬每一步時，都快抱不住鋼棍了，雖然用「每一步」可能有點誇大了。

　　我的朋友們這時在旁邊開始起鬨，說我才爬到半山腰而已。我實在很想問候他們的父母親，但我說不出口。我連一個字都說不出來。

　　幾天後，當我還在處理鋼棍在我身上留下的吻痕時（沒錯，它是我太太），一邊思考著能在競技運動和身體組成分子上長期成功的祕密。嗯，如此深不可測的祕密究竟是什麼呢？

　　在我所有的文章中，持續收到最多回饋的還是〈一天只練一項的課表〉，這篇你在前面已經讀過。

　　再提醒一次：

　　1. 每天選一個重訓動作，然後開始鍛練吧。

　　2. 嗯，沒有第二點了。我實在想不到其他的。

　　是的，就這樣。我收到成千上萬封郵件，來詢問相關的有趣問題，例如：「丹，如果我在星期一練臥推和彎舉，星期三練彎舉和臥推，星

期五又練臥推和彎舉，這是不是就是你說的每天只練一項課表？」

親愛的讀者，你或許會認為我（又）在吹牛，但是很不幸地，我並沒有。

當我抱著炙熱的鋼棍，並拖著沉重的雪橇車緩慢爬上俄亥俄州小山丘時，提醒了我訓練課表的成功關鍵要素。這絕對不是憑著一時衝動的傻勁，而是兩個想法「協同合作」的結果。是的，「協同合作」這個被用爛了的詞，該與「跳出思維框架」和「典範」並列為最該死的幾大詞彙。但事實上，協同作用是讓課表成功的神奇魔法。

我的好朋友葛雷格‧亨格，帶來了鋼棍，而我另一位朋友麥克‧羅森伯格帶了雪橇車。我父親的一位年輕友人朗尼‧韋德帶來了青春與熱情，我則是帶了那天要做的一項訓練。於是幾分鐘內，我們就有了新挑戰。

參加工作坊、健身大會，以及瀏覽網路論壇最有價值的地方，就是可以獲得許多新想法，這有其好處，但同時也很糟糕。因為，你可以馬上獲得新想法，例如從沒聽過的重訓動作、超越想像空間的課表與次數衍伸法，還有會引人遐想的美女照，但如何將這些放入個人的訓練課表中呢？在此，我提供你一些解決方法。

簡單、勤奮、訓練。

在我們開始之前，有幾點請注意：

1. 當我談到協同合作時，我有時候的想法是1+1=3。只要專注在這些辛苦與困難的重訓動作（還有生活），就可以用很小的代價獲得最大回報。

   我總是被迪凡尼回答問題的藝術逗笑了：「我要如何減脂呢？」「首先，不要囤積脂肪。」他回答。這或許很嚴苛，但如果你在

大學時都將大部分的訓練時間拿去喝啤酒，本書當中提到的許多訓練想法對你來說都會很痛苦。

2. 坦白說，若要以獲得長遠成功為目標來看，高強度訓練會比大量訓練更重要。請不要跟我說有些低碳飲食法的長距離跑者在馬拉松終點站前搖搖晃晃的樣子有多麼英勇，這我根本不想聽。請在槓鈴上面加上405磅的槓片，用任何一種方式高舉過頭，接著放下。這就是高強度訓練。

3. 最後，它向來都很簡單。丹，是哪些事呢？每件事！生命、愛情、金錢、成功。一切都是這麼簡單。

這就像買低賣高，雖然看似單純，但其實不容易。將收入存下10%很簡單，卻不容易做到。我的訓練課表很簡單，但不容易。

自從我寫了〈一天只練一項的課表〉後，就不斷收到有人詢問，例如：是否應該每三個星期休息一週，有無建議的次／組數，或者是否可以每次訓練兩個動作。我從自己與所訓練的選手中就能輕鬆得到答案。

我們發現，就像蘇聯教練在多年前所做的，有計畫地休息絕對比因為受傷、生病或球季中斷而被迫休息好得多。每個月休息一週，就不會有球季中斷的問題，你可以持續地讓自己愈來愈強。

假設在第四個星期都會休息。高地運動會選手將不會重訓，但絕對可以做些輕量的訓練，田徑選手與絕大多數的力量型選手一樣可以使用這個模式。對於喜歡身體組成分子的朋友，也許你需要利用那週專注於那些常會忽略的事。我聽到的是「小腿」嗎？

大力士的訓練：一天一個重訓動作

讓我們來看一些例子。我的好友伯尼（Bernie），最近用這些原則來準備大力士比賽。打聽後，他發現比賽會有一兩個驚喜（大力士比賽常有許多衍伸衍伸動作），但他知道一定會有某些原則可循。以下是他的訓練方法：

第 一 天

農夫走路……走到掛。當你做農夫走路時，將能訓練到全身的每塊肌肉，所以不妨在你身體狀況良好的時候做這個訓練。如果你沒有大力士的器材，可以使用健身房內最重的啞鈴。

第 二 天

上膊與推舉。伯尼加了一個有趣的想法：他將速度的概念加進訓練當中，但由傳統金字塔訓練法開始（可以參考米羅和小牛的故事），然後在不同的衍伸動作上慢慢減輕重量與持續加速。他會試著在四十五分鐘內做到最大的量。

第 三 天

幾個人一起做的有趣深蹲衍伸訓練或許對準備大力士比賽有幫助。從較輕的過頭蹲開始，當漸漸無法負荷重量時，可以改做前蹲舉。還是太重嗎？可以換成背蹲舉。

最後，可以用四分之一深蹲，或有安全手臂保護的大重量深蹲來結束訓練。試試看，以十五～二十組為目標，但每組重量都往上加。完成後，請回家。

第四天

延用第三天深蹲的訓練方式，但改為硬舉的衍伸動作。例如：

青蛙站姿，抓舉握姿的硬舉。

抓舉握姿硬舉。

站在槓片上，以上膊握姿硬舉。

上膊握姿硬舉。

相撲硬舉。

傳統硬舉。

架上硬舉。

手機先按好九和一，當你真的不行的時候，只要再按一就會有人來救你了。

第五天

休息日。你自己知道該怎麼做。

第六天

啊，這天你可以盡情嘗試：**協同合作訓練**。花點時間檢視一下自己還有什麼可以訓練。也許可以請朋友（特別是那些可能不會維持長久友誼的）帶他們的訓練玩具過來，然後將每個玩具排列好。現在，只要有個碼表就可以：訓練！

什麼？是的，試看看連續不停歇的訓練。我最喜歡把自己套在雪橇車上的訓練方式。現在（身體還是套在雪橇車上），抓舉壺鈴一或兩分

鐘，愈多次愈好（請你朋友幫忙記錄次數）。結束後放下壺鈴，立刻衝向下一站。

解下雪橇車，立即拉引體向上，愈多下愈好。拿起農夫走路槓走回起點。抱起巨石跑向最後一站，用225磅槓鈴完美硬舉十下。結束！要做幾次呢？一次，只要試一次就好。你朋友得比你快。

協同合作最有趣的地方在於：當你朋友比你還快，你就會想改變訓練方式，然後再比一次。我發現我們會試著做三次混合賽的訓練，然後休息。

很好笑，從來沒有人會要求再多做一點。

自從一天只練一項的課表問世之後，我看過許多衍伸的訓練，例如壺鈴、體操、高地運動會，甚至是運用器械式訓練。如果你用器械來練一天一項，請答應我你不會用大腿內收機。很好，讓我再說一次：不要跟我說，麻煩你了。你可以跟你的婦產科醫生說，因為那有可能是很重要的資訊。

每天一個訓練動作，每天訓練一隻手

有個有趣的想法，就是將單手訓練與每天只練一項結合在一起。我向來喜歡嚐鮮，所以我試了以下訓練：

第一天

左手盪壺、抓舉和推舉。盪壺五下、抓舉三下和推舉兩下，盡可能完成很多組。

第二天

前蹲舉。我認為將身體一邊推到極限或許並不值得。我會做每

組三下，共八組。

第三天

右手盪壺、抓舉和推舉。盪壺五下、抓舉三下和推舉兩下，盡可能完成很多組。

第四天

休息日。

第五天

硬舉（我有時候也會去輕鬆散步）。

第六天

旅行。

第七天

引體向上到死為止。

我認為你可以將這個想法無限延伸。有個被遺忘的智慧：你單手的能力約是雙手的六～七成左右（因為你依然會用雙腳、背部來幫助「斷臂」的你維持穩定）。而且，你也用比較輕的重量。這我實在沒有辦法，我無法想像一個壺鈴能有多重，即使我也得奮力將它舉起。因為上面的數字告訴我，它很輕！

換句話說，你可以訓練右手兩天、左手兩天、全身一天，而且我還是會建議有一天是做深蹲動作模式。例如：

第一週

第一天

右手上膊與推舉。

第二天

前蹲舉。

第三天

左手上膊與推舉。

第四天

休息日。

第五天

右手盪壺與抓舉。

第六天

硬舉。

第七天

左手盪壺與抓舉。

我不會在隔週重複同樣課表，而且第二週將只會有四天的訓練。

第二週

第一天
休息。

第二天
前蹲舉。

第三天
休息。

第四天
右手訓練日。

第五天
硬舉。

第六天
左手訓練日。

第七天
休息日。

重複這個循環，總計四週。然後測試是否有效。

我喜歡這個概念，但疏漏的部分（可能有些讀者已經發現了）就是這個課表看起來像是在制式化生產線上的車子，而不像我在開頭說的協同合作。然而，這的確是。

這個課表是某位讀者寫信給我的一天只練一項衍伸版。因為我總是勇於接受挑戰，所以我試了。我寫了篇文章，後來有位朋友加了更瘋狂的點子進去，我再將壺鈴與許多瘋狂點子得到的想法組成一個課表，然後就開始訓練。這不就是協同合作嗎？

大部分剛開始重訓的人所遇到最大的問題，就是找到一個人就想獲得所有的答案，特別是在健身房裡穿著高爾夫球衫，胸前口袋還有繡有名字的人。

「他一定非常專業，因為他穿了一件繡著名字的高爾夫球衫，天啊！」

事實上，答案（祕密）並不難找。基本上每位讀者都已經擁有許多資訊，但你需要再加上一點點「你」：你的經驗、資源和冒險精神。

每當我談到一天只練一項課表，這絕對是最簡單的課表。簡單，但不容易。

現在，輪到你將之推向另一個層次了。

第 **35** 則

原則

原則一

高階訓練方法適用於高階訓練員。是的，我知道，我們不都知道嗎？我偶爾會想起在世界知名的太平洋槓鈴俱樂部中，迪克·諾特梅爾耐心地教導我，並讓我用下列方式來訓練：

每週三天

抓舉、上膊與挺舉（持續兩小時）

每週兩天

前蹲舉和槓鈴置於架上來訓練上膊（持續兩小時）

是的，我每週訓練五天腿部，因此我的身體在四個月內增加了40磅，但有很多人不知道我是用下列的方法訓練：

前蹲舉

135磅三下

155磅三下

175磅三下

185磅三下

195磅三下

205磅三下

215磅三下

225磅三下

235磅兩下

245磅一下

　　你也看到了，我在學習重訓！我訓練自己的身體讓它更柔軟，並學習姿勢，以及準備在幾個月／年以後要舉起大重量。幾年後，我的前蹲舉訓練也許總共只會做六或八下，但每下都在400磅左右。在重量超過300磅後，我不會每次增加10磅，做三下訓練。但在200磅左右，也就是學習之初，這樣的量蠻合適的。

　　很多初階者的訓練重量不會超過自身體重太多，然而，我還是會收到很多有趣年輕人的來信，而且他們都有非常嚴謹的週期化訓練和數不清的彎舉衍伸動作。

　　下列這張簡單訓練課表是我最近建議一位跟我同樣年紀（初老）的朋友的，他已三十年沒有重訓了。

高腳杯深蹲。

半程土耳其起立（half-Turkish get-up）。

割草機式（單手划船）。

伏地挺身。

提公事包走路（suitcase walk）（先用一隻手提啞鈴走五十碼，然後轉身，換另一隻手提啞鈴走回來）。

當我解釋次數和組數時，我會引用自己的話：「先做幾下感覺看看，然後再做一次，但要確認每一下的姿勢都正確。試著每次都增加一點點……組數或次數。在兩週內，試著做這個訓練六或七次。」

他回信給我，並跟我說：「這跟雜誌要我做的完全不一樣。」

是的。雜誌也沒有建議你先減掉三十歲吧。

原則二

強壯的人會忘記訓練肌肥大，健美先生與光著身體看起來不錯的人則會忘記力量訓練。

我會知道就是因為自己最容易忘記這項原則。多年來，在高地運動會尾聲時，我都會試著找出撞到我的巴士的車牌號碼。季中時，我在重訓室很少做到兩下或三下，我很少做全方位的重量訓練，而只專注在投擲得更遠、更高和更好。因此，每年當我做二～三次每組八下共三組，或每組十二下共五組時，身體就會跟我說：「對，就是它！」

這堂課讓我反覆學了無數次，它比較明顯的問題是，雖然可以讓表現達到巔峰，但在比賽後幾乎會立即因為小問題而崩盤。要同時規畫肌肥大、肌力訓練，以及恢復是相當困難的。我會對任何願意聽取建議的人說：兩者你都需要。現在，真希望我自己也聽得進去。

對於許多健美選手，太強壯其實根本不是問題。在過去，許多最屬害的健美選手同時也會參加健力和奧舉比賽。法蘭柯·哥倫布硬舉的重量仍然讓人無法置信，加州州長（阿諾）抓舉的重量為242磅，上膊與挺舉的重量則超過300磅，而且最為人津津樂道的是，他贏得了舉起巨石（stone-lifting）的比賽。但是，有很多跟我書信往來的人，似乎都認為增肌是移動大重量的唯一要素。我喜歡大重量移動方法（Moving Around Quite a Bit Protocol）。我曾看過一封電子郵件附件的訓練表格，但那將會

毀了一位馬拉松選手、教育班長和奧運冠軍。這些訓練只有針對一個人！我在表格裡看到跑步（目的為何？）、騎自行車、武術的衍伸、健力、奧舉和許多的體操訓練。好吧，我還有看到伏地挺身、仰臥起坐和引體向上，但當有人想要增肌時，是否就應該要試著舉起重量呢？

想要增加更多肌肉質量，身體就得要接受一些刺激與壓力。最近，我開始訓練一位說自己一直無法增重的年輕人，但當我簡單問起他的訓練課表時，卻發現他沒有任何一個動作模式超過200磅。你必須舉起很大的鐵塊才能長出很大的肌肉。

原則三

減脂並不是長期作戰。抱歉，雖然我曾經深信持久、全面又聰明地減少卡路里攝取搭配心肺訓練對減脂有效，但快速飲食法的效果不容忽視。減脂需要完全專注。你無法同時減脂又參加當地的籃球巡迴賽和大力士比賽，你只能有一個目標。還有，請不要寫信告訴我快速飲食法太困難了，因為我也知道。我很清楚地記得有一次，我打電話給我兄弟，問他如何能讓我再多堅持一晚。他告訴我，明天就可以放棄這個飲食法，但今晚還是得撐著。於是我夢著烤雞緩緩入睡，但隔天起床我還是繼續奮鬥。

減脂是場戰爭，也就沒有所謂逐步前進這種說法。喔，當然，我支持當地校園的團體可以小步朝向目標邁進，我尊重這個想法，也很樂見他們所做的事情為他們的生命帶來小小的改變。但是，如果你想要減脂，就必須採取焦土政策。當你從奶油夾心蛋糕慢慢換成低脂貝果，你的身體會依然肥胖。

請為自己計畫二十八天的減脂作戰，戰鬥結束後，你就可以轉往其他目標。

下一次當你遇到問題時，想想這三個原則，看看是否能幫你解惑。

請記得：

- 訓練課表要符合你的經驗。
- 雖然你可能有特定專注的目標，但也要看看自己缺少什麼。大部分人都需要更強壯！
- 請將減脂與你的年度目標分開，並試著找出二十八天全心全意燃燒小宇宙。這才是比較有效的做法。

第36則

三個基礎概念

　　訓練課表實在很棒。我除了喜歡讀新的課表，也喜歡編改舊的。我就像在廢物回收站的老人，搜尋著備用零件來改裝被老婆嫌棄的舊車。選擇運動是件很有趣的事，然而學習新的重訓動作不僅有趣，更能刺激身體也更危險。當你看到某人從雜誌上看到模特兒示範就跟著學習深蹲式抓舉，但其實那模特兒很明顯從來沒有練過時，不就像是在電影中看到火車即將撞到卡在鐵軌上的車子嗎？這無法讓你大笑出聲，卻像「你到底在做什麼啊？」一樣好笑。購買新的營養補給品或嘗試新的草藥就像剛開始約會的感覺：前幾天都在等待小便時可以聞到讓人興奮的味道，然而結局通常都是，很快地你就會丟掉這些讓你興奮的補給品或草藥，接著再換新的。

　　這也是大多數人面臨的問題。當我們打開網路瀏覽器或新的健身雜誌時，通常都會被琳瑯滿目的訓練課表、運動選項和營養補給品轟炸。我們都被「試試這個」和「做做那個」淹沒了。我們如何知道哪個有效呢？如何辨別哪些有沒有效呢？

　　我有一些建議，這個方法來自古希臘：你的訓練哲學是什麼？我是很認真的。驅動你訓練、維持健康和增強體適能的願景是什麼呢？在這篇簡短的文章中，我將會檢視自己多年來的訓練哲學。在我得到太多讚美前，請瞭解我的每個訓練概念，幾乎都是從比我聰明厲害的人那裡偷師而來的。

　　事實上，身為美式足球教練，我曾經聽過吉米・強森（Jimmy

Johnson）的演說，而且可以說，他改變了我的執教方法。強森是少數幾個曾同時贏過大學美式足球冠軍（邁阿密颶風隊）和超級盃（達拉斯牛仔隊）的教練，他曾在拉斯維加斯所舉辦的年度教練大會上擔任主講者。坦白說，我對當時那場演說並沒有太大期望，因為通常這樣的大人物都沒有什麼準備，把我們這些高中教練當成報社記者，在白板上草草寫了幾點，就去打高爾夫球了。

但我錯了，強森完全改變了我對執教的願景。

他用三個基礎概念總結了執教方法：

1. **化繁為簡**。在演說中，他強調他不喜歡告訴別人「該做這個，而不要做那個」，因為這會讓人困惑。他所說的一件事到現在仍然提醒著我：「有所懷疑時，就想想犯最少錯誤的那個人會怎麼做。」這同時也是思考人生許多事情的好方法。

2. **全方位準備**。強森不希望球員只能在特定情況下比賽，他強調不喜歡球員斷斷續續地出賽。為了讓事情更簡單，選手必須能應付各種挑戰。

3. **贏得立即的改變**。這是美式足球的技術問題，但他只是單純地想改變他的球隊被攔截或掉球的機率。他想，如果他的球隊可以比對手更能立即掌控危機或機會，那麼他將贏得比賽。而且他真的做到了。

這次的演說後，我開始詢問其他教練的想法。在棒球上，我詢問年度最佳教練史蒂夫‧奎蘭彼特（Steve Cramblitt）。當史蒂夫說他成功的要件有三個時，我一點都不驚訝。又有一次在飛機上，我坐在大學第一

級別籃球教練旁邊，並問他成功的祕密。同樣地，他有三個關鍵要點。

做為田徑教練，我採用了這些建議，並發展成為我在田徑場上成功的關鍵要點。你應該不會訝異我也有三點。

1. 化繁為簡。我們需要將每個動作都拆解成基礎模式，並替它們冠上一個關鍵的字或用語。當我讓一個僅懂一點點英文的日本交換學生瞭解關鍵字「伸展一－二－三」而學會了投擲鐵餅的技巧，我就知道自己精通這項技能了。

2. 反覆練習。沒有一個人會比我的選手練習的完整動作模式還多。

3. 蝕刻。蝕刻是一項心理技巧，因為運動員不只需要很清楚瞭解他們將要做的事，也要在面臨高強度競爭下還能維持專注。對大部分的人來說，簡單的老規矩就可以了。我會將這些規矩蝕刻在我指導的每位選手腦中，因此當他們面臨壓力時，就可以進入自動駕駛狀態。有位州冠軍曾跟我說過，他們腦海中唯一出現的就是「重踏」（stomp），這個字的意思就是在比賽中將一隻腳與地面接觸。緊張有可能會凌駕多年的訓練，因此我從第一天就教導選手要練習專注。

這些概念能如何幫助到一般的肌力教練或體適能愛好者呢？我們需要一套能幫助過濾電視、書籍、雜誌和網路雜訊的哲學。說真的，當你打開電視收看購物頻道在談論體適能、訓練和飲食法時，馬上就會被無數如何用青春痘乳液、藥品和器械來幫你瘦身的資訊淹沒，但下一段將要完全反駁這些論點！

我的肌力訓練哲學 —— 請不要太驚訝 —— 是根據三個概念：

* 訓練動作模式，而不是訓練肌肉。
* 「如果某件事很重要，就請每天做。如果不重要，千萬不要做。」
  這是奧運摔角冠軍丹·蓋博的至理名言。
* 反覆練習⋯⋯大量反覆練習。

讓我們個別來看。

訓練動作模式，而不是訓練肌肉。

我深信要教導動作模式，而不是教導肌肉。身為教練，我幾乎不在重訓室談論解剖學了，我也深信業界已被偽科學統治。坦白說，有人告訴我到目前為止，人們依然不知道是什麼原因讓肌肉生長 —— 而且很明顯地，從那些胡說八道的減重知識就能知道，我們對脂肪的瞭解還更少。當我的選手提及 Serraseruaputus 肌群時，我就知道他曾在超級市場的雜誌架上看那些肌肉雜誌了。

「盡全力讓 Serraseruaputus 肌群屈服吧！」我從來沒搞懂的是：這些肌肉是在打仗嗎？還是它們是一群即將統治世界的恐龍？這些肌肉為什麼得受到這樣的恐嚇？我們肯定需要為這個危機找到和平的解決方法。

如果你開始教導肌群，那最終將會引領你到帕維爾·塔索林所說的「科學怪人訓練法」。比起身心靈，你將會專注在二頭肌、三頭肌、股四頭肌和胸大肌上。嗯，大部分的人是不會訓練股四頭肌啦，但你知道我要講什麼。我有個不同的策略：**訓練動作模式**。

大範圍清單

1. 水平推系列（仰臥推舉和伏地挺身）。
2. 水平拉系列（划船和衍伸性動作）。
3. 垂直推系列（軍事推舉和衍伸性動作）。
4. 垂直拉系列（引體向上和滑輪下拉）。
5. 全身性爆發力動作（盪壺、抓舉、上膊、挺舉）。
6. 股四頭肌主導的下肢動作（深蹲）。
7. 後側動力鏈（硬舉）。
8. 前側動力鏈（藥球投擲）。
9. 旋轉面／力矩。

關於第九點實在很好笑。多年來，我認為這些動作沒有效，所以一直覺得自己沒有用它們來訓練。然而，我曾有位年輕的實習教練跟了我一週，結果他發現我們的選手都會做半程土耳其起立、風車（三個衍伸性動作）、提公事包走路、翻觔斗和許多藥球投擲的衍伸性動作。嗯……沒錯，我們確實不做旋轉面／力矩的動作，除了每天做這些動作兩百下之外。

就是這麼簡單，真的。想辦法將這九個動作模式放入你的訓練當中，你將得到很好的結果，甚至會超乎預期，真的。現在，最大的問題是：多久訓練一次？

丹・蓋博：如果很重要，請每天做。

很好，現在我們都知道要做什麼動作模式了。接下來就是要決定何

時訓練？我建議每天都要做！但全世界一半的體適能專家聽到這句話可能會馬上心臟病發！那我們該如何達到呢？試著在熱身時完成所有大的動作模式。

目前，我讓選手按照下列方式來訓練：

雙手推舉壺鈴走路（crush press walk）／雙手持壺鈴走路（horns walk）／侍者走路（waiter walker）／提公事包走路／一手推舉壺鈴，另一手提壺鈴走路（crosswalk）／農夫走路／蹺蹺板推舉走路（seesaw press walk）

輕量的高腳杯深蹲，每組八下，共兩組，搭配髖屈肌伸展。

長筒靴鞋帶深蹲（bootstrapper squat）。

短吻鱷式伏地挺身（alligator push-up）。

羅馬尼亞硬舉式伸展和甲板深蹲（deck squat）。

跨欄（先右側，再左側）。

引體向上，每組八下，共三組。

藥球投擲，二十五下。

半程土耳其起立，五十下。

健腹輪／風車。

高腳杯深蹲，動作底部停留十秒。

盪壺。

不要擔心特定的訓練動作或名稱。整體概念在於，熱身時將每個動作用較輕的重量來做。當然，較輕的重量是相對的。我曾經有位美式足球青少年選手可以用110磅重的壺鈴做高腳杯深蹲。但關鍵是：我認為

這九個動作都很重要，因此我們每天都做。

對大部分選手來說，動作模式需要不斷反覆練習……到超越大部分人的認知。田徑和奧舉項目的菁英選手，他們練習全身性動作的次數是相當驚人的。今天許多年輕人都不太訓練深蹲，因為他們幾乎都黏在椅子上，也因為重訓安全守則，所以不會訓練硬舉和旋轉訓練。

也許你根本不認同我的觀點，因為這真的與現今主流背道而馳，大部分人都不用這個方法訓練。但我只知道一件事：高階減脂課程和菁英運動選手每天都用這個方法。

有成千上萬種方法可以練習所有的動作模式，但我的經驗告訴我，熱身時最有效。換句話說，在每天的熱身動作中，練習所有（或大部分）的動作模式。我從史蒂夫·亞沃雷克和艾爾文·科斯葛羅夫那裡偷來了一些概念：**在熱身時做複合式訓練**。

下列是我的訓練方法之一，我只偷了一點點概念而已喔：

爆發式抓舉，八下。

過頭蹲，八下。

背蹲舉，八下。

早安體前屈，八下。

划船，八下。

硬舉，八下。

上述這些訓練動作要連續不間斷地做一組，然後休息一分鐘、一分半或兩分鐘，接著再做一組。試著做這個簡單的複合式訓練三～五組。這個訓練也特別適合放在垂直或水平推系列日。如果你做五組的話，就能練習到所有動作模式共兩百四十下。

喔，那麼不重要的動作呢？**那就千萬不要做。**

這個訓練會讓你更強壯或更健康嗎？這會讓你減脂，但熱身完的訓練才是增加肌力、體適能和健康目標的關鍵。為了做為所有增強運動表現的基礎，你要如何變得更強壯呢？

公式

最大努力。

速度訓練（動態）。

等長訓練（定點）。

反覆練習……大量地反覆練習。

「如何訓練得更強壯」的藝術可能會比科學還多。運動科學告訴我們的事，基本上都已經是上個世紀或更久之前在重訓室就已經知道的事實。但這幾件事似乎有效：

1. **最大努力。** 在重訓時將自己推向極限似乎可以讓你在重訓上更達極限，光是握著大重量就可以讓你舉起更重。當你想變得更強壯時，毫無疑問地，只要將重量加上去就能贏過健身房所有其他的器材。當然囉，如果你一直都用大重量訓練，身體可能會受傷。

2. **速度或動態訓練。** 為什麼可以抓舉很多次的人似乎也可以硬舉大重量呢？重訓室的速度訓練。因為快速地移動重量可以讓你承受更大的重量。是的，你可以無限延伸。但我不想聽到有人認為快速做五百下伏地挺身跟臥推500磅是一樣的。

3. **等長訓練 —— 定點訓練方法。** 雖然它被過度神化，但的確有效。在靜止不動時用盡全力，會讓你在移動時變得非常強壯。我

比較喜歡將槓鈴放在困難點的「定點」方法，然後再從定點舉起重量。我甚至會先懸垂槓鈴一秒來抑制牽張反射效益，再爆發式地舉起槓鈴。

關鍵是反覆練習

最常被忽略的方法就是增加練習次數。

而且，我真的瞭解到，初學者不存在了。在水療池跟私人教練兩個星期，就說「我成為高手了」。我給重訓者的建議是三組八下，然而全世界抨擊我是邪門歪道。但是，這裡有個重點：我所知道最快增強肌力與改變身體組成分子的方法就是增加次數。我的選手每週會做上百下，甚至千下的重要動作模式。

我的選手在一般訓練日的典型推系列動作會練五十五下，是使用十、九、八、七、六、五、四、三、二、一倒數的方法。當然，這是針對初學者。請銘記在心，如果你的臥推重量無法到達自身體重，我依然認為你是初學者，不論你有幾件印著「沒有付出，就沒有收穫」，或任何肌力業界愚蠢標語的上衣。

在最大努力方面，我有一個小小的方法叫做十下法則。我認為在訓練時，你應該要有非常大重量且標準的十下。這可以是三組三下、五組兩下、六個一下或兩組五下，但十下大約是選手在大的重訓動作——例如硬舉、抓舉、上膊、深蹲和臥推——可以承受的次數。當然，你可以做更多較輕的動作，但在最大努力上，你大概只能負荷這樣的次數。

速度訓練，在天平的另一端，似乎很自然地就會想到增加次數。我並不希望每組做更多下，而是希望可以增加總次數。與其四組十下，我的選手通常都做八組五下。對年輕選手來說，一下、兩下或三下的速度

訓練似乎沒有效，但我的選手增強競爭力的跡象就是用更快的速度完成較少的次數。這實在很難解釋，但當你親眼看到時，就會知道我在說什麼了。

針對定點或等長訓練方法，規則很簡單：一下。現在，讓我用實際的方法來說明。你也許做五下才能瞭解真正大重量等長一下的重量。這個重量需要到槓鈴無法移動的程度！根據定點衍伸性動作 —— 等長訓練的瘋狂親戚 —— 可能需要一或兩下（或更多）較輕的嘗試來確認所有事情，包括訓練器材，都已經就定位。

身為一位教練，你一定能瞭解我多年前從一位非常厲害的高中美式足球教練身上所學到的事。當我問起他如何這麼成功，他告訴我：「你要一直對觀察基礎事物抱有熱情。」

「你就是這樣嗎？」

「是的。教練們太容易因為反覆地看同樣的事，而想要往前推進，但其實球隊和選手才剛開始學而已。」

換句話說，如果你想要教人深蹲，你就要一直觀察他們深蹲。

對於體適能愛好者來說，這代表你必須先學習，然後練習很多很多很多下。多年前我訓練一位聽障的鐵餅選手，從他身上我學到許多寶貴的東西。後來他成為一位非常優秀的選手，所以我問他的祕密是什麼。他將右手中指繞過右手食指，然後往左手掌心拍下。在手語當中，這代表反覆練習。

請慢慢習慣它。

下列兩個課表是用我的訓練概念所設計的：

課表一

複合式熱身（共五組）：

爆發式抓舉，八下。

過頭蹲，八下。

背蹲舉，八下。

早安體前屈，八下。

划船，八下。

硬舉，八下。

主訓練：

仰臥推舉加上鍊條，十組兩下。

（當你想要增加重量……請想清楚理由）

割草機式，右手八下／左手八下（單手壺鈴划船）。

抓舉，五組三下（技巧性訓練）。

爆發式彎舉，五組三下（每組遞增重量）。

懸吊提腿

課表二

熱身：

雙手推舉壺鈴走路／雙手持壺鈴走路／侍者走路／提公事包走路／一手推舉壺鈴，另一手提壺鈴走路／農夫走路／蹺蹺板推舉走路。

輕量的高腳杯深蹲，兩組八下；髖屈肌伸展。

長筒靴鞋帶深蹲。

短吻鱷式伏地挺身。

羅馬尼亞硬舉式伸展和甲板深蹲。

跨欄（先右側，再左側）。

引體向上，三組八下。

藥球投擲，二十五下。

半程土耳其起立，五十下。

健腹輪／風車。

高腳杯深蹲，底部動作停留十秒。

盪壺。

主訓練：

雙鍊條最大負荷臥推。

單鍊條最大負荷臥推。

倒金字塔：五－四－三－二－一（若有兩個訓練動作，則第一個先做五下，第二個再做五下。然後，第一個做四下，第二個在做四下，逐漸遞增重量）。

雙鍊條前蹲舉。

引體向上。

爆發式抓舉和過頭蹲。

粗槓硬舉。

第 **37** 則

目標與馬桶坐墊 —— 男廁裡的頓悟

在開車前往蒙大拿州參加現代五項運動的途中，我太太蒂芬妮和我停下來休息。這是一趟很棒的旅程，但我喝了很多咖啡，而且因為已步入中年，所以我們必須不斷停下來休息。

當我走進入男廁時，發現一件有趣的事：可能在過去幾週的某天，有個年輕的小混混突然想在馬桶坐墊上留下他的名字。

從那天開始，他的名字就碰到許多流著汗、印著汽車座椅痕跡又鬆垮垮的老人屁股。而且，他的名字就大喇喇地在距離乾燥排泄物和惡臭不遠處（那味道連我聞了都想吐）—— 我曾經在中東上過乾式廁所⋯⋯當時大約攝氏五十度，那裡沒有水，還有乾得像木乃伊的排泄物。

我開始對這一切感到困惑與迷惘。

「這一切」是什麼？這一切指的是：構成現今大部分網路與社會的許多名人、格言和虛偽，這讓我開始思考是否應該退後一步，透過自己到底相信什麼來重新思考目標？

「**什麼？**」

我知道你心中會這樣想。我寫過有關目標設定的文章，在網路上提供建議的人中間，我也是最喜歡問「你的目標是什麼？」的。當然，如果「你的目標是什麼？」也算是建議的話。

無論我的文章或工作坊談的內容是什麼，大家總是喜歡問我只能透過「目標」這個的鏡頭才可以回答的問題。然而眾人在目標設定上，總是缺乏一個重要的元素，這也是我即將要討論的。

首先，我們還是要談論一些相關的老掉牙概念。我喜歡鼓勵我的學員們透過一個我不斷重複提倡的概念來評估事物，這個概念就是：將你的目標當作鏡頭來尋找答案。

「親愛的丹，我應該訓練抓舉、李維諾夫訓練法、快速飲食法、Tabata前蹲舉和一天只練一項來贏得今年的奧林匹亞健美先生嗎？我是來自愛荷華州的十六歲青年，而且我無法決定要減脂還是增肌。請幫幫我！」

什麼？好，如果你想要成為奧林匹亞健美先生，不需要聽我談論有關奧舉的訓練。當然，阿諾、法蘭柯和贊恩都會練奧舉，但你並不需要這麼做。這項運動已經提升到新的層次了。喔，記得千萬別長太高，還有，如果你想進入NBA的話，也請不要問我有關拉雪橇訓練的事。喔，也千萬別長太矮。

事實上，如果你想成為奧林匹亞健美先生，我可能不是最好的諮詢對象。我真的不知道如何幫助你，抱歉。但是我可以幫你確認目標。

《一分鐘經理》說得很好：

檢視你的目標。

檢視你的行為。

你的行為與目標有吻合嗎？

對肌力界的人來說，這是價值千金的問題：你的行為與目標有吻合嗎？當我在寫這篇文章時，我正在執行蛋白質飲品的快速飲食法。無論是我在猶他州或網路上的朋友，都不斷地問我：「這對你有什麼幫助？」在非常渴望蘇格蘭威士忌和牛排的狀態下，請讓我思考一下。

　　嗯，我長遠的目標之一就是活得久一點。最近，當我低頭往下看皮帶時，我發現它竟然被藏在肚子下面。皮帶在肚子下方絕對是腹部脂肪堆積開始邁向病態的訊號，而且根據統計，這會殺了你。換句話說，腹部的脂肪是個殺手。

　　我的母親很早就過世了，因此她沒有機會看到我長大成人。而我希望能夠看到兩個女兒亭亭玉立，可以與她們談天說地，並不時抱怨「天氣好冷」、「現在又太熱了」、「家裡沒有食物了」，還有「誰偷了我的內衣？」。

　　我當然還有其他目標。我的目標之一就是能持續投擲得更遠更遠，並且保持健康。我定義的健康，就是所有器官都能發揮最好的功能。如果我無法爬一層樓不休息，或胰臟沒有發揮它應有的功能，那投擲得再遠也沒有意義。身上有太多脂肪不僅會降低運動表現，當我移動時，我不只需要讓鐵餅也要讓我身上的脂肪離開地面。這將會影響我的健康。

　　但讓我開始節食的真正理由是什麼？當你的酒量在蘇格蘭威士忌界非常有名時，你必須誠實地問自己：「我的酒量怎麼會變得這麼好？」（這可能是勤訓苦練而來的。）我是否可以二十八天都不要喝酒？如果我又更加沉淪，然後癡癡地看著單一純麥威士忌的照片就像我同事癡癡地看著……不管他們看什麼，我都需要戒酒，而且愈快愈好。

　　我的飲食方法與目標一致嗎？是的。但我所有的行為與目標一致嗎？沒有。因此，我要不是得改變目標，就是得改變行為。

　　這就像班傑明·富蘭克林（Benjamin Franklin）的致富建議：不是增加收入就是減少支出。任何一個都有效，但若兩個都能做到最好。

　　現在，我們在通往成功的巨大轉捩點：你的行為與目標為何？班傑明·富蘭克林說得很好。事實上，你可以輕鬆就達成目標，因為只要目標設定在非常低的水準就可以了。

- 我只想整天玩線上遊戲，以及觀賞限制級的美女圖。
- 我希望在軀幹增加許多重量……，而且如果可以的話，大部分都要是脂肪。
- 我希望有時候能夠跟麻吉一起到健身房訓練，大談與訓練無關的事。
- 我要改變自己的飲食方法，只吃能讓我胃口大開的食物。

看到沒？感謝您，除了我之外，沒有人敢講出這樣的話：想要達成目標的話，請將期待和標準降到最低！為什麼有線電視不邀我上節目呢？這點也讓我匪夷所思。

你或許就是訂定高目標的其中一人。我第一個問題總是：你可以明確告訴我你的目標是什麼嗎？當我檢視自己人生中所達成的目標清單時，最好的反省（這真的會讓你思考得非常透徹）就是我可以明確地告訴你目標為何。

有個小例子：在我高一結束的那年，我哥哥理查德開車載我到《田徑雜誌》（*Track and Field News*）的總部。我當時是一位體重五十四公斤的精壯美式足球員與鐵餅選手，而且亟欲吸收新知。我買了J.K.多爾帝（J.K. Doherty）的《田徑博識》（*Track and Field Omnibook*）這本書，書中的鐵餅單元提到了了猶他州立大學的拉爾夫‧莫恩教練。

從加州的洛思加圖斯（Los Gatos）回家的路上，我坐在哥哥的後座，決定爭取猶他州立大學的全額獎學金，並擔任鐵餅選手。幾年後，莫恩教練打電話給我，告訴我猶他州立大學願意提供全額獎學金，並邀請我擔任他們的鐵餅選手。

你難道不喜歡這樣有完美結局的故事嗎？這裡有個重點：我同時

也改變了自己的行為。我花了很多時間幫鄰居或社區處理他們不想做的事，以賺取足以購買可調式臥推椅的錢（我已經偷了所有鄰居的槓片）。

　　我開始閱讀《肌力與健康》雜誌，並相信一切的答案都在裡面。我每天都做重量訓練，沒有去跳舞、參加派對或正式舞會。我從一九七〇年代就開始喝可怕的黃豆奶昔，而且四處尋找名師。這就是有目標的重要性，但目標與行為一致則又是另外一回事。

　　說了這麼多，但我能教你的重點就是：你必須能解決進退兩難的困境……，這可能得靠你自己，但我可以給你一些提示。是什麼樣的困境呢？那就是（也不要忽略它的重要性）：達到目標後，你期望的獎勵是什麼？

　　在此我們必須要非常謹慎，因為會有個陷阱：你的父母和祖父母對你人生的目標會有些許影響。「找一間好公司工作，他們會照顧你。」曾經是個好的建議。對某些人來說，美好人生就是在一間好公司工作。

　　因此，我們必須著手處理一些事（至少我會這麼做）。可能會有三、四個世代的人會閱讀這本書，而且我們可能都會分享目標，但我們可能都不會分享伴隨這些目標而來的獎勵。

　　五年前，政府意識到大部分的勞動力都面臨屆退年紀。很快地，許多機構聘請的新員工對每件事都有不同的觀點。讓我為我們統整一些研究結果。

　　和我同為嬰兒潮世代的人們，也就是出生於二戰後從一九四五年～一九六五年間的人，有許多值得玩味的事。一般來說，他們都不太相信官僚主義，省省吧，不要想從他們身上拿到什麼（我是工作體制的專家）。你要如何讓嬰兒潮世代的人開心？給他個頭銜。當我成為**舉重哲學暢銷作家**的那天，我覺得自己的人生即將完美。

　　而我太太身處的X世代（一九六五年～一九八五年間）似乎有些不同。首先，他們在成長過程中看見父母親失去輕鬆的終身保障工作、養老金，以及每個人都認為應該要有的一些福利。

　　X世代是很有趣的一群，而且根據研究，他們大多都在二十五～三十歲之前開始存退休金。我有些朋友在快五十歲時都還沒有存退休金！X世代瞭解金錢的重要性，即使當下可能沒有錢。

　　下個世代，也就是千禧／Y／網路世代，可能是同時學習使用電腦和寫字的一群。基本上，這也可能是時間上最不同步的世代。對這些能透過網路與全世界溝通，同時還能用手機傳簡訊，並用另一支手機講電話的人來說，「時間」的定義實在相當不同。我女兒能輕鬆地一心多用，我卻連如何用那該死的智慧型手機接電話都有困難。

　　這跟目標、目標設定和獎勵有什麼關係呢？從網路上的舉重論壇就可以得知。嬰兒潮世代會希望在特定日期執行特定挑戰。我的目標是贏得八月舉辦的體重超過225磅第二級穆雷先生公開賽；比賽需要是在特定日期舉辦的特定活動，並且有特定頭銜。我希望參加這個，並拿下它。

　　X世代則會問一個很好的問題：我可以得到多少報酬？報酬是什麼？當然，這不一定要是金錢，但接下來的問題通常會問為什麼：為什麼你想要將一根大電線杆推起來？如果我告訴他們，我想成為洛奇艾德高地運動會的冠軍，他們會不以為意，但如果我告訴他們，每推一次我就可以得到十萬美金，他們就會懂了。

　　千禧／Y／網路世代則更有趣。當我讀到有個人想要在脫掉衣服時看起來有好身材，第一個映入我這個嬰兒潮世代腦海中的想法就是「何時？」、「哪一天？」，然而對這個世代來說，時間是很彈性的。

　　這其實沒什麼，但嬰兒潮世代必須認清對於可以一心多用的世代來

說，穆雷先生公開賽在星期六早上十點開始並沒有那麼重要。對他們來說，看起來狀態很好，足以贏得比賽就夠了！

上述這些是什麼意思呢？我們花很多時間在談論目標。大多數人都瞭解，我們的目標與我們的行為是有關連的。這是個很重要的概念，而且你應該多花點時間透過檢視目標是否有與行為產生連結，來看自己的人生。而瞭解不同世代對於人們會有什麼影響，最大的好處就是將你預期的獎勵放入目標設定的過程中。

在我年輕時，能夠穿著美國隊制服站上奧運頒獎臺是我的目標。據傳葛瑞格‧雷蒙德（Greg LeMond）[1]年輕被訓練時，握把上烙印著一個很大的美金圖案。贏得環法自行車大賽當然非常重要，但對他來說，金錢更重要。今天，許多自行車愛好者會將GPS連上網路，與所有人比較訓練課表和心率資訊。

這些方法都沒有對錯，只是不盡相同。當我們從這個角度討論目標時，應該……

檢視你的獎勵。

檢視你的行為。

你的行為與獎勵有吻合嗎？

順帶一提，我實在很想知道把名字寫在馬桶座墊上的人會獲得什麼獎勵？

不管怎麼樣，我還是有給他留一點戰利品。

1　編按：美國著名公路自行車職業選手。

第38則

設定目標的動力

當我每次發表文章後，總會收到許多來信想要請我幫他們設計訓練課表。我非常樂意幫助大家，但通常會有個問題。雖然我很不想聽起來像是方法派的表演指導老師，但請問你的動機是什麼？你為什麼想要在槓鈴上加滿重量，或將亞麻籽、莓果和高蛋白一起放入果汁機，抑或背著會讓你斜方肌受傷的150磅重背包，同時還手持農夫走路槓並拖著雪橇車衝上山頭？

動力是件很有趣的事。教練和訓練員喜歡鬥志高昂的客戶，下列是我理想的完美客戶型態：

茱莉將在十二週之後參加她的高中同學會，在同學會上，她會遇到高中最要好的閨蜜，現在已嫁給茱莉的前夫，是的，她前夫背叛她跟閨蜜在一起。菲爾也會出席，他是茱莉的前男友，茱莉一直未從情傷中走出來。菲爾在賣掉了手上的思科、微軟和雅虎股票後，現在過著衣食無憂的日子。

茱莉的體重比當年擔任啦啦隊隊員時重了九公斤，因此請你幫助她在同學會之前瘦下來。如果你對她說：「嗯，首先讓我們運用十週的時間慢慢訓練一些基礎的身體動作模式，讓你的韌帶和肌腱可以適應。」在你更進一步示範完整的白癡行為之前，她會馬上轉頭去找另一個教練。

她想聽到的是：「沒錯，妳接下來四週只能吃蛋，另外每天都要喝兩加侖的水。我們每天早上都要到重訓室報到，下午還要到操場進行衝

刺訓練。我還有一些食品與藥物管理局禁止的東西，這些對妳可能會有所幫助。」

這種時候，多麼勤訓苦練的方式都是可行的，因此先將中等適度的想法擺在一旁吧。想要比前閨蜜看起來更辣給了茱莉一部分的動力，加上前夫和未來可能的伴侶，讓她有相當充足的動力來源，在未來十二週可以盡情地隨意訓練。

對教練和訓練員來說，我們大多數都是最糟的客戶。我們都知道自己想要成為什麼樣子，或想要舉起多大的重量，但我們不太清楚該如何做，而且也沒有時間壓力鞭策我們前進。讓我們先來談談目標設定以及如何找到你的動力，再解釋如何將這些整合在一起讓它真正發揮功效。

每年有兩個設定目標的大日子。最明顯的就是一月。只要你在新年第一週去健身房看看跑步機就知道了。另一個則是開學前，即使我們在披頭四進入經典四十大排行榜之後就再也沒有踏進校園了。

在學校很容易設定目標，特別是高中。因為每天都有許多學生到體操館、游泳池、美式足球場、足球場和摔角館辛勤地訓練。然而人生不會一直如此，坐在你旁邊的好同事不會跟你一起去健身房。當你練完上肢時，爸媽並不會帶著毛毯在旁邊等你，練完深蹲後，也不會有啦啦隊在旁邊翻滾著幫你加油。

目標設定是大人的消遣。一般來說，我會將目標設定的藝術分成三部分。問題很簡單：我們大部分的人都知道要做什麼。讓我再說一次：幾乎每位讀者都知道要如何減脂或增肌。這就好像告訴大家要繫安全帶、戒菸或每天用牙線。我的意思是，我們都知道，只是有時候找不到牙線而已。

我發現目標設定的程度可以簡單地用三個字來形容。

應該（should）

可以（could）

必須（must）

每個程度當然都有其價值，但成功的人生或重訓僅會出現在「必須」階段。讓我們依序來說明。

當我們經歷人生的第一個階段，也就進入我所謂的「應該」階段。

你應該要割草。

你應該要找到工作。

你應該要上好大學。

這表示你要做得比現在更好。大部分有在重訓和瞭解自己飲食狀態的人都是活在**應該**的陰影下。我參加過一個工作坊，主講者不斷重複：「不要跟自己說應該。」如果是第一次聽到這句話，或許會覺得很好笑，但她的確說到重點了。

大部分的人在目標設定時都是用**應該**的方法。

我應該要減幾磅。

我應該更常上健身房。

我應該要試著注意自己的飲食。

這個方法一點價值都沒有。人們都知道問題所在，但當拿起電視遙控器和薯片時，這些問題就都拋到腦後了。由於你正在閱讀這本書，因此你可能已經超越「應該」階段了，但我敢打賭你一定認識很多還活在

「應該」階段的人。

　　「可以」階段是邁向成功的開始。「可以」背後所隱藏的概念是一個人成功所需的信念和知識。一般來說，當人們開始進入「可以」階段時，他們似乎對未來的路有了基礎的認知。事實上，他們甚至可能已經知道目的在何處。

　　　　　你知道的，我可以減掉幾磅。
　　　　　我可以執行低碳飲食。

　　　　　你知道的，我可以更常去健身房。
　　　　　我可以在下班後馬上去。

　　　　　你知道的，我可以更注意自己的飲食。

　　在「可以」階段，知識就是力量。你知道要做什麼，只是似乎找不到動力去做。

　　但你知道嗎？到目前為止，我寫的這些都不重要，因為想要真正地成功，必要將目標設為「必須」。我的朋友，這就是競技運動與訓練的成功關鍵。

　　我聽過最好的飲食建議之一（不要笑），就是從運動表現峰值專家安東尼‧羅賓斯而來。羅賓斯的這個建議是從他的客戶而來，此稱狗罐頭飲食法（Alpo Diet）。首先，邀請許多朋友到你家，然後鄭重宣布在月底前你將瘦下五公斤，若沒有達到目標，你要在他們面前吃下一罐狗罐頭。

　　至少它還有一些肉汁。

　　從下週開始，當你每次有股衝動想要跟隔壁同事拿一塊巧克力時，請再讀一次狗罐頭的成分標示。如果有人要給你一份淋滿香濃醬料的美食時，請打開狗罐頭，然後深吸一口氣。

　　這就是目標設定的關鍵：很少人是愉快地進步的，通常都是痛苦鞭策他們往前。

　　羅賓斯在多年前發展出一套簡單的解決方法來瞭解這些。我請選手們填入四個象限的表格，其中比較容易的部分是前兩個問題：

　　如果你達成目標的話，會有什麼愉快的感受？
　　如果你未達成目標的話，會有什麼痛苦的感受？

目標	痛苦	愉快
做		
不做		

　　這兩題相當淺明，但以下這兩個問題會有相當大的不同：

如果你達成目標的話，會有什麼痛苦的感受？
（請小心地再閱讀一次！）

如果你未達成目標的話，會有什麼愉快的感受？

　　我用這個簡單的圖表詢問過無數的運動員，相當令人驚訝的是，很少人能說出太多達到目標後的愉快感受。

　　「如果能成為奧運選手實在不錯」這句話顯然不如「如果我失敗了

就要吃下一罐狗罐頭」這樣鏗鏘有力。

痛苦能驅動大部分的目標！一位女士可能會說：「我跑不完一哩。」但如果我跟她說，她的小孩被綁在一哩外的鐵軌上，而她必須在十分鐘內趕到，她也許就能跑完一哩了。短暫地心跳加速與滿頭大汗完全不能和失去孩子的恐懼比較。

達到目標會造成痛苦嗎？喔，當然！想想有多少拿到大學運動獎學金的高三生，在進入大學後不到一週就偷偷離開了。新的競爭壓力當然會造成問題，但即使是小目標也可能產生困擾：

- 減脂通常代表要購買新衣服。
- 獲選為十大傑出者通常就會面臨「你何時會成為第一名」的問題。
- 文憑帶來的困擾 —— 現在我有一張不錯的紙，但沒有工作也不知道要做什麼。

你看，達到目標會導致痛苦吧。那麼有人未達成目標還很快樂嗎？很明顯地，我們從失敗中得到的快樂一定比完成目標還多，否則就不會有人白天在電視節目上談論「跟表兄弟的寵物約會」這樣的主題了。

想想看，有多少選手的運動生涯是被愛情（「大夥們，抱歉，我必須要多花點時間在約蘭達〔Yolanda〕身上。」）、汽車、遊艇或任何占據運動員時間和精力的東西所摧毀。容我鄭重聲明，我完全能理解為什麼在摔角比賽前，有些人可以犧牲魚水之歡來換取過磅前的體重減輕，但我們至少要瞭解這是影響目標達成的部分因素。這些因素會阻礙我們達成目標，因此失敗在某種意義上是很愉快的。如果你理解這點，而且真的很想達成目標的話，也許就可以辨認並且避免其發生。

　　當然，講了這麼多幾乎都跟為什麼茉莉可以成功瘦下九公斤沒有關係。茉莉要瘦下這九公斤或更多，是因為不做到的話，她就要吃狗罐頭了！當她想起閨蜜與前夫背叛她的痛苦，將可以讓她持續吃下雞蛋，而我們早就拿起洋芋片和遙控器了。痛苦比快樂更能激勵大多數的人。真的很遺憾，但這是事實。

　　接下來，我們如何將某件事成為「必須」呢？

　　下列有幾點想法：

　　首先，昭告天下：告訴大家你想要做什麼，並且尋求他們的協助。與那些已做過你準備要嘗試的事的人談談，讓他們知道你想要做什麼。

　　第二，拿起狗罐頭或任何可以刺激你必須做／不做某件事的事。有什麼事會讓你傷痛欲絕？這裡有個建議：如果你沒有瘦下這五公斤，你的兄弟會幫你寄出已經簽好名，並且密封好的海軍陸戰隊或法國傭兵申請書。我保證這五公斤會在新訓中心裡達成。

　　或者，試試看這個：將你「之前」的照片放在社群媒體上，然後告訴所有人你什麼時候會放上「之後」的照片。告訴大家如果你沒辦到的話，他們可以不斷地嘲諷你「之前」的那張照片，直到你達到「之後」的樣子。

　　接下來（這可能有點奇怪），開始過得像你已達到目標的生活。想像你已經瘦下這五公斤會，然後去海邊或買些新衣服。我們的大腦是很容易被欺騙的；只要到迪士尼樂園看看大家都穿什麼就可以知道了。試著以已經達成某項目標的樣子行動，通常在你意識到之前，你就已經達成了。

　　不論成功或失敗，都和這個困擾了演員們一世紀之久的問題有關：你的動力是什麼？聞一下狗罐頭，然後乖乖回到深蹲架吧！

第**39**則

一個啞鈴的訓練啟示

　　根據最新研究 —— 至少我太太在結帳時，看到一個馬克杯上面寫著 —— 一個人在人生當中有多少選擇會直接影響憂鬱發生的機率。當你的選擇愈多，憂鬱的機率就愈高。

　　現代人比起過去有更多選擇，這非常好（我個人認為），但這也會導致人們迷惘與憂鬱。想想看吧，光是剛過去的這個世紀，多數人可以有什麼選擇嗎？一般來說，如果父親是農夫，兒子也將會是農夫。對女人來說，選擇只代表著是否願意嫁給一個男人，況且這個選擇還不保證一定能如願。

　　工業革命快速地改變許多狀況，而且今天，特別是在網路世代，選擇已經多到我們無法預測。你或許對這個狀況感到憂鬱，特別是肌力教練。當你踏入體適能、健美或競技運動領域，我敢保證你已經領教過這個情形。事實上，我認為大部分人無法在肌力訓練上進步的其中一個理由就是：

　　我們有太多選擇了！

　　五十年前，這根本不是問題。如果你夠幸運能找到一間健身房的話，裡面只會有重量訓練器材，全都在地上，而且都是鐵製的，通常也都生鏽了。有些比較先進的地方，例如聖母大學（University of Notre Dame）會有低板凳，讓你可以躺在上面，將槓鈴舉起，做一種比較新穎的訓練，稱為仰臥推舉。

　　時代已經不同了！如今，如果你嘗試到機庫中，會發現那裡有二十

四小時的水療設施能滿足你各種需求。你可以爬山（徒手或騎單車）、踩著飛輪像參加環法大賽，或是做一些特殊的綜合瑜伽、舉重訓練和武術……一應俱全。

如果你想要有良好的體態和增加一些肌肉，選擇可能將會多到你無法承受。不只有琳瑯滿目的器械，光是槓鈴也有許多選擇。有標準槓鈴、粗槓、彎曲槓，以及有些人會戴著手套做的已包覆墊子的槓鈴！還有，你需要幾個墊子來打造強壯的身體？

若再加上大型充氣球、滑輪系統、平衡板、高次數、低次數、健美、健力、壺鈴雜耍……嘿，我光是想到這些就快要憂鬱了。

最讓人驚訝的是，你根本不需要這些器材就可以有長足的進步。十年前，我從非常痛苦的經驗中汲取到這項教訓。我發現一間非常完美的健身房，眼睛所及都是深蹲架，舉重臺上滿滿的奧槓和可摔式槓片（bumper plate），還有一條可以衝刺訓練的跑道、許多跳箱、專屬伸展區，這間健身房的主要客戶都是NBA球員與許多國家來的奧運選手。每個訓練都是專門針對奧運和職業運動而設計。

當然，最後它還是關門大吉了。

所以，我只好回到家自行訓練，而且手邊只有一根從舊物市集那裏買回來的破槓鈴，以及各兩片35磅和25磅的槓片……總共就165磅。我的選擇只有這些。但在接下來的六個月，我成就了人生中最大的進步。為什麼？我沒得選！我只能訓練，並全力以赴！

我並不是要你退出健身房，或搬到像湯姆・漢克（Tom Hank）在《浩劫重生》（Castaway）中那樣的地方，必須用椰子和圓木來訓練，雖然他的確練得很好。但我的重點是：有時候簡單的訓練，可能一次或一週，就可以對我們整體的訓練有大大助益。

下列是我的想法。

　　幾年前，我在最不可思議的情況下弄斷了手腕，它斷成了好幾截，因此需要進行兩次手術。我不是那種可以停下來不訓練的人，但有將近一年的時間我無法正常地訓練。

　　因為我的選擇很少，所以我購買了一個11磅重的可調式啞鈴，以及兩側各25磅的槓片。於是，我展開了一場與總重61磅啞鈴的長久甜蜜關係。

　　基礎訓練就是……基本功。

1. 單手上膊和推舉。先將啞鈴橫放在地，並用單手握住，接著將啞鈴上膊至肩膀，再推舉過頭。每一下都從地面將啞鈴上膊。持續訓練到力竭。
2. 單手上膊然後推舉、推舉，再推舉。這一次，只要上膊一次到肩膀高度，然後一直推舉到舉不起來為止。
3. 侍者走路。單手將啞鈴高舉過頭，然後盡你最大能力走得愈遠愈好，就像侍者走路。這些在你腰間抖動的肌肉稱為腹斜肌，或許你從來沒有注意過它們。
4. 每個動作都做很多組及很多下。

就這樣，而且效果很好！

　　如果你的手腕沒有真的斷掉，那麼請換手，然後重複整個訓練一次。如果你左右手都要訓練的話，先從較弱的那隻手開始。

　　有一天，我試著要用一隻手臥推那61磅的啞鈴。為什麼呢？因為我別無選擇！結果證明，這是個很好的訓練。

　　整個訓練最困難的部分，就是將你的右腳伸出足夠的距離，讓你的身體可以穩定地躺在板凳上，並且讓左手握住啞鈴。否則，即使是很輕

的啞鈴也會讓你摔到地面。然而，這個訓練實在是值得一試，你將會發現，一個只有你最大重量四分之一重的啞鈴，如果要用單手舉起來的話，真是天殺地困難。

另一個好主意是從我一位好朋友那裡得來的，他用舊物市集買來的器材打造了一間自己的健身房。他有一堆不成套的重訓器材和啞鈴，你可以找到兩個重量相當接近的啞鈴，例如65磅和75磅，但你絕對無法找到兩個相同重量的。以後見之明來看，他這樣做也有幾分道理。

方法如下：用兩個**不同重量**的啞鈴來訓練。當訓練啞鈴上膊和推舉時，用兩個不同重量的訓練次數，會比單一重量的次數多上許多。練完一隻手後，先將啞鈴放到地上，然後換手再做一次。不同重量的啞鈴臥推可以給重訓者最好的強度學習。

我並不是要大家都不要再去健身房，問題不在於健身房，而是整個健身產業的方向。每個人都想要找到一個適合的位置，許多作家和私人教練都想盡辦法成名。這基本上沒有錯，但問題出在選手過於執著在訓練器材、次數節拍、腳步位置，以及所有會讓他們忘掉大方向的事情。

大方向就是：努力、重量加上，然後回家，但我們經常忽略你必須讓一個運動、重訓動作、訓練計畫、營養補給品或飲食法有時間來發揮成效。

回到一九七〇年代，我見證了舉重史巨大的轉變，阿諾出版了《健美先生的教育》（*The Education of a Bodybuilder*）。大學的重訓室在一週內就擠滿了人潮，健身房變得相當擁擠，特別是臥推和背闊肌下拉區。大部分兄弟會的成員都會按照阿諾的六天訓練計畫，而且沒有一個人會深蹲（好吧，四分之一深蹲）超過135磅，然而他們每個人都會用超級組來訓練所有動作。大家都會從傳教士彎舉快速進展到三頭伸展，然後帶著憤怒的表情再來一次，這可是會嚇到沒看過《健身鐵人》的人啊。

在他們之中，很少人（如果有的話）會有長足的進步。事實上，他們沒有根據書上的建議，也沒有用全身體操的強度來進行每週三～四天的訓練。取而代之的是，他們用書上最進階的方法來準備奧林匹亞健美先生。

他們有太多的選擇了。在往前進之前，他們沒有將時間花在基本功和簡單的事物上。這個故事的寓意很簡單：從基礎開始，在基本功下工夫，再慢慢嘗試高階動作，如果有需要的話。

想想下列四點：

1. 設計訓練課表 —— 每週、雙週、每月，或其他 —— 你可以用一些老派的思維，並拋棄所有新奇的方法，只要努力訓練。努力訓練……就是這麼簡單。
2. 試試單個啞鈴訓練，或兩個不同重量的啞鈴訓練。
3. 無論你何時加入新的訓練方法，包括使用充氣球，或將腳放在板凳上，麻煩請使用傳統訓練方法，並且維持良好的姿勢。
4. 最後，在你要開始下個很棒的運動、飲食法或補給品之前，請給自己一點時間，先完成正在執行的課表再說。

你可能會達到人生中最大的進步，而且這絕對不會讓你憂鬱！

第**40**則

邁向卓越的旅程

最近，我生命中其中一位非常重要的心靈導師過世了，他就是猶他州立大學的拉爾夫・莫恩教練，他教給我人生非常重要的一課。

某天當我在練習投擲鐵餅時，即使每次都非常完美（都超過五十四公尺），莫恩教練還是不斷地指責我。最後，我實在受不了，就說：「天啊，教練，這些我都表現得很好吧。」

他拿下眼鏡，揉了揉眼睛，然後說道：「在看過能投擲超過六十九公尺的選手之後，我實在很難看出你有付出多大的努力。」

我默默低下頭，把不可一世的英雄氣概收回，然後繼續乖乖練習。

你看，一旦你有想要成為卓越的野心，你絕對無法接受「夠好了」這件事。這是個非常奇怪的主題，但我還是想談論這個野心 —— 這趟邁向卓越的旅程。

上個世紀時，有位曾經非常健壯的男人漸漸衰老，終而過世。他的兒子為他寫下的紀念文或許可以只是這麼簡短：

親愛的父親：

我想你無法在晚年有太多熱情，但你知道的，凡事多往好處想。

你的兒子
狄蘭

但威爾斯詩人狄蘭·湯瑪斯（Dylan Thomas）拿起了手上的筆，寫下史上最美的十九行詩。這首詩的詩意迴環往復，盪氣迴腸。尤其是最後四行，聲聲呼喚著他父親的心靈，真是令人難忘：

而您呀，我的父親，身處高度的悲切，

請用您的熱淚詛咒、祝福我，我祈願。

不要溫和地走入那良夜，

怒斥、怒斥那光明的微滅。[1]

這首詩被愚蠢的高二生及尋找悼詞的人視為卓越之作。你看吧，卓越很容易被那些對卓越毫無概念的人察覺。某些從來沒看過奧運比賽的人，可以在幾秒內就看出某項運動厲害的地方。讓我引用衝刺訓練教練，查利·法蘭西斯的名言：「如果姿勢看起來很好，就會健步如飛。」

而我的觀點是：對於我們身處肌力、健康、體適能，或只是想要看起來還不錯的人來說，常常都會忘記卓越的標準。其實，很容易理解為什麼我們會忘記卓越這件事：因為我們要一直對抗勸退自己爬到頂點的各種阻力。

我們不能如此！

我兄弟蓋瑞對於美國教育有個很有趣的見解。我們兩個都笑說自己的孩子如何不珍惜獎盃。我有一個最珍貴的收藏是上面寫著「S.V'67」的便宜小獎盃。我從那個獎盃學到很寶貴的一課。我非常努力練習，不斷尋求協助，並且對抗能否在兒童壘球聯盟擊到球的自我懷疑，我求知

1　譯註：此段詩句引用戴珏的譯文。

若渴。蓋瑞對於他的獎牌和獎盃也有相同的感觸。

為什麼我們的孩子會對獎盃不屑一顧呢？琳賽將她最有價值球員的獎盃扔掉。在你認為我女兒有非凡技巧前，請先瞭解：每個孩子都有那個獎盃！

蓋瑞的兒子也有類似的獎盃，想當然耳有著相同的命運：獎盃最終出現在垃圾桶。蓋瑞的見解為何？「他們將跳高的高度降到三十公分，每個跳過的孩子都可以得到一面金牌。大人們認為這對孩子的自尊心有幫助，但孩子們心裡都知道這是胡扯！」

以下是我的自我的挑戰：我想要重新調整自己追求卓越的方向。邁向卓越的旅程將會非常傷害自尊心，就像我去年在華盛頓哥倫比亞特區所發現的一樣。

在研討會上，戴夫·塔特說明課表設計與漸進式進步的方式震驚了全場的與會者。他解釋課表設計有四個階級：

垃圾級

糟糕級

很好級

卓越級

在你思考自己屬於清單中的哪一階段之前，讓我先說明兩件重要的事。首先，戴夫問了一個問題，有多少人可以臥推300磅？有許多人舉手，包括我。我甚至可以抓舉這個重量！

「400磅呢？」同樣也有許多人舉手。

他接著說，在他的健身房中，有很多人可以臥推800磅、900磅，甚至1000磅。

「有人要舉手嗎？」我將自己的雙手……默默收好。

我只有世界紀錄的40%，所以我的臥推還屬於垃圾等級。我必須很努力並花很多時間才能訓練到糟糕的層級。這是第一點：你屬於哪一個等級？說真的，你到底屬於哪一個等級？

戴夫所說的第二點讓與會者都啞口無言。看見了嗎？從「糟糕」到「很好」是段漫長又艱難的路！要通過戴夫的每一層考驗都相當艱鉅，所以這並不適合懦夫。你是否願意為了「卓越」而有所有犧牲呢？還是連這個目標是否值得都要考慮一下？

讓我引用塞凡提斯（Cervantes）的話來讓你不會那麼痛苦：「重點是過程，不是結果。」（It is the road, not the inn.）

換句話說，即使你沒有贏得奧林匹亞健美先生，在你嘗試展現最大努力的過程中，仍然會有許多收穫（這句話真是讓人琅琅上口。我剛剛想到的。）

在你踏上邁向卓越的旅程之前，請先想想這一切。這是一段值得深思的旅程。即使你最終選擇得在人生中的某個面向上妥協，至少讓自己努力承認在某些事情上你沒有選擇發揮最好的自己。

我在很多事情上都不怎麼樣，而且我也看不到可以更好的契機。我的字相當潦草，外語能力令人為難，也缺乏圓融的處事技巧。我沒有在這些領域付出很多努力。

還有兩個要考量的地方：第一，在你專注的領域中，何謂卓越？對於健美先生們，我的意見是，可以參考一下一九七〇年代早期的阿諾，和一九七〇年代後期的贊恩。我不喜歡凸肚子或怪異的臉。我喜歡健美先生在一九六〇和七〇年代的樣子。

在競技運動中，頂尖選手都在做什麼呢？我每年都會花一週的時間向麥克・鮑威爾（Mike Powell）請益，他是位跳遠選手。看來九公尺似

乎是個標竿。

跳高呢？在國際田徑錦標賽中，公認最高的高度是兩公尺！卓越並不容易。

第二，花幾分鐘來檢視菁英中的菁英的模式、方法和計畫。一般來說，大部分人都會忽略成功人士最明顯的特質。例如什麼？

沒錯，最明顯的：時間。希臘舉重選手告訴我們，他們花了十二年的時間準備訓練。大部分職業選手會告訴你，他們已經在該領域如果沒有數十年的話，少說也有十年之久了。如果你已經訓練三個月，那麼基本上菁英中的菁英將比你多出五十二倍的經驗！

那你要怎麼做呢？

你可以向這些高手學習。

這裡有個簡單的提醒：絕對不要因為健身房裡的年長者邀請，就跟他們玩手球，相信我。那裡的爺爺們都很仁慈，所以你可能會認為「我的體能狀況很好」。但爺爺們可以讓你不停來回奔跑，而他就像個雕像站在場中輕輕拍球，甚至還可以悄悄走到你身邊。

你會徹底輸掉，並體驗到前所未有的失敗，然而爺爺們連大氣也不會喘一下。他們在手球上擊敗了我，還貼心地遞上一條毛巾給我擦臉……真是仁慈，但這樣的仁慈真要命。

你看吧，年紀會淬煉出智慧。資深運動員從多年來的錯誤當中體會到一件事：少即是多。

你以前絕對聽過。傳奇的奧舉選手湯米・河野，就是靠這幾個字討生活。真正的卓越也會表現出如行雲流水般地順暢。花少少的力氣，但卻能得到顯著的效果。

我們都聽過「千里之行，始於足下」這句俗諺。邁向卓越之路不應該猴急，但大部分人都有這個問題。當高中選手知道畢業在即，而他們

練習的狀態又很糟時，便幾乎聽不進我請他們回家休息的勸告。

「但是，我只是今天運氣不好而已。」他說。

「所以你今天就要像這樣繼續練習得這麼糟？回家！」

這對設定目標很有挑戰性。我們在聽了厄爾‧南丁格爾、安東尼‧羅賓斯、吉格‧金克拉（Zig Ziglar）的話之後就開始行動，圖表大師則會依據數字和圓點來規畫什麼時後要到達哪個層級，然而真正的卓越有著不廢吹灰之力的驚人技巧。就像手球場上的年長者，能完全展現簡單之美。

然而，這實在會讓你混淆。當我試著要將這些概念整合起來時，有時候連自己也會搖頭。

- 我想要比垃圾級再好一點，但為了達成這個目標，我必須少做一點。
- 我想要終止糟糕階段，但為了達成此項，我必須表現得更優雅。
- 我想要跳得高一點，但我必須慢慢跳才能跳得更高。
- 無論何時，我必須看起來很完美。

沒錯！但我們要如何才能邁向卓越之路，並且找到最難以捉摸的目標呢？

首先，瞭解你的標準為何？請誠實評估。或許之前與之後的照片可能太過度了，這我同意，但你很難否認它們對誠實評估的重要性。

如果你的目標是成為運動員，可以檢視該專項運動的紀錄，觀看冠軍選手的影片，以及閱讀相關回顧文章。換句話說，瞭解你所要面對的狀況。

接下來（這也是最困難的部分），為你的目標規畫一個可靈活應變

的方法。如果你決定要成為世界上最強的健力選手,卻不知道如何深蹲,也許在這點上你不該讓自己有選擇的餘地。好好學習深蹲吧!

然而,每件事都有商量的餘地。冠軍選手通常都用全然不同的方法贏得勝利。你可以先將想法大致擘畫出來,然後找到自己需要加強的地方。

接下來,在你嘗試挑戰的過程中,仍然要讓自己看起來很卓越。當我開始奧林匹克舉重訓練時,結束後總是會有健美比賽。我的教練迪克‧諾特梅爾常常告訴我多多觀察健美選手參賽時的衣著。他告訴我,從衣著上就可以分辨出誰是贏家,因為他們看起來就像是冠軍。也許只要在健身房裡專注完美的幾下訓練,就會是個很好的開始……或把你的會員專屬衣服賣掉。

最後,在痛苦壓力或倉皇之下很難達到卓越。這看似很簡單,只要刪除一切不需要的,然後致力於簡單事物之上就好。想想韋恩‧格雷茨基(Wayne Gretzky)打冰上曲棍球的樣子,他的動作比任何人在移動時都還要精簡有效。當然你也可以想想麥可‧喬丹(Michael Jordan)在巔峰時期的狀態。

刪除一切不需要的,減少你在訓練和動作上所做的一切。一般來說,少即是多。

這聽起來很好笑。當我不去想要將鐵餅丟得很遠,並將動作模式簡化後,鐵餅竟然飛得更遠了。

如此一來,莫恩教練在看我練習時就可以少揉一點眼睛了。

第41則

身體資本的哲學

我太太蒂芬妮自從我們在一九八七年認識之前就在銀行工作了。如今,她已經成為銀行檢察官,當我們每次看電影《風雲人物》(*It's a Wonderful Life*)時她都會抱怨。

就像當我觀賞美式足球電影時,看到是由連粉撲聯盟(Powder Puff league)[1]都贏不了的宅男來主演時會翻白眼一樣,她看到電影中邪惡銀行檢察官所犯的錯誤也會非常不屑。

娶到一位聰明的金融專才女士為妻本身就是優點。由於恰好可以結合她的工作專業(事實上,是我很難對家裡有更大的貢獻),我們家的財務大小事全由蒂芬妮負責。

無論我什麼時候問她:「我還有多少錢?」她總回答:「親愛的,你還有一百美金。」

這麼做似乎是對的。

總之,我在訓練上的某個重要概念可以說是從金融界偷來的。我相當堅持這個我稱之為「身體資本」的概念。這個概念非常簡單:身體資本就是你的訓練、營養和所有恢復工具的總和。

我這裡說的是所有的恢復工具,但坦白說,大部分人睡覺時都不會想到睡眠對增肌和減脂的重要性。「親愛的晚安,讓我們的身體在接下來八小時認真地執行異化代謝吧!」

1　譯註:美國國高中的女子奪旗式美式足球。

我不認為會有任何人不同意身體資本這個概念。但其實我非常確定自己沒有掌握到整個概念。因為想要成功達到所有目標，尚有情緒、資金、社交和基因等因素。如果你想到常春藤名校就讀，除了父親與祖父都要從該校畢業之外，還要對學校有大量捐款，如此一來，你或許還有點機會可以錄取。

身體資本就像一個帳戶，我們每天都會以不同的方式將資訊存入。我會參加各種工作坊，買許多書，體驗不同的補給品，以及瀏覽網路論壇，但不會整天黏在網路上讓人誤以為我是宅男。

這讓我面臨一個問題：當你在論壇寫了關於重訓的文章，很快地就會變成所謂的「專家」。我幾乎每天都收到至少一封請我設計訓練課表的電子郵件。哪種課表？老實說，內容包羅萬象，從減脂、投擲鐵餅、雕塑身形什麼都有。而且也是幾乎每天，都有一些可愛的讀者請我設計防呆的三～六週課表，讓他們可以從骨瘦嶙峋成為奧林匹亞健美先生。

這需要將近七週，但對你來說，我們只要五週即可！

透過電子郵件來設計課表會有兩個問題：首先，我不相信可以透過遠距教學來指導。

第二個，也更重要的是，千篇一律（或從信箱裡複製貼上）的訓練課表通常有許多問題。在我可以幫助這些透過電子郵件詢問的人之前，必須獲得更多相關資訊。而且，在這些年上過哲學與神學課程後，我覺得需要瞭解問題背後的真實疑問。

當我問他們時，這一切聽起來很簡單：

1. 你在前蹲舉、硬舉、抓舉和臥推的最大能力為何？
2. 你知道如何執行前蹲舉、硬舉、抓舉和臥推嗎？
3. 你在過去三十天的早餐都吃什麼？

　　第二個問題是關鍵中的關鍵。你知道的，在我們開始強化訓練課表時，選手在所有奧舉和健力動作上必須要有基礎的能力。在精通這些重訓技巧後，這些來信者需要知道他們在這些動作上的最大能力。而且「你最大能力是多少？」這個簡單的問題，是當我在幫助選手之前必須先解決的。所以，什麼是「最大」？

　　這就是身體資本。你知道如何執行這些重訓動作，但你的能力是否達到符合目標的水準？那麼，「最大」的定義到底是什麼？

　　最近，我和馬克・特懷特（Mark Twight）共進晚餐。如果你不知道馬克是誰，那你可能沒有爬過山。如果你有的話，是的，就是那個馬克・特懷特。馬克真的很善於訓練選手，包括訓練《300壯士》的演員們。如果你不知道《300壯士》，去搜尋一下，我說真的。

　　一如往常，馬克和我討論如何讓運動表現提升到另一個層次。馬克告訴我一個他讓選手做的訓練方式，稱為「三支槓鈴的硬舉訓練」。讓我來告訴你正確的訓練方式。

依照以下指示為三支槓鈴加上重量。
第一支槓鈴的重量是你硬舉最大能力的95%。
第二支槓鈴的重量是你硬舉最大能力的90%。
第三支槓鈴的重量是你硬舉最大能力的85%。

　　馬克的選手會在第一支槓鈴做一下（95%），第二支槓鈴做兩下（90%），第三支槓鈴做三下（85%）。理想狀態是總共能做三組。

　　在你急著想嘗試這個訓練之前，麻煩坐好並仔細聽。我很聰明地問了馬克接下來的問題：「嗯，哇，這要怎麼……？」

　　你看，我用自己的角度來看這個訓練方式，但馬克是用他的角度來

看。馬克訓練的選手都是各個道場、田徑場,甚至是登山界的狠角色,因此這個訓練方法是可行的。但對於某些都待在重訓室的人來說,這個訓練方法或許會讓他們送醫!為什麼呢?

因為這兩個字,最好(best)與最大(max)。我知道每個人都認為自己已經完全瞭解這兩個字的意思,但我不這麼認為。

首先,讓我們來看看我每天都在使用的四個高度科學化名詞:

接近最大(Sorta Max)

最大(Max)

超級大(Max Max)

超級無敵大(Max Max Max)

不久前,我聽了一場戴夫・塔特的演說,他說,基本上他所看過的訓練課表都是「一派胡言」。一位菁英級的健力選手也許需要五十週的時間才能練到最大重量的95%,然而我們都會看到要求選手用最大重量的90%來做那些訓練八組十下的課表。

朋友們,那樣的90%並不是真正的90%。

我完全同意戴夫的觀點。大部分人都具備「接近最大」的能力。「接近最大」這個概念是我自己想出來的,因為曾經有人告訴過我,他們的「最大重量」重量會不停波動起伏。「接近最大」是你在健身房中所訓練的大重量,可以以它來結束當日訓練。對此我必須向你致敬,這是你應得的,祝你成功。這是好事,沒什麼問題。你可以把它稱做**今天的最大**重量,如果你願意的話。

對大部分的人來說,我們偶爾會有一天狀況很好,可以執行相當的重量,或在某些情況下,就是能有很好的運動表現。大部分人也會以

此視為「最大」。

有一次，我被要求在整間都是年輕女士的教室裡示範雙槓撐體。另一位講師對我說：「就盡你最大能力做吧。」一般情況下，只要超過五下對我來說就像是跑完馬拉松，需要一大罐開特力讓我恢復平靜，並且值得痛哭一場慶祝。但是，在滿屋子的女士面前，我努力完成漂亮的三十五下。這就是我的最大……，但我無法每天都做到這個的數字，非常感謝您。

更進一步則是「超級大」。這也許是你花幾個月時間按照有系統的課表逐步建構頂尖重訓所展現的成果。而我仰臥推舉最好的成績就是這麼來的。

我和約翰・普里斯（John Price）一起決定，我們兩人的仰臥推舉至少需要達到三次405磅 —— 槓鈴每邊都要掛四個45磅的槓片 —— 並且每週專注訓練兩次。我依照約翰的訓練原則所設計出的課表如下：

星期一：仰臥推舉

135磅十下

225磅十下

315磅十下

更大的重量 ——335磅或以上的重量，做十下或愈多愈好

星期四：仰臥推舉

135磅十下

225磅十下

315磅十下

365磅，愈多下愈好

根據這個非常科學化的訓練方法，我通常到第四週就可以臥推達405磅。我上一次執行此項課表時，穿著Polo衫和卡其褲就可以臥推405磅。

如果我花超過一個月的時間專注在臥推，我相信成績一定會更好。對我來說，405磅是我的「超級大」。我花幾週時間專注在一個重訓動作上，就得到這個漂亮的數字。

我認為，「超級大」是在運動與訓練上最被低估的評量標準。因為只要你努力，就可以輕鬆獲得成果。如果你在目標和興趣上的所有「超級大」都有一定水準，那我可以保證你在所選擇的領域都會有一番成就。也許不是最好的，但絕對會在水準之上。

想當然耳，最頂尖就是「超級無敵大」。這個需要付出許多堅持和時間才能達到的數字。你可能要在比賽中才能展現出來，我所有重訓動作最大的重量都是出現在比賽中。為什麼？這背後通常都有個故事。

為什麼我硬舉只到628磅呢？因為在我完成606磅之後，就有許多人挑戰失敗了，雖然有一兩位選手可以勉強舉起，但都發生相當嚴重的失手。因此我只想確保勝券在握，於是我再加上兩個槓片（到628磅），然後成功舉起。然而幾天後，我全身都不太對勁，甚至心想：「嗯，對我來說，這樣就夠了。」

其實我的最佳硬舉還可以更重……或其實更少。當下的環境讓我選擇的重量就像我許多科學化的訓練課表一樣。

「超級無敵大」也許是你數十年以來的目標，或像我一樣，跌跌撞撞了很久才決定要做些有終身意義的事。而這就是關鍵所在。

現在，讓我們回到我與馬克的晚餐時刻。你看，我聽到的是「超級無敵大」，而馬克則是討論「接近最大」。馬克的選手都可以硬舉接近300磅。因此，這三根槓鈴的重量看起來就像……可以湊成整數，這樣

選擇槓片比較方便：

> 第一支槓鈴是285磅。
>
> 第二支槓鈴是265磅。
>
> 第三支槓鈴是245磅。

> **所有需要的訓練器材：**
>
> 三支槓鈴。
>
> 十二片45磅的槓片。
>
> 兩片25磅的槓片。
>
> 六片10磅的槓片。
>
> 兩片5磅的槓片。

或許轟菌所有的槓片也沒有這麼多，但大部分健身房都有。

以「超級無敵大」為目標，我的訓練想法是：

> 第一支槓鈴605磅。
>
> 第二支槓鈴575磅。
>
> 第三支槓鈴545磅。

> **所有需要的訓練器材：**
>
> 三支槓鈴。
>
> 三十二片45磅的槓片。
>
> 兩片35磅的槓片。
>
> 兩片25磅的槓片。

兩片10磅的槓片。

兩片5磅的槓片。

嗯，這非常有趣。雖然我不需要太多5磅或10磅的槓片，但三十二片45磅重的槓片可能會讓我清空許多大學代表隊的健身房！

接下來，讓我們來看看負荷量。如果馬克的選手做了三組訓練（總共十八下），總重將是3,650磅。如果我只訓練一組（總共六下），總重將是3,390磅……幾乎一樣，但次數只有三分之一！

我知道數字非常無趣，但我們都需要謹慎地看待這些數字。當你讀完一篇文章，然後到水療池，你會決定舉起多少重量？你會不會又輕鬆地走到二頭肌訓練器（Duo DynaBiceps），然後將重量選擇插銷直接放到D的位置，或帶個計算機，決定要用18磅的啞鈴還是20磅的槓片？

請記得，當問題回歸根本時就會變得非常簡單：你在前蹲舉、硬舉、抓舉和臥推的最大能力為何？

這裡有個問題：你的前蹲舉能力是「接近最大」、「最大」、「超級大」或「超級無敵大」？如果你是菁英重訓者的話，執行可以在六週內保證增加前蹲舉10%的訓練課表可能對你無效。看一下這段話：

親愛的丹：

在執行過你那神奇的臥推方法後，我的仰臥推舉在六週內從1,000磅進步到1,100磅。我從來沒想過＿＿＿＿＿＿（請在此填入神奇的新穎訓練想法或補給品）的重要性，直到我試了你的課表。

署名

畢吉槓斯（BiggGunz）

　　讓我們誠實點，要讓你的臥推進步到 1,100 磅也許（對於我們一些讀者來說）需要將近十二週的時間，這是我想像課表的兩倍時間。

　　要瞭解身體資本的概念，首先有兩個問題：

1. 你知道如何正確地執行在標準訓練課表中的動作嗎？
2. 你是否對於這些動作有超越「接近最大」的能力呢？是的，這也許需要花幾個月的時間非常專注地訓練這些基礎動作模式，才能達到「最大」和「超級大」。

　　在我繼續說下去之前，請不要忘記了另外兩個很重要的問題，這是我在演說和講課中會不斷提醒的事。首先，這非常基本，但大多數人都會忽略，請問你是否有我、你或任何人設計的課表所需的訓練器材呢？如果你決定執行馬克的硬舉訓練課表，請問你是否有三十二片 45 磅的槓片呢？你是否有三支奧林匹克舉重槓呢？

　　最近，有人建議我練習水平拉系列的動作，我花了將近一個禮拜的時間，才找出能讓我能在自家的轟菌中練習針對菱形肌的引體向上訓練方法。你要追求的是好的訓練動作，而非好的設施！

　　另一個問題我覺得我太晚發現有許多人都有這個毛病：請問你是否有耐性執行某項特定的訓練？

　　舉例來說，我會對用百分比計算的訓練課表感到相當挫折，也會受挫於對沒有許多衍伸性動作的訓練課表。然而我善於需要全神貫注幾週的短暫殘酷訓練課表。為什麼呢？我也不知道，但如果你沒有符合以下幾項，幫你設計訓練課表對我來說是完全沒意義的：

　1. 沒有課表上需要的訓練器材。

2.不知道如何做課表上的訓練動作。

3.沒有能力執行課表上要求的數字。

4.沒有執行課表的心志技巧。

請注意第四點。有些人善於增加訓練量，追求一成不變，卻有另一些人會認為這些人根本瘋了。有時候，讓我們無法用千篇一律的課表來訓練的並不是身體上的問題，而是文化、社交和心理上的。

我有一位好兄弟，錄取了一位來自德國的年輕投擲好手，而這位選手總是練習十下站立投擲，然後這個動作十下，那個動作十下，再其他動作十下。從沒變過！因為在他還是青少年的時候，教練告訴他要練習十下，因此這十下是非常神聖的！

這個方法對這位年輕人來說相當有效，但對我來說，這麼做總有一天我會瘋掉。由此可知，身體資本也包括了人生的其他領域。

試著要遵循某個訓練計畫，卻不符合你現有的訓練器材、運動選擇考量、訓練量或強度，甚至是你個性的問題，我把這個困境稱之為「灰姑娘繼姐症候群」（Cinderella's Stepsister Syndrome）。換句話說，這雙鞋並不合腳！

幾年前，我花了許多時間試著向一位父親解釋，他的女兒不適合按照我稱為「大21」（The Big Twenty-One）的課表來訓練。她的身體還不夠強壯到可以執行這個課表，但他覺得因為我的其他選手都可以吃下這個課表，所以他女兒應該也要能按照這個課表來訓練。

首先，讓我們來看看這個課表。

選手需在三週內（第一週、第二週和第三週），每週執行三次訓練（星期一、星期三和星期五），每次訓練執行三項動作，因此總共是九次訓練。這三項動作分別是上膊和推舉（每一下都要上膊和推舉）、抓

舉以及上膊與挺舉（每一下都要上膊與挺舉）。

　　每次訓練都按照上述順序來執行這三個動作，就是這麼簡單到讓人懷疑。我雖然可能會因此失去許多聽眾，但這實在非常重要。這個訓練的關鍵在於次數與組數的關係，以及遞增的重量。

　　最讓人疑惑的是：每次訓練都在起始重量上增加5磅。三週後，起始重量就會增加45磅。

次數和組數

起始重量 × 五下。

增加5磅 × 五下。

增加5磅 × 五下。

增加5磅 × 一下。

增加5磅 × 一下。

增加5磅 × 一下。

增加5磅 × 一下。

增加5磅 × 一下。

增加5磅 × 一下。

總次數：二十一下

　　你看到了：這就是「大21」！

　　因此，現在這一切都跟數學有關，如果你想要在最後一次訓練的最後一下達到225磅，你第一天就必須從145磅開始。讓我們來看看這個的訓練的開始和結束吧：

第一天：

145磅 × 五下。

150磅 × 五下。

155磅 × 五下。

160磅 × 一下。

165磅 × 一下。

170磅 × 一下。

175磅 × 一下。

180磅 × 一下。

185磅 × 一下。

第九天：

185磅 × 五下。

190磅 × 五下。

195磅 × 五下。

200磅 × 一下。

205磅 × 一下。

210磅 × 一下。

215磅 × 一下。

220磅 × 一下。

225磅 × 一下。

給那些還有興趣讀下去的讀者：

第二天從150磅開始到190磅結束。

第三天從155磅開始到195磅結束。

第四天從160磅開始到200磅結束。

第五天從165磅開始到205磅結束。

第六天從170磅開始到210磅結束。

第七天從175磅開始到215磅結束。

第八天從180磅開始到220磅結束。

這裡還有一件事遺漏了：這只是**一個**重訓動作而已！你還有兩個重訓動作要練！這個「大21」是總共六十三下的全身性爆發力訓練。光是這樣寫下來就快讓我的手腕抽筋了。

需要哪些身體資本才能執行這個訓練呢？讓我們來看看：

器材：一支槓鈴，加上槓片總重為310磅。這是簡單又便宜的器材。

你知道如何執行上膊與推舉、抓舉和上膊與挺舉嗎？如果不會的話，請不要做「大21」訓練！

如果你符合上述兩個問題，那請問你是否能做到建議的重量呢？

最後，請問你是否可以堅持這個課表執行九次的訓練呢？

為了讓所有人都有參與感，我算了一下這個課表可以用傳統槓鈴[2]來開始訓練的最輕重量：

第一天：

45磅 × 五下。

2　譯註：傳統標準槓鈴本身重量為45磅。

50磅 × 五下。

55磅 × 五下。

60磅 × 一下。

65磅 × 一下。

70磅 × 一下。

75磅 × 一下。

80磅 × 一下。

85磅 × 一下。

第九天：

85磅 × 五下。

90磅 × 五下。

95磅 × 五下。

100磅 × 一下。

105磅 × 一下。

110磅 × 一下。

115磅 × 一下。

120磅 × 一下。

125磅 × 一下。

　　這個希望他女兒能執行這項課表的父親不能理解的地方就是，當她無法抓舉到85磅時，這個課表又怎麼會有效呢？她如何在短短幾週內抓舉到這個數量呢？你看！這就是灰姑娘繼姐症候群，這雙鞋子並不合腳！

　　這就是全部的關鍵：**這實在太常見了，鞋子並不合腳！**

讓我來總結幾個關鍵原則，這可以幫助我們大部分的人將在網路、雜誌或電子郵件上看到的訓練課表，調整成符合自己的需要：

1. 我強烈建議至少花兩個月專注在主要重訓動作上。如果我們都願意讓深蹲、臥推和硬舉都達到「超級大」的能力，我們就領先許多人了。是的，這可能要花六個月的時間。如果你無法硬舉兩倍體重的話，必須在六個月內達成。

2. 你必須誠實評估自己擁有的器材。我有個訓練課表需要四支槓鈴和許多壺鈴。現在，如果你沒有四支槓鈴的話，千萬不要嘗試練習。因為只需要一支槓鈴的訓練方法還有很多，如果你只有一支的話，這些方法就已經很好了。如果你連一支都沒有……抱歉，當我沒說。

3. 當你開始一個訓練課表時，如果不知道如何執行該重訓動作、動作模式或運動的話，請花幾次訓練的時間來熟悉相關動作，然後將重量加到足夠刺激身體的強度。小提醒：如果沒什麼感覺，請將重量加上。

4. 我強烈建議你花點時間閱讀不同的訓練課表，然後看看哪個最能引起你的共鳴。當我讀到伊朗超級大重量的訓練課表時，我心裡有個聲音出現：「沒錯，就是它了。」但當我讀到一位模特兒在一小時心肺訓練前還要做一千下捲腹時，我的大腦只有想到洋芋片。請確認鞋子是否合腳！

經常花幾分鐘清算一下你的身體資本 —— 你的缺點和優點 —— 就像尋找純金的礦脈。努力尋找吧！

第42則

強化你的體適能識能

從我成長的過程中，唯一提供重訓、肌力和體適能方面的資訊來源，除了圖書館內的幾本書之外，就是《肌力與健康》雜誌。

我深信，就像許多《約克》（York）雜誌的讀者一樣，如果我可以每天做八～十二個運動，每週三天，並喝下高蛋白飲品，我很快就會到達奧林匹亞或美國先生一半的層級了。一旦我全部準備就緒時，就可以開車到賓夕法尼亞州的約克槓鈴俱樂部，與最好又最聰明的選手共同訓練，同時還能快速地吃下最好的營養補給品（Energol），那是以小麥、胚芽、油為基底製成的多功能補充品。

結果證明，蛋白質給了我能量，《約克》雜誌的故事卻過分渲染了。但是，這麼說好了：

- 我相信高蛋白飲食。
- 我相信大重量訓練，通常是奧林匹克舉重。
- 我看到一條通往許多目標的路，這些目標包括：一般體適能、奧林匹克、健康的身體、長命百歲、奇怪的名聲，以及在任何事物上的成功。

現在，讓我們將上述事項與大部分健身房會員的典型每週計畫來比較。首先，有許多電視廣告不斷販賣體適能相關產品，從可以訓練腹肌的小椅子，到剷除因壓力而囤積脂肪的小藥丸（新的翹臀電視廣告在許

多方面都太誇張了，因此看完後我都有種需要清靜的感覺）。

請永遠記得，除非我建議（請填入丹的微笑），否則都不要相信。

我絕對不會出賣原則……除非我拿到更多更多的報酬。出賣我的誠信是要付出代價的。

真的，當你走進書店，看看以下這些書區：健康、體適能、烹飪、運動及心靈成長。你會發現有數十本書（如果沒有數百本的話），在肌力、減脂和體能方面給你的資訊已經超出你能吸收的範圍。

對於大多數的人來說，如果我們將自己所有的書、雜誌和從網路列印下來的資料疊起來，基本上可以從地板疊到天花板好幾次。我在工作的地方有個書架，家裡則有三個書架和一間儲藏室，裡面儲放許多裝滿書籍、雜誌和文章的酒箱（這整件事最神奇的地方就是，在猶他州竟然能夠找到足夠的酒箱來存放我所有的收藏）。

你手裡其實握有許多寶貴的資訊，但辨別正確和垃圾資訊的能力卻很少被提及。當然，你可能會在我某篇文章底下留言「這篇很糟糕！」（當然這會讓我很受傷），但你是用什麼方法來決定某篇文章、某項訓練方法或某個飲食法值不值得一試呢？

換句話說，合格條件是什麼？你是如何決定的呢？如何迅速應對垃圾訊息呢？哪些是值得更進一步閱讀和體驗的呢？當有一本書告訴你95%的飲食都應該是碳水化合物，但另一本書卻又告訴你應該是5%，你該如何因應呢？

我願意跟大家分享我整年下來讀過的資料，但首先有個很重要的友情提示：**閱讀所有的文章**是好事一樁，但能夠正確執行的話更棒。關於這件事，沒有人會比哲學家傑瑞・史菲德（Jerry Seinfeld）說得更好：

「書店裡什麼知識都有，它『比你聰明』。這也是為什麼人們會感

到退縮，因為只要走進書店，就必須承認自己的無知。

「但最糟的是，你甚至不知道自己哪裡不懂。你走進書店，然後問別人『這個在哪裡？那個在哪裡？』，我不只缺乏知識，我甚至不知道要從何找起！所以當你走進書店時，你就已經向全世界承認『我其實沒有那麼聰明』。這樣的勇氣實在相當令人敬佩。

「但現在壓力是在你的身上。這本書充滿了許多有趣的點子，而你必須要有自己的呈現方式。因此，當你閱讀時，請記住：時機、抑揚頓挫和態度。那是喜劇。我已經完成我的職責了。而該如何展現是你的責任。」

—— 傑瑞·史菲德《他的語言》（*Sein Language*），第三頁

我也會對所有的肌力教練說：我已經完成我的職責了。要如何展現是你的責任。

你所有閱讀到的課表、訓練方法、飲食法和營養補給品都非常棒。但要如何展現是你的責任。

如何閱讀一篇文章、一本書或網路論壇討論呢？首先，讓我們來看看你應該如何閱讀一篇文章吧。這裡我會引用自己其中一篇文章，而且你先前已經讀過，我先假設你沒有跳過它：

「我有一本很喜歡的書，它的書名讓我在書店第一眼看見它時，就留下深刻的印象。它就是大衛·鄧比所著的《華麗的探險：西方經典的當代閱讀》（*Great Books*）。說實在的，當你到書店想找一本新書，這時看到一本叫做「經典」（Great Books）的書，你能視而不見嗎？」

這是原先的版本，現在加入我的閱讀方式：

「我有一本很喜歡的書，它的書名讓我在書店（書店？這傢伙笨到要去書店？）第一眼看見它時，就留下深刻的印象。它就是大衛·鄧比所著的《華麗的探險：西方經典的當代閱讀》（*Great Books*）（他現在到底要談什麼？為什麼他不能直接講重點，然後告訴我們他想說什麼……不管說什麼都可以）。說實在的，當你到書店想找一本新書，這時看到一本叫做「經典」（Great Books）的書，你能視而不見嗎？（我很驚訝，他竟然認為這個很好笑）。」

大部分讀者的問題 —— 而且這是有研究證實的 —— 就是他們都不是主動型的讀者。當我在閱讀一篇文章時，我通常會像是在與作者對談。當作家說：「我不知道為什麼我要再寫一篇有關『X』的文章。」我幾乎都會同意這個說法。仔細想想，我們到底需要將相同的事情拿出來討論幾次呢？

不過話說回來，當我讀到舉重論壇上和我的文章〈一天只練一項的課表〉有關的貼文時，我對於不斷有人詢問「每天練兩項是否跟每天練一項相同」感到相當驚訝。因為我的數學實在不太好。

如果你只閱讀和你意見相同的文章，你就只是個會點頭的公仔。增加主動閱讀技巧的其中一個方法，就是閱讀與你意見相左的文章。

在電影《300壯士》所引領的健身風潮中，你會發現一個有趣的現象，因為有些人會在論壇上發表他們希望馬克·特懷特將斯巴達人訓練成像阿諾，而不是戰士的樣子。讓我偷偷地對這些人說：請回去看你的《大力神在紐約》（*Hercules in New York*），別再打擾我們了，好嗎？

當我要閱讀意見相左的文章時，我會瀏覽支持素食、一般體適能和超強絕地武士的網頁。

在網路上的有些地方，你可以看到大家會在訓練前跪在大師面前聆聽聖訓，但當你真正遇到這些人時，他們卻看起來像是幾乎沒有重訓過的樣子。就像我總是提醒大家的：PVC水管對於學習動作模式和練習某些特定事項非常好，但並不會以它的重量來訓練。

另一個我用在閱讀肌力訓練相關資料的小技巧實際上有點狂妄自大，但這是事實：我發現自己的需求比作者的需求還重要。換句話說，我不在乎作者撰寫文章的順序，我會先大致瀏覽，接著挑選我需要的，並且略過一些段落，然後直接找到我可以從文章中所偷取的概念。

沒錯，我會從其他教練那裡偷取訓練概念。最令人驚訝的是，我是重訓史上唯一一會偷取其他人概念的肌力教練。你都知道，我會偷取和欺騙，然而這並不是我的錯，誰叫我父母是在鋼鐵業（iron and steel business）工作。我母親燙（iron）東西，我爸爸偷（steal）[1]東西。抱歉，這是個冷笑話。

我會快速地瀏覽文章，其中一個很明顯的原因，是因為我有很多酒箱，但我其實也喜歡不斷從文章尋找我所缺少的。這實在很有趣，因為有時候我可能會在十年後，才找到困擾我多年問題的答案。我不是要說自己有多聰明，但我常常會在三十年後才找到正確答案。

歡迎你跳到下個關鍵概念，這是個非常重要的概念 —— 要如何執行文章中的內容？

我沒有開玩笑，當有人敘述一個訓練動作為「窄握，窄站姿，加速拉到架式姿勢」時，你該如何執行這項訓練？我將這項訓練稱為上膊，而你也可能覺得很難理解。

當我閱讀神經元的相關文章時，通常會跳過艱澀的字，因為我仍然

---

1 譯註：英文中的鋼鐵（steel）和偷竊（steal）同音。

坐在椅子上，所以神經系統需要正常運作。我會直接跳到文章末端，尋找總結要點。如果七組四下是「想成為世界上最強壯的人？」的最終答案，那我想在別人讀完整篇文章之前，就先做完七組四下。

　　用字問題已經開始影響體適能產業。只要你隨便翻開體適能相關雜誌，就會看到Y深蹲（Y squat）、滑牆運動（wall slide）、蜘蛛人弓步蹲（spiderman lunge）、下蹲跳（counter-movement jump）、戰士弓步蹲（warrior lunge）和彈力帶側向行走（lateral tube-walk）。當我看到照片和說明時，通常都能夠理解，但我需要花多少時間才能精通這些動作呢？下一期雜誌裡，可能又會有新的動作，我可能又要花一個月來熟悉了。我相信其中可以找到一些價值，但Y深蹲？好啊，讓我們來做吧！

　　最近有個很奇怪的研究指出一個有趣的現象：當高中生的教科書愈來愈厚（因為有些不是教師的人會將很多沒用的資訊強迫加入），知識力卻逐漸遞減。事實上，大家都認為如今有四分之一的學生無法理解他們教科書的內容。

　　當你看到高一女生背著將近她們體重三分之一的書包時，就會知道為什麼她們無法達到生命中最佳的體態，而且如果她們根本不瞭解書中的意涵，為什麼還要浪費這麼多力氣背它呢？

　　其他國家則走向不同的模式：教科書愈來愈小本，卻鼓勵學生們要思考和運用所學的知識。這或許對所有人來說都是個非常好的建議。

　　最後，我能給的最佳建議就是：用你的自身經驗與作者產生共鳴。

　　不久前，我讀了法蘭克・福倫奇（Frank Forencich）的著作《用你生命需要的方式玩耍：智人的功能性運動和生活方式》（*Play As If Your Life Depends on It: Functional Exercise and Living for Homo Sapiens*）。在第一八二頁處，我發現有個簡短的肌肉清單。一開始，我先將它跳過，我實在不好意思說，因為當時我心想：「我已經在專業的肌力訓練世界

裡了，為什麼還要注意到肌肉呢？」

但當我看到他引用揚達（Janda）的話時，就回頭再來看了一次肌肉清單。福倫奇提到，研究人員發現有些肌肉屬於張力型（tonie），或者基本上就是慢縮肌，容易隨著年紀而緊繃。而其他肌肉屬於相位型（phasic），基本上是快縮肌群，容易隨著年紀而無力。

作者提到大部分的按摩師和物理治療師都在臨床上發現同樣的事。我坐在椅子上，縮短著我的張力／姿勢肌，瞬間發現自己就像個老人。

雖然我本來就看起來比較老，但……這讓我看起又更老了。

張力／姿勢肌包括膕繩肌、胸肌、上斜方肌、腰肌、大腿內側、小腿、二頭肌和前臂屈肌。相位肌則包括腹肌、臀肌、中及下斜方肌、三頭肌、菱形肌和前臂伸肌。這無異給了我當頭棒喝：難怪奧舉可以讓我永保青春。簡單的上膊和推舉也許就是青春的泉源！

然後我找出以前最喜歡的訓練方法之一。請先忽略訓練動作，只要看如何與福倫奇的觀點融合即可：

第一天：星期一
爆發式上膊和推舉。

一下爆發式上膊和八下推舉。

三組八下，組間休息一分鐘。這個訓練課表的重點就是組間休息一分鐘。你必須嚴格監控休息時間，當然也要記錄重量，這樣就可以追蹤進步幅度。

爆發式彎舉
三組八下，組間休息一分鐘。

　　使用彎舉握姿，將槓鈴慢慢降至膝蓋上方高度，然後用上膊方式彎舉槓鈴，再慢慢地控制放下槓鈴。重覆一次，同樣完成八下，不要改變重量，並且觀察組間休息。

　　結束時做些腹部訓練。

第二天：星期三

爆發式上膊和前蹲舉

一下爆發式上膊和八下前蹲舉。

　　再一次，三組八下，組間休息一分鐘。在前蹲舉時，軀幹保持挺直，手肘不要掉下來。我們通常都會把這個訓練當成下個動作的熱身。

過頭蹲舉

三組八下，組間休息一分鐘。

　　使用寬抓舉握姿，當槓鈴高舉過頭時，手肘需鎖緊，然後深蹲往下。選手若使用這個動作來訓練，不只可以建構柔軟度、平衡感和腿部肌力，也會鍛鍊出非常強壯的下背。

　　同樣地，結束時做些腹部訓練。

第三天：星期五

鞭式抓舉（whip snatch）

三組八下，組間休息一分鐘。

使用寬抓舉握姿，將槓鈴置於髖部位置（褲檔）。腳往下蹲，然後快速將槓鈴高舉過頭。連續八下訓練。你將會非常訝異這個動作竟然可以這麼快速地讓你全身充血。如果你想要擁有漂亮的斜方肌和爆發力，就是這個動作了。

挺舉握姿的抓舉
三組八下，組間休息一分鐘。

使用挺舉握姿，身體先站直，然後將槓鈴下降到膝蓋高度，然後全身爆發上膊，快速地用一個動作將槓鈴高舉過頭。這會很像上膊加上推舉，但……並沒有上膊。

如果你願意的話，可以再加上腹部訓練。

我將這個課表稱為「蛻變」，因為我通常在完成這個課表後，會有蛻變的感覺。換句話說，我會感覺很好。想像一下：一個可以讓你感覺很好的課表。

雖然我無法完全理解，但在閱讀之後，福倫奇的著作和我身體已知的某些事整合在一起。使用蛻變課表進行訓練，並加入三個簡單的伸展（過頭伸展、二頭肌和肩膀伸展，以及髖屈肌伸展），似乎能夠引起我身體的共鳴。我覺得自己更年輕了。

當我閱讀到福倫奇書上的其中一個段落時，我瞭解到為什麼有些訓練方式對我有效，對其他人卻沒效。我已經年過半百了，因此我需要重新喚起這些可以讓我延年益壽的訓練，同時離開那些平凡無奇的殘酷課表。

以上所有的重點為何？

- 你在書籍和網路上所擁有的資源，已經超過歷史上最好的肌力與體能教練在整個職涯所能擁有的，但這就是問題所在。為什麼呢？因為大多數的資訊都互相牴觸。

- 你必須學會如何辨別資訊。你可以閱讀與自己完全立場不同的資訊，這樣對你發展這項技巧會非常有幫助。我的珍芳達體適能書籍在哪裡呢？

- 你是自己閱讀的主人。當你在閱讀時，試著和作者互動。你可以隨時跳過任何一段，這個時候，我也歡迎你可以跳到最後一段。

- 傾聽史菲德的建議：「這本書充滿了許多有趣的點子，而你必須要有自己的呈現方式。因此，當你閱讀時，請記住：時機、抑揚頓挫和態度。那是喜劇。我已經完成我的職責了。而該如何展現是你的責任了。」

嘿，請閱讀你想要的，但謹記在心，要如何展現是你的責任。

後記

這是一趟沒有終點的旅程。這些故事就像所有嘔心瀝血的傑作一樣，都將持續下去。

當我回頭看這些故事時，發現自己正坐在太平洋槓鈴俱樂部的粉紅板凳上，聽見迪克·諾特梅爾告訴我：「你就像那個傢伙一樣，都對此感到挫折。」然後告訴我一段很長的故事，關於這位跟我有同樣問題的傢伙是如何付出極大的心力來克服它。我也看到拉爾夫·莫恩教練在冷風颼颼的猶他州立大學鐵餅投擲圈揉揉他的眼睛，再次告訴我，丟出鐵餅投擲圈吧。而我也與傑克·施羅德邊走邊談著我最近的專欄，以及我是否觸及目標群眾，他說：「丹，人們喜歡聽故事。」

我看到父親在星期日的午後站在鐵餅場外。我練習著投擲鐵餅，他則用腳幫我做記號，並且很快地幫我把鐵餅丟回來。我記得當時在他將鐵餅丟回來幾次之後，我已經開始對繼續練習感到不耐煩了，然而今天，這變成我與父親最美好的回憶。我坐在這裡，想起我的兄弟理查和他的夫人黛安娜，開著車帶我去買田徑方面的書，那真的讓我看到自己可以在這個領域中出人頭地的微小機會。我看見兄弟蓋瑞就站在維斯莫爾高中（Westmoor High School）田徑場的邊線外，為我高喊加油，「**打倒那傢伙吧！**」幾年後，我們在田徑錦標賽中競爭過數次，但在我心中，我仍然是那個十四歲的孩子。

當我想起我在全國錦標賽舉起很少人認為我可以做到的重量時，我太太蒂芬妮立刻跳過舉重臺擁抱我的畫面。我也記得媽媽責怪我在一場美式足球比賽中有兩次個人犯規的場景。

媽，坦白說，他們是咎由自取。

　你在這本書可能學到的任何寶貴的一課，都是我在教導別人後得到的結果。我的故事若沒有戴夫‧弗里曼的訓練課表和鮑伯‧魯亞哈迪（Bob Lualhati）的見解，就不會這麼完整。我與兄弟菲爾，和其他鄰居玩街頭足球的美好時光，教會了我如何與人競爭，並在遭遇困難時如何克服和繼續堅持。我的兄弟雷，不斷地推升我生命和職涯的極限。在我少年時看了我姐姐科琳娜（Corinne），在比賽後的星期六早上幫我三個姪子解開一個個包包，讓我學會了如何幫孩子打包漫長又無聊的田徑錦標賽行李。

　當人們第一次向我請益有關訓練的建議時，他們都希望能討論次數和組數的訓練架構，以及打開髖關節的正確方法。我祈求當他們離開時，能懂得欣賞細節，瞭解生命與運動必須保持平衡，以及社群的重要性。任何人都可以寫出一張操死運動員的訓練課表，但我希望我的學生能夠慢慢建構成功的人生。坦白說，我希望自己的這些經驗能夠流傳百世。

　我從來沒有想要成為教練。我人生的夢想其實是待在學術界，這也是為什麼我會花很多時間研究土耳其和我的中東之旅。在兩大洲之間深度旅行和繞到與我們世界不一樣的地方，都讓我有更多機會豐富自己的人生。

　然而，我一直擔任教練。有個年輕人剛好**必須**學習奧林匹克舉重，而我當然也會因此回想起曾經有個年輕人剛好也對這些動作感到挫折。我發現自己會不斷地說這句老掉牙的名言：「反覆練習是成就之母。」這句話多年來讓許多年輕人快要瘋掉，卻是我不可忽視的經驗談。

　一次又一次，我發現自己會不斷對選手訴說那些贏得或失去冠軍的故事，有些是不小心失去，有些則是以些微之差獲勝。選手們都很喜歡聽，而且很多時候，我發現自己只是陪伴著選手，因為大多數的時間，

我們只是需要有人陪伴走過這趟旅程。我相信有些時候選手想要一個人靜靜地獨處，但我也知道他們需要有人在一旁陪伴。

我發現自己有時候只需要拿些照片、書籍、電影，或提供機會給選手們。不知道有多少次，我只要站在旁邊，並給予鼓勵就好。後來我體會到對他們來說，有時候只要我們在場就是最好的了。有時候，我可能會比選手更喜悅，因為我可以感受到成功與失敗之間的細微之差。我們必須慶祝生命中的喜悅時刻。

我從來不想成為教練，但每個人都叫我教練。我還記得當有人開始稱我為教練時，自己發抖的樣子，然而現在我很喜歡作為一個教練。我會有這麼大的改變是因為幾年前遇到一位名字就叫做「教練」的人。

我們在一場研討會中相遇，他筆記了我演說中無數的重點。演說結束後，他來到我的面前，耐心地等待我回答完其他人在演說中未提及的常見問題。一般來說，如果我沒有提及某件事，通常是因為我認為那並不重要。但他彬彬有禮地問了一些釐清概念的小問題。

後來我問了他的名字，他回答：「教練。」

「很好，」我說。「但你叫什麼名字？」

他的回答改變了我的人生。「我年輕時是個恐怖分子。我鑄下所有大錯，但後來我知道自己錯了。我開始在社區活動中心參與一些球類活動。在那裡有個人啟發了我，他對我的期待與要求相當高。那個人徹底扭轉了我的人生。因此，當我有能力時，我決定要讓他對我的人生感到驕傲，但我只知道大家都稱他為教練。所以求你了，我所有想做的事，以及我想讓人知道我的部分就是教練。請稱我為教練。」

請稱我為**教練**。

建議閱讀書單

在重訓方面

《全方位進步的關鍵》（*The Complete Keys to Progress*），約翰·麥卡勒姆（John McCallum）著

重訓界的蘇格拉底。在他面前，我們都只是微不足道的小人物。

《給眾人的力量》（*Power to the People*），帕維爾·塔索林（Pavel Tsatsouline）著

對於不知道問題的人來說，這裡有你要的答案。

《深入壺鈴的世界》（*Enter the Kettlebell!*），帕維爾·塔索林（Pavel Tsatsouline）著

也許需要花費數十年的時間，才能體會最低劑量課表之美。

《維京戰士健身》（*Viking Warrior Conditioning*），肯尼斯·杰（Kenneth Jay）著

這本書徹底改變了我對訓練的觀點。

《用奧林匹克的方式舉重》（*Weightlifting, Olympic Style*），湯米·河野（Tommy Kono）著

你不可能讀不下它，它已經跳脫其他的運動類書籍，這是本富含生命意義的書。

《健美操 —— 起立》(*Kalos Sthenos—The Get-Up*),布雷特・瓊斯(Brett Jones)、葛雷・庫克(Gray Cook) 著

很少有一本書可以讓我從痛恨一件事到愛上一件事。

《愛與恨》(*Kiss or Kill*),馬克・特懷特(Mark Twight) 著

難怪我會這麼喜歡馬克,這本書就像是陷地界線般不能超越。

《鋼鐵男女》(*Brother Iron, Sister Steel*),戴夫・德雷珀(Dave Draper) 著

這本書不僅談論槓鈴。

在終生學習方面

《石中劍》(*The Sword in the Stone*),特倫斯・韓伯瑞・懷特(T. H. White) 著

跟著懷特的腳步一起學習動物教導他的領導統御和生命課程。

《基度山恩仇記》,大仲馬 著

充滿絕望時,有個聲音呼喊著埃德蒙,因此他發現這世界仍有許多驚奇等待他去探險。